# REDACTIONEEL

 Terug naar school / Back to School

# EDITORIAL

REDACTIONEEL

Nadat het schoolprogramma in Vlaamse en Nederlandse architectuurkringen jarenlang stiefmoederlijk
is behandeld, wordt de vraag naar de betekenis van
schoolarchitectuur vandaag opnieuw gesteld. Recen-
telijk verschenen tal van monografische studies die de
school als onderwerp hebben. Er vinden rondleidingen
en studiereizen, internationale tentoonstellingen en
interdisciplinaire symposia over dit thema plaats. Zelfs
schoolmeubilair is een issue.[1] Ook de aandacht vanuit
het beleid lijkt in stijgende lijn te gaan: in Nederland
werd al in de jaren negentig de Scholenbouwprijs inge-
voerd en in Vlaanderen heeft de Vlaams Bouwmeester
scholenbouw tot een van zijn centrale aandachtspunten
voor de komende jaren uitgeroepen.[2]

Er kunnen talloze redenen worden aangedragen
voor deze vernieuwde belangstelling. Vooreerst stelt de
huidige informatiemaatschappij duidelijk nieuwe eisen
aan het onderwijs. Het klassieke pedagogische project
dat zich exclusief op 'kennisverwerving' richt, negeert
de hedendaagse condities van de kennis. Men gaat er
vandaag de dag van uit dat kennis zich snel ontwikkelt,
dat er zeer véél kennis voorhanden is én dat ze zeer
beschikbaar is. Het doorgeven en memoriseren van een
geselecteerde hoeveelheid 'belangrijke' kennis lijkt zijn
betekenis te verliezen. In de actuele kenniseconomie
wordt een kritische en creatieve omgang met kennis verwacht. De ontwikkeling van vaardigheden om nieuwe
informatie op te sporen, bestaande kennis aan te passen aan nieuwe inzichten, en het eigen 'leren' goed te

organiseren staat hierbij centraal. Bovendien maakt het
gesloten negentiende-eeuwse schoolmodel plaats voor
een meer 'open' benadering van de school. Scholen
zijn nu eerder dienstverlenende instanties zoals openbare bibliotheken, gemeentehuizen en ontmoetingscentra
dan vormende instellingen, wat wordt aangegeven door
een nieuwe terminologie: 'Brede School', 'studiehuis' en
'leercentra'.

Tegelijkertijd is de hedendaagse maatschappij
geseculariseerd en ontzuild. De ideologische scherp-
slijperij ging gepaard met verlicht opdrachtgeverschap
en een frenetieke bouwwoede. De katholieke negentiende-eeuwse colleges werden niet zelden bewust
in neogotische stijl gebouwd, terwijl de (doorgaans
seculiere) stadsschooltjes zich met hun classicistische of
neorenaissancistische façades en industriële ornamentiek doelbewust van de ambachtelijke pronkzucht af-
keerden. De naoorlogse scholenbouw in Vlaanderen en
Nederland mag dan nog gekleurd zijn door de diverse
professionele debatten en formele stromingen,[3] toch lijkt
de 'stijlkwestie' – hier begrepen als de architectonische
opschik die aan bepaalde levensbeschouwelijke idealen
uitdrukking moest geven – steeds minder prominent
te zijn geworden. Is het schoolprogramma vandaag
in beide landen de hoeksteen van de welvaartsstaat,
dan is het sterke, ideologische opdrachtgeverschap
nu zoekgeraakt in de administratieve molen van de
hedendaagse bureaucratie ofwel overgenomen door
private ontwikkelaars die in de scholenbouw eerder een





After years of treating the school programme like a
neglected step-child, Flemish and Dutch architecture
circles are once more considering the significance of
school architecture. A number of monographs focusing
on the school have been published recently. Tours and
study trips, international exhibitions and interdiscipli-
nary symposia are taking place. Even school furniture
is back as an issue.[1] Official policy also seems to be
increasingly focused on the subject: in the Netherlands,
an award for school architecture was inaugurated back
in the 1990s, and in Flanders the Flemish Government
Architect has designated school construction as one of
his key points of interest for the next several years.[2]

This renewed interest can be attributed to a multitude
of reasons. First, today's information society is clearly
placing new demands on education. The classical pedagogical project exclusively geared toward 'knowledge
acquisition' ignores the current conditions of knowledge. These days, it is taken as a given that knowledge
develops rapidly, that a vast amount of knowledge is
available and highly accessible. The passing on and
memorising of a selected quantity of 'important' knowledge appears to be losing its significance. In the current
knowledge economy, a critical and creative approach
to knowledge is required. The focus is on developing
skills to unearth new information, adapt existing knowledge to new insights and organise individual 'learning'
effectively.

In addition, the closed, nineteenth-century school
model is giving way to a more 'open' approach to the
school. Schools, like public libraries, town halls and
community centres, have increasingly become service
agencies rather than formative institutions, as indicated
by a new terminology: the 'under-one- roof school', the
'study house' or the 'learning centre'.

Meanwhile, contemporary society has become
secularised and its traditional ideological and religious
divisions have been dismantled. Ideological differences
used to be matched by enlightened patronage and a
frenzy of construction. The Catholic secondary schools
of the nineteenth century were often consciously built in
neogothic style, while the – usually secular – municipal
schools, with their classical or neorenaissance façades
and industrial ornamentation, deliberately spurned
traditional ostentation. Post-war school construction in
Flanders and the Netherlands may have been influenced by various professional polemics and formal
currents,[3] but the 'style question', here understood as the
architectural ornamentation intended to express specific
ideological principles, seems to have become increasingly less prominent. For all that the school programme
today may be the cornerstone of the welfare state in
both countries, ideological patronage has become lost
in the administrative wheels of today's bureaucracy or
replaced by private developers who are more likely to
consider the economic interest of building schools than
to be driven by societal motivations.

economisch belang onderkennen dan dat ze maatschappelijke motieven zouden hebben.

Binnen de moderne samenleving is het statuut van een school ten slotte fundamenteel gewijzigd. Kerken lopen leeg, musea en theaters trekken de straat op en de stedelijke centra worden gigantische openluchtmusea. De school is een van de weinige architectuurprogramma's die een veralgemeend publiek karakter behouden. Vaak is de school het enige middel om een belangrijk deel van de bevolking te bereiken. Het is de eerste plek waar kinderen, jongeren en (nieuwe) ouders met het openbare leven en sociale verwachtingspatronen in contact komen. Scholen representeren bepaalde waarden die de louter professionele sfeer van het onderwijsprogramma overstijgen.

Het is duidelijk dat deze maatschappelijke ontwikkelingen een impact hebben op de actuele scholenbouw. Dit *OASE*-nummer wil evenwel positie innemen tegen een vrij courante gedachte waarbij de architectuur wordt gezien als de directe vertaling van een maatschappelijk project (Brede School of het studiehuis), van een pedagogisch systeem of een welbepaalde didactiek. Daardoor, zo betoogt dit nummer, degradeert men de betekenis van architectuur tot een facilitair apparaat dat volledig ten dienste staat van het programma en nauwelijks een eigen inzet heeft. In dit nummer benaderen we de hedendaagse schoolarchitectuur vanuit een aantal *specifieke* schoolprojecten en vanuit de *typische vragen* waarmee ontwerpers worden geconfronteerd,

eerder dan vanuit een *veralgemeende maatschappelijke vraag* naar nieuwe schoolarchitectuur. We willen laten zien hoe ontwerpers op uiteenlopende manieren strategisch (kunnen) opereren binnen de condities die de scholenbouw vandaag in Vlaanderen en Nederland beheersen.

Twee bijdragen tonen hoe ontwerpers op een proactieve manier kunnen ingrijpen in het beleid door op creatieve wijze zelf hun opdracht te formuleren en concrete oplossingen aan te dragen voor actuele en urgente schoolproblematieken. Het *SchoolParasites*-project wil een alternatief bieden voor tijdelijke uitbreidingen aan scholen, nu doorgaans in de vorm van containers. SMaR zet zich in voor de verbetering van scholen in kansarme wijken in Brussel. Hun verhalen, waaruit een ander 'inzetten' op architectuur spreekt, tonen echter ook het 'deficit' van het opdrachtgeverschap in de actuele scholenbouw als een harde, soms onoverkoombare realiteit.

Door het sterk genormeerde karakter van het programma, de vaak stringente budgettaire restricties, maar ook door het publieke statuut dat aandacht vraagt voor de verschijning van het gebouw in zijn omgeving, dwingt het ontwerpen van een school de architect tot het maken van strategische ontwerpkeuzes. *OASE* vroeg vier architecten een portfolio samen te stellen over een eigen schoolproject en hun strategische omgang met de diverse condities die de opdracht stelde (programma, site, budget, enz.) te expliciteren.





Finally, the status of a school within modern society has fundamentally changed. Churches are being deserted, museums and theatres come out into the street and city centres are becoming giant open-air museums. The school is one of the few architectural programmes to retain a generalised public character. Often the school is the only way to reach a significant portion of the population. It is the first place in which children, teenagers and (new) parents come in contact with public life and the patterns of social expectations. Schools represent certain values that transcend the purely professional sphere of the education programme.

These societal developments clearly have an impact on current school construction. This issue of *OASE* nonetheless aims to take a stand against a fairly widespread outlook, in which architecture is seen as the direct expression of a societal project ('under-one-roof school' or 'study house'), of a pedagogical system or well-considered didactics. In such interpretation, this issue argues, the meaning of architecture is degraded to a utilitarian apparatus entirely at the service of the programme, with scarcely any stake of its own. In this issue, we consider contemporary school architecture based on several *specific* school projects and the *typical questions* designers face, rather than based on a *general societal demand* for new school architecture. We want to show how designers operate, or can operate, strategically, in widely varying ways, within the conditions defining school construction in Flanders and the Netherlands today.

Two articles demonstrate how designers can intervene in policy in a proactive way, by creatively formulating the commission themselves and proposing concrete solutions to current and urgent school problems. The *SchoolParasites*-project aims to provide an alternative to temporary school extensions, which usually take the form of containers. SMaR is dedicated to improving schools in disadvantaged neighbourhoods in Brussels. Their stories, which testify to a different 'stake' in architecture, also reveal, however, the 'deficit' of patronage in current school construction as a hard, sometimes insurmountable reality.

Due to the highly standardised character of the programme, the often stringent budgetary restrictions, but also the public status that demands attention be paid to the appearance of the building within its setting, designing a school often forces an architect to make strategic design choices. *OASE* asked four architects to compile a portfolio on one of their own school projects and to make explicit their strategic approach to the diverse conditions presented by the commission (programme, site, budget, and so forth). The choice of these four firms is to a certain extent arbitrary – others could just as easily have been selected – but their projects do touch on various issues relevant to school construction in the Netherlands and Flanders today. Architettura, through a highly individualist reading of history, focuses on the autonomous position of the designer in relation to the school commission and articulates its choice of

De keuze voor deze vier bureaus is tot op zekere hoogte arbitrair, maar de projecten raken wel aan diverse problematieken die voor de hedendaagse scholenbouw in Nederland en Vlaanderen relevant zijn. Architettura stelt via een eigenzinnige lectuur van de geschiedenis de autonome positie van de ontwerper ten opzichte van de schoolopgave scherp en articuleert haar keuze voor een 'arme' schoolarchitectuur. Jeroen Geurst toont hoe door middel van uitgekiende tectonische keuzes middelen kunnen worden vrijgemaakt voor overmaat en duurzaam bouwen. Gerard Maccreanor illustreert hoe via het werken aan de hand van typologie noties van collectiviteit en de representatie van een scholengemeenschap in een scholengebouw kunnen worden opgenomen. Het collectief ssa/xx demonstreert hoe via relatief eenvoudige architectonische ingrepen en een gerichte acceptatie van een gegeven context de voor Vlaanderen typische conditie van een dichtgeslibd en onleesbaar geworden gebouwencomplex functioneel kan worden herdacht en terug een coherente publieke identiteit kan worden verleend. Complementair aan deze projectpresentaties schreef Mechthild Stuhlmacher een bijdrage over recente schoolarchitectuur in Nederland op basis van gesprekken met een reeks architecten die uitgesproken schoolontwerpen op hun naam hebben staan: Theo Kupers van N2-architekten, Onix architecten, Ton Venhoeven en de *éminence grise* van de Nederlandse scholenbouw, Herman Hertzberger.

Ten slotte bevat dit nummer vier reflexieve bijdragen die inzoomen op plannen en beelden van, en/of vertogen over (historische) schoolprojecten om (soms onvermoede) relaties tussen ontwerp, programma, representatie en ideologie bloot te leggen. De bijdrage van de pedagogen Jan Masschelein en Maarten Simons situeert de 'vraag naar architectuur' in het actuele pedagogische discours. De auteurs gaan in op de notie 'leeromgeving' en stellen de impliciete logica van dit begrip scherp. In de tekst wordt duidelijk tot welke architectuur – of beter tot welke non-architectuur – het radicaal doordenken van dit discours leidt. Tot een analoge conclusie komt Tijl Vanmeirhaeghe, die in zijn bijdrage de notie van 'transparantie' in de scholenbouw centraal stelt. Hij confronteert de architectonische wijze waarop deze notie speelt in de door Alison en Peter Smithson ontworpen Hunstanton Secondary School met haar ideologische rol in het (in Nederland opkomende) vertoog van 'De Nieuwste School'. Maarten Van Den Driessche presenteert een close reading van twee projecten: de Delftse Montessorischool van Herman Hertzberger, een klassieker uit de naoorlogse architectuurgeschiedenis, en een recent, onuitgevoerd wedstrijdproject voor de uitbreiding van een school in Ieper van de hand van Wim Cuyvers. Zijn lectuur laat zien hoe beide architecten in hun ontwerp op een bewuste, maar erg verschillende manier omgaan met thema's als spel, gewoonte, groepsvorming en territoriumafbakening. Het door Johan Lagae samengestelde beeldessay over het Collège du Saint-Esprit in Bujumbura (Burundi), een





a 'lean' school architecture. Jeroen Geurst shows how resources can be freed up for extra space and durable construction by means of cunning tectonic choices. Gerard Maccreanor illustrate how, by working on typology, notions of collectivity and the representation of a school community can be incorporated in a school building. The ssa/xx collective demonstrates how, through relatively simple architectural interventions and a focused acceptance of a given context, the condition, typical of Flanders, of a silted up and now undecipherable building complex can be functionally rethought and given a newly coherent public identity. To complement these project presentations, Mechthild Stuhlmacher has written an article on recent school architecture in the Netherlands, based on conversations with a series of architects with striking school designs to their name: Theo Kupers of N2-architecten, Onix architecten, Ton Venhoeven and the *éminence grise* of Dutch school construction, Herman Hertzberger.

Finally, this issue includes four reflective articles focusing on plans and images of, and/or polemics about, (historic) school projects in order to reveal – sometimes unsuspected – connections between design, programme, representation and ideology. The article by pedagogues Jan Masschelein and Maarten Simons situates the 'demand for architecture' within the current pedagogical discourse. The authors address the notion of the 'learning environment' and bring the implicit logic of this concept into focus. Their text makes clear to what sort of architecture – or rather to what sort of non-architecture – the radical conceptualisation of this discourse leads. Tijl Vanmeirhaeghe comes to an analogous conclusion, focusing in his article on the notion of 'transparency' in school construction. He compares the architectonic way in which this notion is manifested in the Hunstanton Secondary School, designed by Alison and Peter Smithson, with its ideological role in the discourse on the 'Nieuwste School' ('Newest School') – a discourse that is gaining ground in the Netherlands. Maarten Van Den Driessche presents a close reading of two projects: the Montessori school in Delft by Herman Hertzberger – a classic in post-war architecture history – and a recent, unimplemented competition project for a school in Ypres by Wim Cuyvers. His reading shows how both architects, in deliberate but very different ways, approach such themes as play, habits, group formation and territorial demarcation in their designs. The picture essay compiled by Johan Lagae on the *Collège du Saint-Esprit* in Bujumbura, Burundi, a 'tropical modernist' complex from the 1950s, serves as a 'memento' in this issue. It aims to show that a 'modern, open' school architecture does not necessarily house a 'modern, open' school regime, but on the contrary can be the scene of paternalistic and disciplining school rituals. These four articles, interspersed throughout the issue, serve as keys to read and re-read the contemporary school projects presented here.

'tropisch modernistisch' complex uit de jaren vijftig, fungeert in dit nummer als een 'memento'. Het wil duidelijk maken dat een 'moderne, open' schoolarchitectuur niet noodzakelijk een 'modern, open' schoolregime herbergt, maar integendeel kan fungeren als de scène voor bevoogdende en disciplinerende schoolse rituelen. Deze vier bijdragen, die doorheen het nummer zijn verweven, vormen evenvele sleutels waarmee de hier gepresenteerde hedendaagse schoolprojecten kunnen worden gelezen en herlezen.

Johan Lagae, Mechthild Stuhlmacher, Bas van der Pol, Maarten Van Den Driessche (gastredacteur)

1
Exemplarisch in dit verband zijn bijvoorbeeld de recente publicatie *De Haagse School* (Rotterdam, 2006), of de studiereizen en rondleidingen naar scholenbouw in Vlaanderen en Nederland, georganiseerd door het Vlaams Architectuur Instituut.
2
Deze keuze van de Vlaams Bouwmeester hangt samen met de recente beslissing van de Vlaams Minister van Onderwijs om een omvangrijke financiële inhaaloperatie met betrekking tot scholenbouw door te voeren. Zie in dat verband Bart Verschaffel en Maarten Van Den Driessche, *School als ontwerpopgave. Recente schoolarchitectuur in Vlaanderen (1995–2005)* (Gent, 2006).
3
Zie Tjeerd Boersma en Ton Verstegen, *Nederland naar school* (Rotterdam, 1996). Het ontbreekt tot op heden aan een analoge studie voor de Belgische/Vlaamse scholenbouw.



Johan Lagae, Mechthild Stuhlmacher, Bas van der Pol, Maarten Van Den Driessche (guest editor)

Translation: *Pierre Bouvier*



1
In this regard, the recent publication *De Haagse School* (Rotterdam, 2006) or the study trips and tours of schools in Flanders and the Netherlands by the Flemish Architecture Institute are notable examples.
2
This decision by the Flemish Government Architect coincides with the recent decision of the Flemish Minister of Education to initiate an extensive financial catch-up operation with regard to school construction. In this context, see Bart Verschaffel and Maarten Van Den Driessche, *School als ontwerpopgave. Recente schoolarchitectuur in Vlaanderen (1995-2005)* (Ghent, 2006).
3
See Tjeerd Boersma and Ton Verstegen, *Nederland naar school. Twee eeuwen bouwen voor een veranderende onderwijs* (Rotterdam, 1996). An analogous study of Belgian/Flemish school construction has yet to be conducted.

# DE ARCHITECTUUR VAN DE LEEROMGEVING / EEN 'SCHOOL' ZONDER 'ZIEL'? —JAN MASSCHELEIN & MAARTEN SIMONS





# THE ARCHITECTURE OF THE LEARNING ENVIRONMENT/ A 'SCHOOL' WITHOUT A 'SOUL'? —JAN MASSCHELEIN & MAARTEN SIMONS

1 — Alhoewel scholen niet volgens één manier vorm hebben gekregen, was de school als gebouw vanaf het einde van de achttiende eeuw toch meestal zeer herkenbaar. Dat heeft onder meer te maken met het feit dat de school zoals wij die herkennen, met haar disciplinaire en hiërarchische organisatie, niet enkel dient om de individuen (lichamen) productief te maken en het welzijn van de populatie te bevorderen – en in deze context dient de school wel degelijk ook simpelweg om kinderen van straat te houden – , maar in de echte zin van het woord een instituut is dat de individuen tot onderdanen van een (territoriale) staat vormt. De 'moderne' school is niet enkel de plaats waar individuen ruimtelijk gepositioneerd worden en ingedeeld met het oog op het controleren van hun doen en laten en het doelgericht organiseren van de individuele ontwikkeling. De 'moderne' school als instituut moest ook burgers van de natie vormen (een volk), hun een taal en geschiedenis en daarmee tevens ook een toekomst geven. Ze maakt de ervaring mogelijk van ergens naar op weg te zijn, een (historische) bestemming te hebben. Ze installeert een chronologie en dus een georiënteerde ontwikkeling, onder meer door de aan leeftijd gebonden opeenvolging van klassen, gearticuleerd in de seriële en gehiërarchiseerde ruimte. En ze biedt daarenboven als zo bezielde steen een ervaring van duurzaamheid. Naast kerken leken scholen ons dan ook altijd te willen zeggen dat er dingen zijn die duren, dat er een gemeenschap is waartoe we behoren, met haar wetten en normen die we dienen te respecteren, haar grenzen die ons toelaten ons te identificeren, haar geschiedenis die we moeten leren kennen en haar vooruitgang en ontvoogding waaraan we moeten meewerken. Het waren maatschappelijke instituten.

2 — Schoolgebouwen maken dus deel uit van het geheel van technologieën (zoals het curriculum, de schoolorganisatie, de examens, et cetera) die samen

 

1 — Although there has never been one single way in which schools are designed, the school, as a building, has usually remained highly recognisable since the end of the eighteenth century. This is partly due to the fact that the school as we know it – for the moment – with its disciplinary and hierarchical organisation, and as it was constituted during the formation of nation-states, not only serves to make individuals (bodies) productive and promote the welfare of the population – and in this context the school also serves to simply keep children off the streets – but is, in the true sense of the word, an institution, which moulds individuals into subjects of a (territorial) state. The 'modern' school is not just a place where individuals are positioned in space and organised in order to monitor their actions and to effectively organise individual development. The 'modern' school as an institution also had to mould the nation's citizens (a people), give them a language and history and with these a future as well: it makes possible the experience of progress, of having a (historical) destination. It sets up a chronology and thus an oriented development, in part through the succession of classes according to age, articulated in the serial and hierarchical space. And on top of all that, it is the embodiment in stone of durability. Like churches, schools always seemed to signify that there are things that last, that there is a community to which we belong, with laws and values we are supposed to respect, boundaries that enable us to identify ourselves, a history we have to learn and a progress and emancipation we have to contribute to. They were social institutions.

2 — School buildings are therefore part of the ensemble of technologies (such as the curriculum, the school organisation, examinations, etcetera) that, together with the discourses about the school, create a specific relation to the self and to reality and imbue us with a specific 'soul'. Conversely, it is based

met de vertogen over de school een bepaalde relatie tot zichzelf en tot de
werkelijkheid in het leven roepen en ons met een bepaalde 'ziel' toerusten.
Omgekeerd is het vanuit een bepaald zelfbewustzijn dat we bepaalde dingen
belangrijk vinden voor die gebouwen en andere niet. De gebouwen behoren
daarmee tot een bepaalde organisatie van tijd en ruimte die een specifieke
ervaringsruimte ontsluit en een welbepaalde bezieling als effect én instrument
heeft. Vandaag maken we een grondige verandering mee van de 'moderne'
ervaringsruimte die tot uitdrukking komt in de transformatie van de school
en van het schoolgebouw in een leeromgeving. Een leeromgeving die geen
klaslokalen meer kent, maar leerplekken of leerbasissen – binnen en buiten de
schoolgebouwen. Een leeromgeving die niet meer bevolkt wordt door leerlingen met een genormaliseerde (minder of meer normale) schoolloopbaan, wier
individualiteit bepaald wordt door hun plaats in de ontwikkeling in relatie tot
leeftijdgenoten, maar door lerenden wier individualiteit een moment is in een
leertraject, een momentopname van hun competenties en leervermogen. Een
leeromgeving die niet meer bewoond wordt door een progressieve leerkracht
met een duidelijke (historische) missie en roeping, maar door een faciliterende
en stimulerende, competente en proactieve leerbegeleider die krachtige leer-
omgevingen als professionele dienst aanbiedt.
　　We willen onderlijnen dat deze nieuwe woorden, en vooral het woord
'omgeving', die behoren tot het hedendaagse (pedagogische) spreken, niet
enkel een modisch verschijnsel zijn, maar uitdrukking van een nieuwe organisatie en ervaring van tijd en ruimte waarin het 'hier en nu' centraal staat:
een omgeving stelt hier-en-nu eisen, biedt hier-en-nu mogelijkheden en hulp-
middelen. Zichzelf verstaan in relatie tot een (leer)omgeving en niet tot een
(maatschappelijk) instituut betekent dat er slechts voorbijgaande, permanent
wisselende omstandigheden zijn, die beroep doen op ons reactie- en aanpas-



on a specific self understanding that we consider some things important for
these buildings instead of others. The buildings therefore belong to a specific organisation of space and time that opens up a particular experiential
space and has a particular spirit, both as effect and instrument. Today we
are witnessing a radical transformation of the 'modern' experiential space,
expressed in the transformation of the school and of the school building into a
learning environment. A learning environment that no longer has classrooms,
but learning places or learning bases – inside and outside the school building.
A learning environment that is not longer populated by students with a standardised (more or less normal) school career, whose individuality is defined
by their stage of development in relation to students of the same age, but by
learners whose individuality forms a moment in a learning trajectory, a snap-
shot of their competencies and learning abilities. A learning environment no
longer inhabited by a progressive teacher with a clear (historical) mission and
calling, but by a facilitating and stimulating, competent and proactive learning coach providing powerful learning environments as a professional service.
　　We wish to emphasise that these new words, and especially the word
'environment', which are part of contemporary (pedagogical) parlance, are
not simply a fashionable phenomenon, but an expression of a new organisation and experience of time and space centred on the 'here and now': an
environment sets here-and-now demands, offers here-and-now opportunities
and resources. To conceive oneself in relation to an environment (learning or
otherwise) and not to an institution (social or otherwise) means that there are
merely fleeting, permanently changing circumstances, which call upon our
capacity to respond and adapt, and not upon our capacity to follow principles or norms or to orient ourselves toward a future destination. In relation
to a (network) environment, moreover, there is no experience of comprehen-

singsvermogen, en ons niet aanspreken op ons vermogen om principes/normen te volgen of ons te oriënteren op een toekomstige bestemming. In relatie tot een (netwerk)omgeving is er bovendien geen ervaring van uitgebreidheid, zijn er geen duidelijke grenzen. In een leeromgeving worden we niet meer gelokaliseerd (in een opeenvolging van klassen), maar is er een permanente positionering in termen van profielen en verbindingen in trajecten, in leerling-volgsystemen, etc. Het is geen topische ervaring, maar een ervaring van positionering als permanente beweging. Daarmee hangt ook een ervaring van tijd samen die geen duidelijk eindpunt of beginpunt heeft, maar een binaire tijd is: hulpbronnen, informatie, stimuli zijn *aanwezig* of zijn niet *aanwezig*.

3 — Zichzelf ervaren als bewegend in een omgeving betekent dat het de individuele leerbehoeften (en niet genormaliseerde loopbanen) zijn die normerend worden. Van het individu wordt verwacht dat het de bevrediging van zijn behoeften zelf opneemt en het eigen leerproces beheert. De lerende is iemand die zichzelf verstaat als iemand die vanuit zijn individuele behoeften berekende en soms risicovolle keuzes maakt met betrekking tot investeringen (in tijd, geld, activiteit) die een meerwaarde kunnen betekenen (bijv. competenties verwerven) en dus een groei van het eigen menselijke kapitaal kunnen realiseren. De lerende is iemand die een rationeel-economische houding inneemt. Onderwijs wordt dan een dienst met de lerenden als klanten, de pedagogische relatie wordt een berekende, contractuele dienstverleningsrelatie, die voortdurend beoordeeld wordt op haar toegevoegde waarde (kwaliteit).
   Het is vanuit een ondernemend (economisch) zelfverstaan dat zich veel van de actuele verwachtingen ten aanzien van schoolarchitectuur laten begrijpen. Zo willen 'De Nieuwste School' (in Nederland), 'The school of the future' (in Engeland), maar ook veel schoolontwerpen in België vandaag vooral

                                        

siveness, there are no clear boundaries. In a learning environment we are no longer localised (in a succession of classes); instead there is a permanent positioning in terms of profiles and connections in trajectories, in student tracking systems, and so forth. This is not a topical experience, but an experience of positioning as permanent motion. This occurs in conjunction with an experience of time that has no clear beginning or end but is instead binary time: resources, information, stimuli are either *present* or *absent*.

3 — To experience oneself as moving within an environment means that individual learning needs (and non-standardised curricula) become normative. The individual is expected to take responsibility for meeting his or her own needs and to manage his or her own learning process. The learner is someone who understands him or herself as someone who, based on his or her individual needs, makes calculated and sometimes risky choices with regard to investments (of time, money, activity) which can represent an added value (for example acquiring competencies) and therefore realise a growth in his or her own human capital. The learner is someone who adopts a rational economic, that is an entrepreneurial, attitude. Education then becomes a service, with learners as clients; the pedagogical relationship becomes a calculated, contractual service relationship, constantly evaluated as to its added value (quality).
   It is based on an enterprising (economic) self-understanding that many of the current expectations with regard to school architecture can be understood. Today, the *Nieuwste School* ('newest school') in the Netherlands, the 'School of the Future' in Britain, as well as many school concepts in Belgium, aim primarily to be functional, to promote circulation, to be flexible (adaptable and movable). This is precisely how they are meant to be durable (usable for

functioneel zijn, circulatie bevorderen, flexibel zijn (aanpasbaar en beweeglijk). Precies daarin zouden ze duurzaam zijn (nu en in de toekomst bruikbaar voor verschillende soorten gebruikers): 'The school in motion'. Scholen en schoolgebouwen moeten functioneren als 'dienstencentra' ('Clearinghouses') die garanderen dat elke lerende de basis-*resources* kan krijgen die nodig zijn om zijn menselijk kapitaal te ontwikkelen en te beheren. Of het moeten 'Brede Scholen' worden als netwerk van voorzieningen en diensten die uitgaan van de lokale behoeften en omstandigheden en die bijgevolg niet één vorm kennen, maar vele vormen ('lerende schoolgebouwen', waarvan de duurzaamheid precies ligt in hun permanente aanpas- of veranderbaarheid).

Volgens een OESO-rapport uit 2001, *Designs for Learning*, gebaseerd op 94 landenstudies, impliceert het hierboven geschetste nieuwe leerproces ook het ruimtelijk herdenken van de school naar een leeromgeving die zou kunnen ontwikkeld worden in de richting van een (virtueel) netwerk, waar lerenden hun eigen door een paswoord beschermde werkplaats hebben, portfolio's bijhouden, hun huiswerk inleveren om feedback te krijgen, en toegang hebben tot cursussen en *resources*. Dergelijke omgevingen zullen *anywhere/ anytime* leren mogelijk maken.

De organisatie van de school als omgeving vraagt om permanente informatie in functie van permanente positionering en kan niet zonder concentratie van dergelijke informatie in een permanent volgsysteem dat de facto dient te steunen op goede communicatie- en informatietechnologie. Het doel is niet langer zichzelf als leerling te kennen in relatie tot het einddoel (bestemming) of verleden (traditie). Zelfkennis staat nu in het teken van een eindeloze accumulatie van het geleerde; men maakt voortdurend de voorlopige balans op. 'Waar sta ik nu (ook in vergelijking tot anderen die eveneens allemaal permanent bewegen)'? Gemiddelden en punten gaan functioneren als 'bench-





different kinds of users now and in the future): 'the school in motion'. Schools and school buildings are meant to function as 'clearinghouses' that guarantee that every learner can get the basic resources necessary to develop and manage his or her human capital. Or they must become 'broad schools', a network of facilities and services based on local needs and circumstances, consequently existing not in one form but in many ('learning school buildings', the very durability of which lies in their permanent adaptability or changeability).

According to a 2001 OECD report, *Designs for Learning*, based on 94 national studies, the new learning process outlined above also implies the spatial rethinking of the school into a learning environment that might evolve toward a (virtual) network, in which each learner would have his or her password-protected workplace, maintain portfolios, submit homework in order to get feedback and have access to courses and resources. Such environments will allow learning anywhere/anytime.

The organisation of the school as an environment requires permanent information for permanent positioning and cannot function without concentrating this information in a permanent tracking system that is de facto dependent on good communication and information technology. The goal is no longer to know oneself as a student in relation to the final objective (destination) or the past (tradition). Self-knowledge is now defined by an endless accumulation of learning: provisional stock-taking is a continual process. 'Where do I stand now (including in comparison to others who are also permanently moving)?' Averages and points serve as 'benchmarks' or become 'rankings'. Along with 'good practices', they become part of 'global positioning systems' that turn every substantive or material (normative) reference into an abstraction.

marks' of worden 'rankings'. Ze gaan, samen met de 'good practices', deel uitmaken van de 'global positioning systems', die abstractie maken van elke inhoudelijke of materiële (normatieve) referentie.

4 — Zoals een gevechtspiloot, zo zegt het OESO-rapport, beschikt over informatiesystemen die hem onmiddellijk en permanent informeren over zijn positie, de toestand van de vele onderdelen, de gevaren en mogelijkheden, zo zouden zowel leerling als leerbegeleider moeten kunnen beschikken over een permanent informatie- en monitoringsysteem om op een gepaste wijze te kunnen reageren in hun zoektocht naar *resources* en meerwaarde. Zoals op het slagveld en in het bedrijf zou de technologie, waaronder in de eerste plaats het gebouw, dus aangepast of ontworpen moeten worden om de informatiestroom te controleren, geïnformeerde beslissingen toe te laten en de (eigen) activiteiten en resultaten niet zozeer te controleren, maar te traceren en permanent op te volgen.

Waar we willen op wijzen is dat functionaliteit, flexibiliteit, circulatie die zowel het nieuwe pedagogische verhaal van de leeromgeving als het actuele vertoog over scholenbouw sturen, geen neutrale categorieën zijn die de schoolgebouwen zouden bevrijden van een welbepaalde pedagogisch-maatschappelijke ideologie of project, maar dat de eisen van functionaliteit, flexibiliteit en circulatie zelf een welbepaalde manier impliceren om naar zichzelf en naar de eigen activiteit (leren/studeren/onderwijzen) te kijken. Het is omdat men zichzelf verstaat als ondernemend individu, dat bepaalde dingen belangrijk en betekenisvol worden (en omgekeerd): permanente infor-matie over het aanbod en de eigen positie in de netwerkomgeving, modulaire systemen, individuele werkplekken, flexibele trajecten, portfolio's, permanente feedback, etc. De hedendaagse lerende (die levenslang en levensbreed wil





4 — Just as a fighter pilot, says the OECD report, has information systems at his or her disposal providing instant and permanent information about his or her position, the status of the plane's many components, dangers and possi-bilities, the learner and the learning coach must be able to have a permanent information and monitoring system at their disposal in order to respond appro-priately in their quest for resources and added value. As on the battlefield and in business, technology – including, primarily, the building – must be adapted or designed to control the flow of information, allow informed decisions and not so much control as track and follow up on activities and results (including one's own).

What we wish to point out is that functionality, flexibility, circulation – which drive both the pedagogic narrative of the learning environment and the current polemic about school construction – are not neutral categories that supposedly liberate school buildings from a specific pedagogical and societal ideology or project. Instead, the demands of functionality, flexibility and circu-lation themselves imply a specific way of looking at oneself and at one's own activity (learning/studying/teaching). Specific things acquire importance and meaning because one understands oneself as an entrepreneurial individual (and vice versa): permanent information about what is available and one's own position within the network environment, modular systems, individual workplaces, flexible trajectories, portfolios, permanent feedback, and so forth. Today's learner (who wants lifelong, unlimited learning), who follows his or her own learning path and wants to *manage* and direct his or her own learn-ing process, has no need for hierarchical supervision and standardised educa-tion, but for permanent *monitoring*, coaching and feedback.

There is of course something about the old, existing school buildings (with their typical structure and architecture) that resists this new spirit and forms an

leren), die zijn eigen individueel leertraject aflegt en zijn eigen leerproces wil *managen* en sturen, heeft geen nood aan hiërarchisch toezicht en aan genormaliseerd onderwijs, maar aan permanente *monitoring*, coaching en feedback.

Er is natuurlijk iets aan de oude, bestaande schoolgebouwen (met hun typische structuur en architectuur) dat weerstand biedt aan en een obstakel vormt voor deze nieuwe bezieling. Alhoewel ze de oude bezieling die ze van de grond tilde kwijt zijn, en in zekere zin dode stenen zijn geworden, is er, omdat het stenen met een bepaalde vorm zijn, iets dat blijft. De oude gebouwen hadden eens een praktische betekenis, maar nu niet meer. Daarmee, zo zouden we kunnen zeggen, verschijnen ze nu als 'scholen' zonder meer. Dergelijke gebouwen verbinden niet langer met een verleden en dienen geen toekomst meer. Ze verwijzen niet meer naar iets anders dan zichzelf (een verleden, een toekomst): de school is de school is de school… Ze vormen geen monument, zijn geen ruïne, geen te bewaren erfgoed, maar vormen precies de materialisatie van het 'eens maar nu niet meer'. En daarmee worden ze eigenlijk speelgoed of speelplaats. En natuurlijk houden (oude) schoolgebouwen kinderen ook nog altijd simpelweg van straat, ze bewaren ze. Als bewaarplaats kunnen die oude gebouwen nog wel een tijdje mee, en wie weet, misschien kunnen ze dat ook als speelplaats.





obstacle to it. They may have lost the spirit that raised them from the ground, and in a certain sense have become dead piles of stone, but because these piles of stone have a specific form, something endures. The old buildings once had a practical significance, but no longer. They are, we might say, simply 'schools', nothing more. Such buildings are no longer a link with a past and no longer serve a future. They no longer relate to something beyond themselves (a past, a future): a school is a school is a school … They are neither monument, nor ruin, nor heritage to be preserved. They are precisely the materialisation of 'what once was but is no more' and thus become in fact toys or playgrounds. And, of course, (old) school buildings still keep children off the streets as well; they shelter them. As shelters these old buildings can go on for a while, and who knows, perhaps they can do this as playgrounds as well.

Translation: *Pierre Bouvier*

Sint-Vincentius College, Eeklo, ansichtkaart/postcard

# DE SCHOOL OPGELOST/ VAN HSS TOT DNS
## — TIJL VANMEIRHAEGHE

 

# DISSOLVING THE SCHOOL/ FROM HSS TO DNS
## — TIJL VANMEIRHAEGHE

    Terug naar school / Back to School

Alison en/and Peter Smithson, Hunstanton Secondary School (1949-1954)

*Consider, therefore, the Hunstanton School as having two lives: an everyday life of teaching children, noise, furniture, and chalk dust, as equals with the building elements, all of which add up to the word 'School'.*

*And a secret life of pure space, the permanent built Form which will persist when School has given way to Museum or Warehouse, and which will continue to exist as idea even when the Built Form has long disappeared. It is through BUILT FORM that the inherent nobility of man finds release.*[1]

### HSS – Hunstanton Secondary School (1949-1954)

In 1949 winnen Alison en Peter Smithson de competitie voor de bouw van een nieuwe school in Norfolk, Engeland. Het revolutionaire ontwerp wil breken met de gesloten negentiende-eeuwse baksteenscholen en presenteert een quasi volledig transparante constructie opgebouwd uit een stalen vakwerk dat voor het grootste deel wordt ingevuld met glaspanelen. Het gebouw is didactisch op verschillende niveaus: het toont ons niet alleen de onophoudelijke stroom van activiteiten achter de schoolgevel, en een interieur met reeksen wastafels en leidingen tegen een achtergrond van glas, maar op een niet mis te verstane manier ook het einde van het oude Victoriaanse model: 'This school is an attempt to carry beyond the diagrammatic stage into a work of architecture, and its form is dictated by a close study of educational needs and purely formal requirements rather than by precedent.'[2] De gesloten en monumentale gevels met regelmatige rijen raamopeningen maken plaats voor ferm beglaasde exemplaren die de leerlingen niet alleen het zicht op de omgeving laten, maar bovenal de buitenstaander een inzicht in het schoolgebeuren gunnen. De gesloten klaskamers van weleer met ramen boven ooghoogte





*Consider, therefore, the Hunstanton School as having two lives: an everyday life of teaching children, noise, furniture, and chalk dust, as equals with the building elements, all of which add up to the word 'School'.*

*And a secret life of pure space, the permanent built Form which will persist when School has given way to Museum or Warehouse, and which will continue to exist as idea even when the Built Form has long disappeared. It is through BUILT FORM that the inherent nobility of man finds release.*[1]

### HSS – Hunstanton Secondary School (1949-1954)

In 1949, Alison and Peter Smithson won the competition to build a new school at Norfolk, England. Their revolutionary design attempts a break with the insulated nineteenth-century brick schools, presenting a seemingly entirely transparent construction built up out of a steel truss, the main part of which is filled in with glass panels. Didactically, it is a multifarious edifice: it does not only show us the incessant activity behind the school's face, and an interior with rows of washbasins and mains against a backdrop of glass, but also unmistakably the end of the old Victorian model: 'This school is an attempt to carry on beyond the diagrammatic stage into a work of architecture, and its form is dictated by a close study of educational needs and purely formal requirements rather than by precedent.'[2] The insulated, monumental façades with their regular rows of window openings have given way to robustly glazed frontages which not only leave the pupils a view of their surroundings, but above all afford outsiders insight into the school's activities. The insulated classrooms of yore, with windows above eye level, are now displayed interlinked in a dramatic glass setting.

[1] Peter Smithson geciteerd in Alison en Peter Smithson, *The Charged Void: Architecture* (New York, 2001), p.42. Tenzij anders vermeld, komen de citaten van de ontwerpers uit deze bron.

[2] Peter Smithson in de verdedigingsnota voor de *Hunstanton School Competition*, 1949, in: idem, p.40.

[1] Peter Smithson, quoted in Alison and Peter Smithson, *The Charged Void: Architecture* (New York, 2001), 42. Unless otherwise noted, the quotes from the designers are taken from this source.

[2] Peter Smithson in his defence note on behalf of the *Hunstanton School Competition*, 1949, in: Ibid., 40.

worden nu in een dramatische glazen setting in hun stapeling en schakeling geënsceneerd.

Hunstanton is revolutionair, niet alleen naar voorkomen, maar ook naar planopbouw. De klassen worden binnen de balkvormige enveloppe van de school niet meer geschakeld door middel van gangen, maar telkens per twee gekoppeld en per trap bereikbaar op de verdieping geplaatst. Op die manier maken ze op het gelijkvloers plaats vrij voor alle technische en administratieve units van de school, en voor gemeenschappelijke ruimtes zoals de refter, de plantentuin en de polyvalente zaal. Tussen de twee langse batterijen klasvleugels worden vier identieke dwarsbeuken geposteerd. Hierin bevinden zich de refter (gelijkvloers), de ateliers en de bibliotheek (verdieping), waardoor drie grote rechthoekige binnenruimtes binnen de strak afgelijnde rechthoek van het schoolvolume worden uitgesneden.

Een van deze drie binnenruimtes wordt overdekt en functioneert als polyvalente zaal. De twee resterende omsloten buitenruimtes zijn merkwaardige stiltetuinen buiten bereik van de schoolgemeenschap: 'No doors open onto the greencourts, only hopper windows for ventilation, as no children's movement is to be there; the green courts are light areas, quite free from noise.' Het programma wordt als een soort doorlopende omgang rond de drie binnenkoeren georganiseerd, waarbij het volledige schoolorganisme tussen de balkvormige buitenenveloppe en het vlies rondom de ontoegankelijke binnentuinen wordt geprangd. Toch is de relatie tussen school en schooltuin klassiek en symbiotisch: de tuin verleent de school licht en lucht, maar kan slechts bestaan bij gratie van de afscherming door de omliggende schoolgordel. Het geheel wordt opgebouwd rond twee centrale symmetrieassen, die de verschillende langs- en dwarsbeuken telkens op dezelfde breedte en met een identiek *gabarit* laten terugkomen. De polyvalente zaal – het hart van de

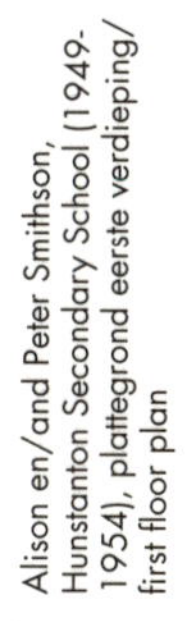

Alison en/and Peter Smithson, Hunstanton Secondary School (1949-1954), plattegrond eerste verdieping/first floor plan

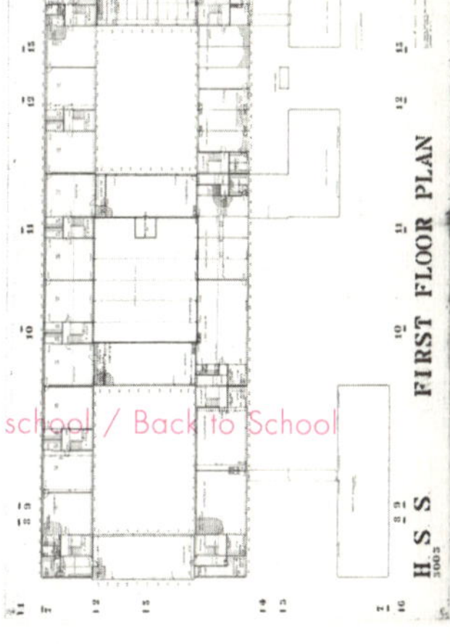


     

Hunstanton is revolutionary, not only in appearance, but also in the layout of its blueprint. Within the school's girder-shaped envelope, the classes are no longer linked by corridors, but always placed two by two on the upper storey, accessible by a flight of stairs. In this way, they make room at ground level for all of the school's technical and administrative units, and for communal spaces like the canteen, the garden and the multipurpose hall. Between two longitudinal batteries of classroom wings, four identical transepts are situated. Here we find the canteen (ground floor), the workshops and the library (upstairs), thus cutting three large rectangular interior spaces out of the tautly outlined triangle of the school's volume.

One of these three interior spaces is covered, serving as the multipurpose hall. The two remaining courtyards are unusual 'silence spaces', out of bounds to the school community: 'No doors open onto the green courts, only hopper windows for ventilation, as no children's movement is to be there; the green courts are light areas, quite free from noise.' The programme is arranged as a sort of continuous circumambulation around the three courtyards, thus wedging the school's entire organism between its girder-shaped outside envelope and the membrane around its inaccessible green courts. Nevertheless, the relationship between school and school garden is a traditional and symbiotic one: the green courts provide the school with light and air, but can only exist due to the fact that they are screened off by the surrounding belt of the school.

The whole complex is built up around two central symmetry axes, repeating the various naves and transepts at the same width and in an identical template. The multipurpose hall – the school's heart, according to the architects – is effectively planted at the complex's core, as a kind of covered central courtyard.

As open as Hunstanton School may present itself in the Smithsons'

school volgens de architecten – wordt effectief in het hart van het complex, als een soort centrale overdekte binnenkoer ingeplant.

Zo open als Hunstanton School zich in de woorden en beelden van de Smithsons laat lezen, zo monumentaal en geïnterioriseerd is dus de planopbouw. De perspectieven laten ons toe dwars doorheen de school kijken, maar het grondplan wordt opgebouwd rond de rigoureuze lokalisatie van activiteiten en kamers. Op die manier ontstaat een sterk spanningsveld tussen de naar exhibitionisme neigende transparantie van de schoolgevels en de gedisciplineerde planlogica van een geïnterioriseerd schoolinstituut.

### HOF – House of the Future (1955-1956)

In 1956 – drie jaar na de oplevering van Hunstanton School – ontwerpen de Smithsons het *House of the Future*. HOF, zoals het gevierde architectenkoppel hun creatie consequent in afkortingen beknuffelt,[3] was een tentoonstellingswoning voor de jubileumeditie van de 'Daily Mail Ideal Home Exhibition'.[4] Het Huis van de Toekomst is een ontwerp dat de standaard suburbane woning met dito blitse gadgets anno 1981 dient te verbeelden. Op de bewuste tentoonstelling wordt het huis als een houten box op het einde van een rij klassieke modelwoningen geplaatst. Binnen de blinde houten doos bevindt zich een tweede doos – het eigenlijke huis – voorzien van een aantal welgemikte kijkopeningen en een schroefvormige rondgang op twee niveaus die gekneld tussen beide balkvolumes een didactisch bezoek aan het huis mogelijk maakt zonder de woning daadwerkelijk te betreden. De woning zelf is opgevat als een lusvormige schakeling van ruimtes en voorzieningen rondom een ontoegankelijke binnentuin. De kracht van HOF ligt in de combinatie van deze eenduidige woonpaternoster met de sarcofaagachtige voorzieningen op maat van de mens en diens huiselijke activiteiten. Het wonen wordt er in de dage-





words and imagery, its layout is also equally monumental and interiorised. Its perspectives allow us to see right through the school, yet its floor plan is built up around a rigorous location of activities and rooms. In doing so, it creates a strong area of tension between the transparency of the school's façades, tending towards exhibitionism, and the disciplined logic of the institution's interiorised plan.

### HOF – House of the Future (1955-1956)

In 1956, three years after Hunstanton School's completion, the Smithsons designed the *House of the Future*. HOF (the celebrated architect couple always dotingly referred to their creations in acronyms)[3] was a show residence for the *Daily Mail Ideal Home Exhibition's* anniversary.[4] Its design aims to display a standard suburban home with the requisite trendy 1981 gadgets. The exhibition presents the residence as a wooden box at the end of a row of traditional show houses. Within this shuttered wooden box there is a second box – the actual home – provided with a number of aptly placed peepholes and a spiralling circumambulation over both its levels, wedged between the two girder volumes, enabling one to do an instructive tour of the house without actually entering it. The house itself is conceived as a looped linking of spaces and facilities around an inaccessible courtyard garden. HOF's strength lies in combining – on a human scale and on that of human in-home activities – this unequivocal dwelling chaplet with its sarcophagus-like facilities. Here, living is dramatized in the ritual daily rounds over the patio and in the use of ergonomic moulds for sleeping and bathing.

With a little imagination, one may interpret the House of the Future as an echo of Hunstanton School's design. There is the same exhibitionist doll's-house setting that one can look over but cannot enter.[5] As the heart of its

3
Alison en Peter Smithson codeerden al hun projecten door middel van de betreffende acroniemen en trekken dit ook door in hun signatuur. Symptomatisch voor deze gewoonte is het boekje *AS in DS* (Delft, 1983), dat Alisons lotgevallen in drie generaties gezinswagens type Citroën DS documenteert.

4
*The Scottish Daily Mail Ideal Home Exhibition*, Kensington Olympia Hall in West-Londen, 1 maart-31 maart 1956, Waverley Market, 29 juni-14 juli 1956.

3
Alison and Peter Smithson coded each of their projects by way of acronyms, also extending this to their signature. Symptomatic for this habit is the booklet *AS in DS* (Delft, 1983), documenting Alison's experiences with three generations of the Citroën DS family cars.

4
*The Scottish Daily Mail Ideal Home Exhibition*, Kensington Olympia Hall in West London, 1-31 March 1956, Waverley Market 29 June-14 July 1956.

5
Living in the HOF was presented by models in ditto futuristic outfits designed by Teddy Tinling.

lijkse rituele rondgang rond de patio en het gebruik van de ergonomische mallen voor het slapen of het baden getheatraliseerd.

Mits enige verbeelding kan men het *House of the Future* als een echo van het ontwerp voor Hunstanton School lezen. Er is dezelfde exhibitionistische setting van een poppenhuis dat wel kan worden bezichtigd, maar niet kan worden betreden.[5] Er is de op zijn beurt voor de bewoners onbetreedbare binnentuin als hart van het interieur. En er is de schakeling van een specifiek programma in een rondgang rond die binnentuin. Dit alles resulteert in beide gevallen in een uitermate rigide planopbouw die het opgelegde programma ondubbelzinnig wil belichamen. De spanning tussen een poppenhuisachtig exhibitionisme en een zeer strakke, geïnterioriseerde planopbouw op maat van het programma is dus evengoed in HOF als in HSS aan de orde. Toch dient Hunstanton School op een andere manier met deze paradox om te gaan dan het *House of the Future*. HOF is immers van meet af aan geconcipieerd als een woning zónder façade, niet alleen binnen de constellatie van de tijdelijke tentoonstelling, maar evengoed als onderdeel van een uit het brein van de Smithsons ontsproten ononderbroken *mat cluster*: een tapijtstad opgebouwd uit naadloos geschakelde interieurs met patio. HSS daarentegen is een interieur dat in zijn hoedanigheid van school dient te worden voorzien van een gezicht.

## School en façade

School en façade staan sinds tijden in een dubbelzinnige en vaak ongemakkelijke relatie tot elkaar. De school verschaft accurate zorg en opvoeding aan de nieuwe generatie, maar doet dit slechts bij gratie van de afzondering – het interieur. Het kind dient aan de ouders te worden onttrokken en uithuizig te worden gemaakt om het voor te bereiden op een leven in de echte wereld.





interior it has the courtyard garden, which again is inaccessible to those living there. And there is the interconnection of a specific programme in a circumambulation around this green court. In both cases, all this results in an extremely rigid layout which attempts to cover the set programme unequivocally. So, the tension between the doll's house-like exhibitionism and a very pared-down, interiorised plan structure on the programmatic scale is equally in evidence in HOF and in HSS. However, Hunstanton School must deal with this paradox in a different way than the House of the Future does. For, right from the outset, HOF was conceived as a façadeless dwelling, not just within the setting of the temporary exhibition, but likewise as a component of the Smithsons' brainchild of the uninterrupted *mat cluster* – a matted city constructed of seamlessly interlinked interiors-cum-patios. However, HSS is an interior which, because it is a school, needs to be provided with a face.

## School and Façade

For a long time now, the relationship between school and façade has been an ambiguous and uncomfortable one. The school provides a new generation with meticulous care and an upbringing, but only does so due to its seclusion, its interior. In order to prepare a child for a life in the real world, it has to be taken away from its parents and placed outside of the home. The care a school shows for its pupils is therefore hard to measure by objective standards, exactly because of this inherently protective and enveloping nature. By definition, we learn of a school's reputation at second hand. To a school it is important to make an outward show of its care for its pupils, without this detracting from its seclusion. In doing so, a serious complication is that precisely this idea of care keeps on changing. In the nineteenth century, good care was more or less synonymous with discipline. That is why one must literally

5
In het HOF werd de bewoning geënsceneerd door modellen met dito futuristische outfit naar een ontwerp van Teddy Tinling.

Alison en/and Peter Smithson, House of the Future (1955-1956), plattegrond/plan

De zorgzaamheid die een school tegenover haar schoolbevolking aan de dag legt, kan dus omwille van haar inherent beschermende of omhullende karakter moeilijk met objectieve maatstaven worden gemeten. De naam en faam van de school bereikt ons per definitie uit de tweede hand. Voor een school is het zaak haar zorgzaamheid voor haar schoolbevolking te etaleren en te veruitwendigen, zonder dat dit haar beslotenheid hypothekeert. Een belangrijke complicatie hierbij is het feit dat de precieze notie van het begrip zorgzaamheid doorlopend verandert. Een goede zorg wordt in de negentiende eeuw min of meer gelijkgesteld met discipline. De degelijke opvoeding van de schoolkinderen moet zich bijgevolg letterlijk laten aflezen in ordentelijke doorponsingen van de robuuste schoolgevel, die bovenal een toonbeeld van tucht en discipline betracht te zijn. Gaandeweg evolueert de notie van zorg echter van tucht en discipline naar openheid en huiselijkheid. Licht wordt geassocieerd met hygiëne en vernuft, de klassen zoeken contact met het buiten. De klasramen worden bijgevolg een maatstaf voor de mate waarin de school begaan is met de ontwikkeling van het kind, en evolueren naar steeds groter wordende exemplaren.

Hunstanton School posteert zich met haar volledig transparante gevels in een lange retorische traditie binnen de scholenbouw, met name die van de Nieuwe School. Het ontwerp voor HSS is ontstaan uit een concept 'dictated by a close study of educational needs and purely formal requirements rather than by precedent'. De school wordt voorgesteld als de momentane en materiele neerslag van de nieuwe pedagogische noden en technische vereisten die anders zijn dan de voorgaande, zonder dat daarbij de essentie en permanentie van de school of het onderwijzen worden ondergraven. Hunstanton thematiseert deze paradox op een magistrale manier. Het herdenkt de school in een fris concept met klassen op de verdieping en gelijkvloerse openheid,

      

be able to tell the soundness of the children's upbringing by the systematically punched gaps in the massive school façade, which first and foremost aims at being a paragon of order and discipline. Gradually, however, the notion of care has evolved from order and discipline to openness and hominess. Light is associated with hygiene and ingenuity, while the classrooms seek contact with the world outside. As a consequence, their windows become a measure for the degree in which the school is committed to the child's development, thus evolving into larger and larger panes.

With its totally transparent façades, Hunstanton School positions itself within a long rhetorical tradition in educational building, notably that of the *New School*. The design for HSS arose from a concept, and so was 'dictated by a close study of educational needs and purely formal requirements rather than by precedent'. The school is presented as the current material upshot of new educational needs and technical requirements, differing from the former ones without undermining the school's or its teaching's essence and permanence. In a majestic way, Hunstanton makes this paradox into its theme. It rethinks the school in a fresh concept with classrooms upstairs and openness at ground level, yet also confirms it in its clarity, rhythm and regime: 'The idea behind this school was to try and prove that in every programme there exists an inherent order which once discovered appears static, immutable, and entirely lucid.' The glass façade embodies the school's solicitude, while its internal regime is taken care of by the taut layout of the rooms.

## DNS – The Newest School (2002)

A couple of years after its occupation, the glass school at Hunstanton was covered with panels in order to meet the problem of extreme overheating in summer and piercing cold in winter. Its doll's-house façade was thus exposed

maar bevestigt de school in haar duidelijkheid, ritme en regime: 'The idea behind this school was to try and prove that in every programme there exists an inherent order which once discovered appears static, immutable, and entirely lucid.' De glazen gevel belichaamt de zorgzaamheid van de school, terwijl het interne regime in een strakke indeling van kamers wordt gevrijwaard.

DNS – De Nieuwste School (2002)
De glazen school te Hunstanton werd enige jaren na haar ingebruikname dichtgetimmerd en afgedekt om de problemen van extreme oververhitting in de zomer en bittere koude in de winter het hoofd te bieden. De gevel van het poppenhuis werd ontmaskerd als boud statement van tijdelijkheid en vergankelijkheid, hoewel de strakke planopbouw van de school tot op vandaag blijft staan als een huis. Met het quasi volledig beglazen van de schoolgevel als verbeelding van een open instituut, is een duidelijke fysieke grens bereikt. Veel crucialer nog in haar failliet is het feit dat ze een evidentie is geworden. De beglaasde school toont zich niet langer als de nieuwe school die de oude Victoriaanse modellen vervangt, ze is zelf de maatstaf geworden. Ze heeft haar retorische slagkracht en dus haar aura van zorgzaamheid verloren. Hunstanton School kan gezien worden als een soort orgelpunt, maar evengoed als het testament van de schoolfaçade.

De jongste jaren zien we dat als een gevolg hiervan de retoriek van het *zorgzame* instituut zich niet langer toespitst op de schoolfaçade, maar gaat ingrijpen op het gabarit van de school zelf. De nieuwe pedagogie dweept bij inspraak en medezeggenschap van de ouders, hetgeen zich moet vertalen in een interactieve, flexibele architectuur. De school wordt als interieur opengebroken en externen sluipen de school binnen. Yolanda Steijns en Alexander Koutamanis beschrijven in hun boek *Onderwijsvisie en schoolgebouw* een

   

as a bold statement of temporariness and transience, though to this very day the reductionism of the school's plan remains intact. With the school façade's seemingly totally glazed, as a metaphor of an open institution, clearly a physical limit was reached. Far more decisive in its failure is the fact that this has become something that goes without saying. The glazed school is no longer in evidence as the new school replacing old Victorian models; it has become the standard itself. It has lost its rhetorical clout, and thus its aura of caringness, and has been absorbed into the obvious. Hunstanton School can be regarded as a kind of milestone, but also as the school façade's final word.

As a result of this, we have seen in recent years that the rhetoric of the caring institution no longer concentrates on the school's façade, but starts to encroach upon the template of the school itself. New education takes parent participation very seriously, and therefore this has to be expressed in an interactive and flexible architecture. As an interior, the school is forced open, enabling the outside world to enter. In their book *Onderwijsvisie en schoolgebouw*, Yolanda Steijns and Alexander Koutamanis describe a series of *Nieuwste Scholen* and *Studiehuizen* ('Newest Schools' and 'Study Houses'), which nowadays are all the rage in the Netherlands. In 2002, the OMO – a large body governing 45 secondary schools in the Dutch province of Noord-Brabant – launched the concept of *De Nieuwste School* (DNS). By its enthusiastic acronym, DNS reveals its inventors' unswerving belief in *the* school as a kind of clearly definable qualitative final product, with DNS as the name established for an institution that will always be 'the newest'. So, like its illustrious predecessors, The Newest School aspires to a radical rethinking of the school building, but also explicitly presents itself as the termination of the series. After the newest school, no newer school is possible. And indeed, in a certain sense, with this Newest School, the school as such actually ceases to exist.

reeks van Nieuwste Scholen en Studiehuizen die momenteel in Nederland furore maken. Het Nederlandse OMO (een groot schoolbestuur met 45 scholen voor voortgezet onderwijs in Nederlands Brabant) heeft in 2002 het concept van De Nieuwste School op poten gezet. DNS verraadt in haar enthousiaste acroniem het onwrikbare geloof van de bedenkers in 'De' school, als een soort van duidelijk kwalificeerbaar kwalitatief eindproduct, met DNS als gevestigde benaming voor een instituut dat steeds het 'Nieuwste' zal zijn. De Nieuwste School ambieert dus net als haar illustere voorgangers een radicaal herdenken van het schoolgebouw, maar presenteert zich ook expliciet als het eindpunt van de reeks. Na de nieuwste school is geen nieuwere school meer mogelijk. En inderdaad, in zekere zin houdt met De Nieuwste School de school als dusdanig feitelijk op te bestaan.

DNS streeft dus de ultieme openheid na, evengoed op opvoedkundig als op architecturaal vlak. DNS weekt de problematiek van het voorkomen van de school dus los van de schoolgevel en laat ze los op het schoolkarkas en het interne regime zelf. Het begrip transparantie wordt in deze scholen duidelijk niet *Smithsonwise* ontwerpmatig, wel ideologisch ingezet. Transparante scholen zijn volgens de auteurs het onvermijdelijke uitvloeisel van de elektronische revolutie: de revolutie van het immateriële vraagt blijkbaar om een immateriële school. De oude schoolbibliotheek is nu een mediatheek, een '300 vierkante meter grote ruimte na de glazen tochtpoort – die gegeerd is vormgegeven om meteen een goed overzicht over de ruimte te krijgen – voorzien van een balie-eiland en een glazen stilteruimte'[6] en aan het OLC (het Open Leercentrum) 'grenst een computerlokaal met draadglazen wanden'.[7] DNS doorbreekt het klassikale systeem en laat huizen, stamgroepen en leercirkels lege hallen opgefleurd met vouwwanden, schuifdeuren en tapijtmotieven bevolken: 'Er moet niet langer sprake zijn van een curriculum dat gebaseerd





So, DNS strives for the ultimate openness, both educationally and architecturally. DNS separates the problem of the school's appearance from its façade, and shifts it towards the school's skeleton and to the internal regime itself. In these schools, the idea of transparency is clearly not used designwise in a 'Smithsonian' manner, but ideologically instead. According to the authors, transparent schools are the inevitable outcome of the electronic revolution – the revolution of the immaterial apparently requires an immaterial school. The former school library is now a multimedia centre, '300 square metres of space which, after passing a glass air lock – of a flared design in order to facilitate a good view of the space straight away – furnished with a library-desk island and a glass silence room',[6] while the OLC (Open Learning Centre) 'is next to a computer room with wire-glass walls'.[7] DNS does away with class teaching and sees to it that the empty corridors are filled with 'houses', 'trunk groups' and study circles, and are brightened up with harmonica walls, sliding doors and carpet motifs: 'It should no longer be a question of a curriculum based on what the teacher considers worthwhile, but of an education that starts out from the pupil, connecting to his competences.'[8] Architecture and education should overlap seamlessly and unquestioningly. The new architecture is flexible and interactive: 'DNS requires a different building from the schools that organize their teaching in a traditional way … The classroom is designed like a kind of open-plan office, with meeting places at its centre.'[9]

With the creation of the Newest School, the aspiration to a school that is continuously the newest as well as to the *Studiehuis* has reached its limits. However, instead of the school's façade, now the institute itself has disappeared, has evaporated together with its classrooms and corridors into a haze of transparency. The area of tension that for decades has given meaning to the school façade is being threatened. Together with the school's façade, its

6
Yolanda Steijns en Alexander Koutamanis, *Onderwijsvisie en schoolgebouw. Transformaties in het voortgezet onderwijs* (Amsterdam, 2005), p.35.
7
Idem, p.38.

6
Yolanda Steijns and Alexander Koutamanis, *Onderwijsvisie en schoolgebouw, Transformaties in het voortgezet onderwijs* (Amsterdam, 2005), 35.
7
Ibid., 38.
8
Ibid., 54.
9
Ibid., 58.

is op wat de docenten zinvol vinden, maar van onderwijs dat uitgaat van de leerling en aansluit bij zijn competenties.'[8] Architectuur en Pedagogie dienen elkaar naadloos en onbevraagd te overlappen. De nieuwe architectuur is flexibel en interactief: 'DNS heeft behoefte aan een ander gebouw dan scholen die hun onderwijs op de traditionele wijze inrichten (...) De lokalen worden als een soort kantoortuinen ontworpen, in het centrum waarvan ontmoetingsplaatsen zijn gecreëerd.'[9]

Het streven naar een steeds nieuwere school lijkt met de compositie van De Nieuwste School en het Studiehuis zijn limieten te hebben bereikt. In plaats van de schoolgevel is nu echter het instituut zelf verdwenen, samen met klas en gang verdampt in een waas van transparantie. Het spanningsveld dat decennialang de schoolgevel betekenis heeft gegeven, wordt bedreigd. Mét de schoolgevel wordt het interieur van de school bedreigd. En mét het interieur wordt het kind-zijn bedreigd. Dat het hele discours van transparantie en flexibiliteit te pletter loopt op de realiteit, is echter nu al duidelijk. Een jaar na de opening van het Studiehuis in Emmen in 2002 waren al twee stilteruimtes geplaatst op verzoek van de leerlingen, opdat die zich even zouden kunnen afzonderen van het geruis en de drukte van de studiehal. Ondertussen gaan leraars zich bijscholen en dwalen overspannen leerlingen in de oneindige vrijheid van het leerlandschap rond, dat – eenmaal volwassen – naadloos zal overlopen in een kantoorlandschap.

8
Idem, p.54.
9
Idem, p.59.

 

interior is under threat, and in threatening its interior, childhood itself is threatened, too. However, it is already clear at this point in time that the whole discourse of transparency and flexibility is going to collide with reality. A year after the opening of the *Studiehuis* in Emmen, in 2002, two silence rooms were created at the pupils' request, so that they might withdraw for a bit from the study hall's hubbub and bustle. Meanwhile, teachers attend refresher courses, while pupils under stress wander about in the unlimited freedom of the educational landscape, which, once they reach adulthood, will seamlessly morph into an office landscape.

Translation: *Joost den Haan*

# DE SMILE VAN DE SCHOLENBOUW/ PERMANENTIE EN TIJDELIJKHEID IN DE ONDERWIJSHUISVESTING
— WILMA KEMPINGA

   

# THE SMILE OF THE SCHOOL CONSTRUCTION INDUSTRY/ PERMANENCE AND IMPERMANENCE IN EDUCATIONAL BUILDINGS —WILMA KEMPINGA

C. Seyferth, SchoolParasite 'de lampion'/'the lantern'

<u>Meer dan alleen een goed idee</u>
De geschiedenis van de Twingo Smile is een leerzaam voorbeeld van de hindernissen van onconventionele productinnovatie. In 1996 presenteerden Wolfgang Lohbeck en Günter Hubmann het prototype van een revolutionaire auto die twee keer zo zuinig was als de Renault Twingo, waarvan hij was afgeleid. Ze hadden dat bereikt door extra stroomlijning, versobering van de uitrusting en vooral een slimme en toch eenvoudige motortechniek. Opmerkelijk was dat de ontwikkeling van de Smile was gefinancierd door Greenpeace Duitsland.

Het leek een ijzersterk idee. Het doel was overtuigend. Technisch was het realiseerbaar. Toch wilde geen enkele autofabrikant de innovaties overnemen. Het bleef bij dat ene prototype. Ook Greenpeace verloor z'n interesse.

Deze geschiedenis maakt duidelijk dat het bij productinnovatie om meer gaat dan alleen een goed idee. De grote autoproducenten hadden redenen om het goede idee niet over te nemen. Ze verkochten destijds toch wel voldoende auto's, en ze meenden dat de koper meer luxe wilde dan de Smile bood. Zeker zo zwaarwegend was dat ze productontwikkeling liever in eigen huis doen. 'Autofabrikanten kunnen niet accepteren dat een buitenstaander zo'n innovatief concept bedenkt', zei Wolfgang Lohbeck, hoofd bijzondere projecten van Greenpeace Duitsland, toen *de Volkskrant* tien jaar na dato onderzocht wat er van de Smile was geworden. Het autootje staat nu ergens in een loods in Hamburg. Het kan nog steeds rijden en het is nog steeds een bijzonder zuinig model. Het ontwerp is misschien wat gedateerd, maar het idee niet. Het is onverminderd een goed idee – het zou zó alsnog kunnen worden toegepast.[1]

<u>Hoogwaardige, tijdelijke schoolhuisvesting</u>
De SchoolParasites zijn in veel opzichten de Twingo Smile van de onderwijshuisvesting. Er zijn twee grote verschillen. Het doel is anders: niet zo zuinig mogelijk autorijden, maar zo goed mogelijke tijdelijke schoolhuisvesting, oftewel een aantrekkelijk en waardig alternatief voor het standaardnoodlokaal. Ook zijn de SchoolParasites veel succesvoller dan de Smile: er zijn drie prototypes gebouwd in

1
Voor de geschiedenis van de Twingo Smile zie: *Volkskrant Magazine*, 2 september 2006.

                

<u>Introduction: More Than Just a Good Idea</u>
The history of the Twingo Smile is an instructive example of the obstacles confronting unconventional product innovation. In 1996, Wolfgang Lohbeck and Günter Hubmann presented the prototype of a revolutionary car that was twice as fuel-efficient as the Renault Twingo on which it was based. They had achieved this through extra streamlining, a more spartan fit-out and above all through smart yet simple engine technology. Interestingly, the Smile's development was financed by Greenpeace Germany.

It seemed like a sure-fire idea. The objective was persuasive. It was technically feasible. And yet not a single car manufacturer was willing to adopt the innovations. The Twingo Smile never got beyond that one prototype. Even Greenpeace lost interest.

This story underscores the fact that product innovation is about more than a good idea. The big automotive manufacturers had their reasons for not adopting the good idea. At the time their sales figures were still quite good, and they believed that buyers wanted more luxury than the Smile had to offer. Equally important, they much prefer to do their own product development. 'Car manufacturers cannot accept the idea of an outsider coming up with such an innovative concept,' said Wolfgang Lohbeck, head of special projects at Greenpeace Germany when, ten years later, the *Volkskrant* investigated what had happened to the Smile.

The car now stands in a shed somewhere in Hamburg. It still runs and it is still an exceptionally economical model. The design may be a little dated, but the idea is not. It is and remains a good idea – it could be implemented tomorrow.[1]

<u>High-Quality, Temporary School Buildings</u>
The SchoolParasites are in many respects the Twingo Smile of school housing. There are two big differences. The objective is different: not the most fuel-efficient motorcar, but the best possible temporary school buildings or, if you prefer, an attractive and worthy alternative for the standard temporary classroom. And SchoolParasites can claim more success than the Smile in that three prototypes were built rather than one, and they are

1
For the history of the Twingo Smile see: *Volkskrant Magazine*, 2 September 2006.

C. Seyferth, SchoolParasite 'de lampion'/'the lantern'

plaats van één, en ze worden dag in dag uit intensief en naar volle tevredenheid gebruikt. Maar voor het overige zijn er interessante overeenkomsten.

Ook de SchoolParasites zijn voortgekomen uit een krachtig en eenvoudig, aan iedereen uit te leggen idee. Onderwijs is belangrijk, niet alleen voor de kinderen die naar school gaan maar ook voor de buurt, waar de school kan werken als sociaal bindmiddel. En dus is ook de onderwijshuisvesting belangrijk: kinderen verdienen immers een waardig schoolgebouw waarin ze zich goed kunnen voelen en waarop ze trots kunnen zijn in plaats van een afgetrapte behuizing.

Het ideaal van een hoogwaardige school wordt in de praktijk verstoord door instabiliteit in gebruik en beheer. De onderwijskundige inzichten veranderen om de paar jaar, dat geldt ook voor het budgettaire regime, en organisatie, demografische en maatschappelijke ontwikkelingen zorgen voor groei en krimp in de leerlingaantallen. Het leidt tot grote kwantitatieve en kwalitatieve schommelingen in het ruimtegebruik: er moeten lokalen bij, er moeten lokalen af, er moeten andere soorten lokalen komen, of ruimtes die helemaal geen standaardlokaal meer zijn. Er zijn maar weinig schoolgebouwen die al deze veranderingen moeiteloos aankunnen. Meestal moet er voortdurend improviserenderwijs worden verbouwd en aangebouwd.

In de praktijk wordt op de flexibiliteitseis doorgaans ingespeeld met een minimum aan architectonische kwaliteit: zie de standaardnoodlokalen. Is de Nederlandse onderwijshuisvesting dan in een permanente noodtoestand geraakt? Kan het niet anders? Als tijdelijke huisvesting onvermijdelijk is, kan het dan ten minste hoogwaardige tijdelijke huisvesting zijn? En moeten we dan het noodklokaal serieus nemen als ontwerpopgave?

Met die vragen begonnen wij (architect Rien Korteknie en kunsthistoricus Wilma Kempinga) in 2002 aan het project 'SchoolParasites', namens WiMBY!, een onafhankelijke stichting die als doel heeft de grootschalige herstructurering van de Rotterdamse wijk Hoogvliet op een hoger peil te brengen. Bij het algemene belang van een betere tijdelijke schoolhuisvesting kwam hier dus nog een extra reden om ons in te zetten: goede, herkenbare en trotse schoolgebouwen

C. Seyferth, SchoolParasite 'de lampion'/'the lantern'





used intensively, day in day out, to the satisfaction of all concerned. But for the rest, there are interesting similarities.

SchoolParasites, too, were the product of a strong, simple and easily understood idea. Education is important, not just for the children attending school, but also for the neighbourhood, where a school can act as a social binding agent. And so the buildings where education takes place are important too: children deserve not worn-out accommodation but a decent school building in which they feel good and of which they can be proud.

In reality, the ideal of a high-quality school is frustrated by volatility in use and management. Educational thinking changes every few years, as do the budgetary regime and the organisation; student numbers rise and fall in response to demographic and social developments. The result is big quantitative and qualitative fluctuations in the demand for space: extra classrooms are needed, classrooms need to be scrapped, different kinds of classrooms or completely non-standard spaces are required. There are very few school buildings capable of taking all these changes in their stride. Usually it is a case of continual ad hoc alterations and extensions.

In practice, the demand for flexibility is usually catered to with a minimum of architectural quality – one only has to look at standard temporary classrooms. Has Dutch educational housing ended up in a permanent state of crisis? Is there no other solution? If temporary accommodation is unavoidable, couldn't it at least be high-quality temporary accommodation? And does this mean that we should treat the design of temporary classrooms seriously?

It was with these questions in mind that we (architect Rien Korteknie and art historian Wilma Kempinga) embarked on the 'SchoolParasites' project in 2002 on behalf of WiMBY!, an independent foundation whose aim is to raise the standard of the large-scale restructuring of the Hoogvliet district of Rotterdam. So, in addition to the general aim of better temporary school accommodation, there was another reason for calling us in: good, recognizable and self-respecting school buildings are even more important in an unstable district in the throes of reorganisation like Hoogvliet.

Thus, like the Twingo Smile, the School-

zijn in een instabiele herstructureringswijk als Hoogvliet nog veel belangrijker dan elders.

Net als de Twingo Smile zijn de SchoolParasites dus geboren uit een combinatie van pragmatisme en idealisme.

### SchoolParasites: theorie en praktijk

Het project 'SchoolParasites' liep van 2002 tot 2004 en had een theoretisch en een praktisch bestanddeel. Het theoretische deel is een kritisch commentaar op de gebruikelijke wijze waarop over scholen en architectuur wordt gesproken. In de gangbare benadering richt de aandacht zich vooral op het ontwerp van nieuwe scholen; op doordachte, uitgebalanceerde, 'gave' ontwerpen die zich op hun best tonen op de dag van de oplevering. Als de school in gebruik wordt genomen, is de taak van de architectuur klaar. Deze benadering overheerst bijvoorbeeld in de tentoonstelling en het boek *Nederland naar school* van het NAi (1996).[2] In deze benadering ademt de schoolarchitectuur een sfeer van tijdloosheid, bestendigheid en onwankelbare vormvastheid. Maar zo tijdloos en standvastig is het leven van de meeste scholen niet. De ideaal passende en onveranderlijke school is een droombeeld. Om architectonisch antwoord te geven op de neurotische wisselvalligheid van de eisen die aan een schoolgebouw worden gesteld, is een andere benadering nodig.

Een inspirerende referentie voor een andere benadering vonden we bij Stewart Brand en zijn boek *How Buildings Learn. What Happens after They're Built* (1994).[3] Brand onderzoekt gebouwen 'als een geheel, niet alleen een geheel in de ruimte, maar ook in de tijd'. Zijn vraag is ook de onze, en zijn ondertitel vat ook onze invalshoek samen: wat gebeurt er met gebouwen in de loop der tijd? Brand schrijft: 'Almost no buildings adapt well. They're *designed* not to adapt; also budgeted and financed not to, constructed not to, administered not to, maintained not to, regulated and taxed not to, even remodelled not to. But all buildings (except monuments) adapt anyway, however poorly, because the usages in and around them are changing constantly.' Met andere woorden: de meeste gebouwen zijn er niet op gemaakt om zich in de loop van de tijd aan te passen, en toch moeten ze wel. Laten we bekijken





Parasites were born out of a combination of pragmatism and idealism.

### SchoolParasites: Theory and Practice

The 'SchoolParasites' project ran from 2002 to 2004 and had both a theoretical and a practical component.

The theoretical part consisted of a critical commentary on the usual way of talking about schools and architecture. In the conventional approach, the main focus is on the design of new schools; on well-thought-out, balanced, 'perfect' designs that look their best on the day of completion. Once the school has commenced operation, architecture's task is finished. It is this approach that dominated the NAi exhibition and accompanying book on school design, *Nederland naar school* (1996).[2] Viewed from this perspective, school architecture is imbued with an air of timelessness, permanency and formal fixity. Yet the life of most schools is nowhere near so timeless and constant. The ideal of an appropriate and unchangeable school is a dream. To respond architecturally to the neurotic whimsicality of the demands placed on a school building requires a different approach.

An inspiring reference for a different approach was found in Stewart Brand and his book *How Buildings Learn: What Happens after They're Built* (1994).[3] Brand looked at buildings 'as a whole, not just a whole in space, but also in time'. His question is ours, too, and his subtitle summarises our own perspective: what happens to buildings over the course of time? Brand writes: 'Almost no buildings adapt well. They're designed not to adapt; also budgeted and financed not to, constructed not to, administered not to, maintained not to, regulated and taxed not to, even remodelled not to. But all buildings (except monuments) adapt anyway, however poorly, because the usages in and around them are changing constantly.'

In other words, most buildings are not designed to adapt over the course of time, and yet this is what they have to do. Let us look at how they adapt, and see what lessons we can learn from this for the benefit of new designs. In the project, we did this in several different ways.

First of all with historical research into the so-called 'H schools', a popular H-plan school typology from the 1960s,

2
Tjeerd Boersma en Ton Verstegen, *Nederland naar school. Twee eeuwen bouwen voor een veranderend onderwijs* (Rotterdam, 1996).

3
Stewart Brand, *How Buildings Learn. What Happens after They're Built* (Londen, 1994).

2
Tjeerd Boersma and Ton Verstegen, *Nederland naar school. Twee eeuwen bouwen voor een veranderend onderwijs*, (Rotterdam, 1996).

3
Stewart Brand, *How Buildings Learn: What Happens after They're Built* (London, 1994).

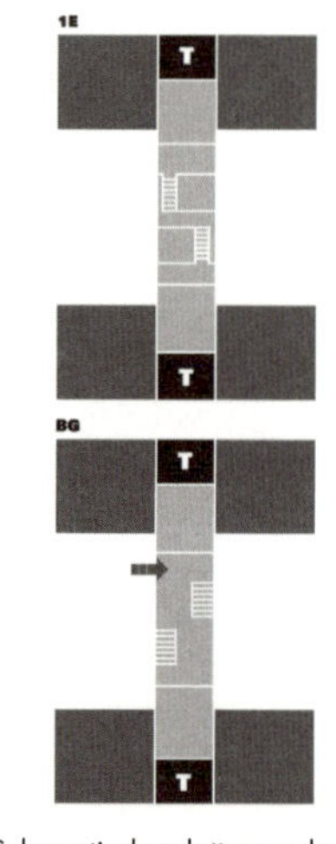

Schematische plattegronden H-scholen zoals gebouw in o.a. Hoogvliet/Schematic plans H schools as built in Hoogvliet

hoe ze zich aanpassen, en wat we ervan kunnen leren voor nieuwe ontwerpen. Dit hebben we in het project op een aantal manieren uitgewerkt.

Om te beginnen met historisch onderzoek naar de zogeheten H-scholen, een veelgebouwd scholentype uit de jaren zestig dat onder meer in Hoogvliet ook na veertig jaar nog goede dienst doet. Niet alleen het ontwerp en de bouw zijn beschreven (door Michelle Provoost), maar ook is de daaropvolgende gebruiksgeschiedenis onderzocht (door Annuska Pronkhorst). Nauwgezet zijn alle veranderingen in plattegrond en functie gereconstrueerd die vanaf de bouw tot aan nu toe hebben plaatsgevonden.[4]

De H-scholen blijken zich opvallend goed te kunnen aanpassen aan nieuwe functies. Wel lijden ze aan onderhoudsachterstand, maar als die achterstand is ingelopen, zal blijken dat ze er nog altijd patent bijstaan. Deze (functionele) vitaliteit zou een extra reden moeten zijn om behoedzaam met deze schoolgebouwen om te gaan. Ze mogen niet zomaar worden afgedankt.

En daar is nóg een reden voor. Scholen blijven lang leven in de herinnering van de oud-leerlingen, die er een belangrijke tijd van hun leven hebben doorgebracht. 'Mijn oude school' is een belangrijk baken in de manier waarop mensen op hun persoonlijke en voor een deel gezamenlijke geschiedenis terugkijken, een *lieu de mémoire*. Eigenlijk zou dat baken altijd beschikbaar moeten zijn voor een *sentimental journey*. Tegelijkertijd moet de school voortdurend veranderen. Deze spanning tussen traagheid en snelheid, tussen permanentie en tijdelijkheid in de scholenbouw verdient meer aandacht dan ze tot nu toe krijgt.

Vervolgens hebben we onderzocht hoe deze inzichten in praktijk kunnen worden gebracht. Samen met drie scholen in Hoogvliet en de deelgemeente Hoogvliet hebben we drie typen tijdelijke huisvesting laten ontwerpen en realiseren. Voor alle drie golden als algemene eisen: architectonische en esthetische kwaliteit, geschiktheid voor afwijkende functies van de basisschool (dus geen standaardlokalen, al moeten ze wel ook op die manier kunnen worden gebruikt), en de extra eisen die de herstructurering van naoorlogse wijken zoals Hoogvliet stelt aan de scholen. Het onderscheid tussen de drie

4
Wilma Kempinga (red.), *School-Parasites. Nieuwe noodlokalen voor naoorlogs Nederland* (Rotterdam/Amsterdam, 2004).

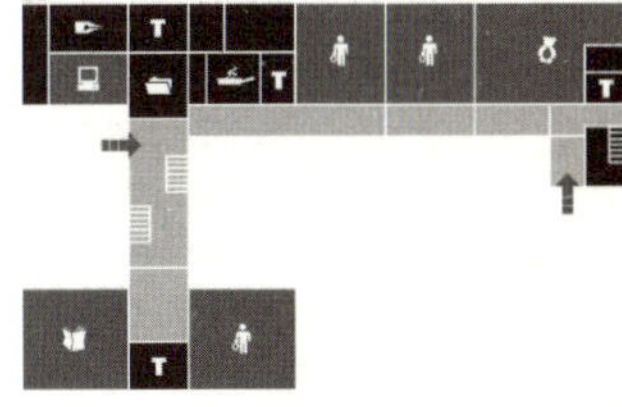

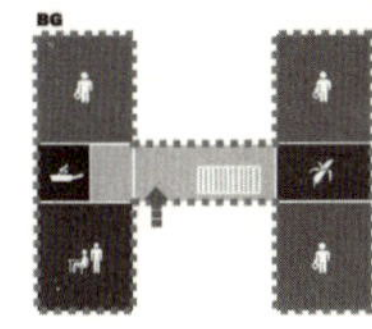

Schematische plattegronden H-scholen zoals gebouw in o.a. Hoogvliet/schematic plans H-schools as built in Hoogvliet





instances of which are still going strong forty years later, including in Hoogvliet. Not only were the design and the building described (by Michelle Provoost), but the subsequent history of use was investigated (by Annuska Pronkhorst). Every change in plan and function that had taken place between construction and the present day was painstakingly reconstructed.[4]

The H schools turn out to be remarkably good at adapting to new functions. True, they suffer from a maintenance backlog, but once that backlog is cleared it appears that they are still able to hold their own. This (functional) vitality should be an added reason for a cautious approach to school buildings. They ought not to be discarded willy-nilly.

And there is another reason, too. Schools live on in the memories of ex-pupils who spent a considerable part of their lives there. 'My old school' is an important landmark in the way people look back on their personal and to some extent shared history, a *lieu de mémoire*. In fact, that landmark ought always to be available for a 'sentimental journey'. Yet the school has to keep changing with the times. This tension between slowness and speed, between permanence and temporality in school construction deserves more attention than it has received up to now.

We then went on to look at how these insights might be put into practice. Together with three schools in Hoogvliet and the Hoogvliet district council, we commissioned the design and construction of three types of temporary accommodation. Certain general requirements applied to all three designs: architectural and aesthetic quality, suitability for non-standard primary school functions (so no standard classrooms, even though they must be able to be used as such) and the additional demands that the restructuring of post-war districts like Hoogvliet place on schools. The difference between the three types lay in the kind of new function: one SchoolParasite is especially suitable for dance and music, the second for cooking and eating, and the third contains flexible individual workstations.

Three architects were approached to design the three types, respectively Onix, Christoph Seyferth and Barend Koolhaas. In developing their designs – Het Beest (The Beast), De Lampion (The Chinese

4
Wilma Kempinga (ed.), *School-Parasites. Nieuwe noodlokalen voor naoorlogs Nederland* [Not the Trailer. Provisional Classrooms for Primary Schools] (Rotterdam/Amsterdam, 2004).

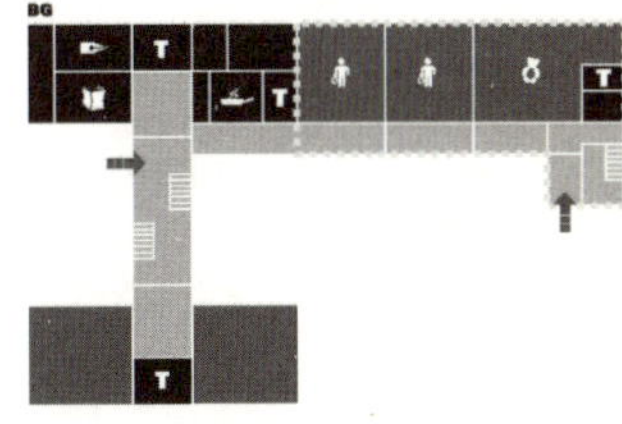

Schematische plattegronden H-scholen zoals gebouw in o.a. Hoogvliet/Schematic plans H schools as built in Hoogvliet

typen zit in het soort nieuwe functies: één SchoolParasite is in het bijzonder geschikt voor dans en muziek, de tweede voor koken en eten, en de derde bevat flexibele individuele werkplekken.

Voor deze opgaven zijn drie ontwerpers benaderd, respectievelijk Onix, Christoph Seyferth en Barend Koolhaas. Bij de uitwerking van hun ontwerpen (Het Beest, De Lampion en De Bloem) is nauw samengewerkt met de scholen en met name met de schooldirecteuren. Dat het niet, zoals zo vaak, bij een mooi idee bleef maar ook tot uitvoering kwam, was grotendeels te danken aan de ongebruikelijke financiering: WiMBY!, deelgemeente Hoogvliet en van de Stichting Kunst en Openbare Ruimte (SKOR). Het project was hiermee financieel onafhankelijk van de reguliere onderwijshuisvestingsbudgetten. Daardoor konden de drie prototypen in betrekkelijk korte tijd worden ontwikkeld én uitgevoerd.

### Waarom heeft de SchoolParasite zich nog niet verspreid

Met de SchoolParasites wilden we niet alleen drie mooie tijdelijke schoolpaviljoentjes voor Hoogvliet realiseren, maar

daarmee ook de ontwikkeling van betere tijdelijke huisvesting elders in het land stimuleren. Door de onverschillige en vanzelfsprekende acceptatie van lelijke noodlokalen te doorbreken, door in de praktijk te laten zien dat het anders kan, door bewustwording en discussie over de kwaliteit van onderwijshuisvesting aan te moedigen. En concreet: door de prototypen geschikt te maken voor serieproductie, zodat ook andere scholen SchoolParasites zouden kunnen kopen of huren.

Als uitbreiding van het bestaande assortiment en als begin van een catalogus van kwalitatief hoogstaande alternatieven voor de standaardcontainer wilden we de SchoolParasites graag onderbrengen bij reguliere aannemers of leveranciers van tijdelijke huisvesting. We beseften dat de SchoolParasites nooit de markt zouden overnemen, maar meenden dat er in ieder geval een niche voor kwaliteit zou zijn.

Na uitvoerig onderzoek is het gelukt om theoretisch de kinderziektes van de eerste prototypen te verhelpen. Technisch bleek serieproductie mogelijk, financieel eveneens, zij het op een andere

Lantern) and De Bloem (The Flower) – they worked closely with the schools and in particular with the principals. The fact that the SchoolParasites were not confined to a bright idea, but actually ended up being built, was largely thanks to the unusual funding – WiMBY!, Hoogvliet district council and Stichting Kunst en Openbare Ruimte (SKOR, Foundation for Art and Public Space) – which made the project financially independent of conventional school building budgets. Thanks to this, the three prototypes were developed *and* built in a relatively short space of time.

### Why Hasn't the SchoolParasites Project Caught on Yet?

With the SchoolParasites project we wanted not only to realise three fine temporary school buildings for Hoogvliet, but in so doing to stimulate the development of better temporary school accommodation elsewhere in the Netherlands – by breaking with the apathetic and unquestioning acceptance of ugly temporary classrooms, by demonstrating that there are alternatives, by encouraging awareness and discussion of the quality of school buildings. And more concretely, by making the

prototypes suitable for mass production so other schools would also be able to buy or rent SchoolParasites.

We were keen to see regular contractors or suppliers of temporary accommodation adopt the SchoolParasites either as an addition to their existing range or as the start of a catalogue of high-quality alternatives to the standard container. Although we realised that the SchoolParasites would never take over the market, we did think that there would at least be a niche market for quality.

Lengthy research produced theoretical solutions to the teething troubles of the first prototypes. Technically speaking, mass production was feasible, financially too, although on a different basis than conventional temporary classrooms: SchoolParasites are more expensive (hardly surprising), but they last longer and would be written off after 15 instead of the usual five years.

The SchoolParasites received a lot of publicity. The interest was both general (youth newscast, daily newspapers) and specialised (professional journals, educational trade fairs). We received and continue to receive enthusiastic reactions

basis dan de gebruikelijke noodlokalen: SchoolParasites zijn duurder – dat kan ook bijna niet anders – maar gaan langer mee en zouden dus in vijftien jaar moeten worden afgeschreven in plaats van de gebruikelijke vijf jaar.

De SchoolParasites kregen veel publiciteit. De aandacht was zowel breed (o.a. *Jeugdjournaal*, dagbladen) als toegespitst (o.a. vakbladen en onderwijsbeurs). We kregen en krijgen ook nu nog enthousiaste reacties van scholen uit het hele land. En toch kregen ze uiteindelijk geen vervolg. Waaraan ligt dat? Het antwoord is niet eenvoudig te geven, er spelen vele factoren mee en sommige zijn ook ons nog niet helemaal duidelijk. Maar opnieuw is de parallel met de Twingo Smile verhelderend. Wij zijn buitenstaanders in de wereld van de onderwijshuisvesting; we hebben er geen belangen. We zijn geen schoolbestuurders, politici of aannemers, en om het idee van de SchoolParasites verder te helpen, zijn we afhankelijk van mensen die dat wél zijn.

Voor de prototypes was het van onschatbare waarde dat we bijzondere geldbronnen konden aanboren; anders

was het zeker niet gelukt. Maar daarna moesten we toch aansluiting vinden op het reguliere systeem. En dat bleek bijzonder moeilijk. Sinds de decentralisatie heeft de rijksoverheid nauwelijks nog iets te zeggen over de praktijk van de onderwijshuisvesting. Wat de onderwijstak van het ministerie van OCW nog aan dit onderwerp doet – veelal in de vorm van onderzoek dat aan grote adviesbureaus wordt uitbesteed – heeft een sterk vastgoedkarakter; een inhoudelijke visie ontbreekt.

De feitelijke verantwoordelijkheid ligt bij schoolbesturen en gemeenten, met een niet altijd logische onderlinge verdeling. De schoolbesturen gaan over nieuwbouw, maar de gemeenten zijn verantwoordelijk voor het onderhoud. Veel gemeenten voeren hun taak in de tijdelijke schoolhuisvesting uit door bulkcontracten af te sluiten met grote leveranciers van standaardnoodlokalen. Dat lijkt weliswaar efficiënt, maar is in werkelijkheid een bijzonder dure aangelegenheid waar vooral de unit-bouwers baat bij hebben. Hiernaast bestaat er door het nauwelijks te traceren verloop en de opdeling van geldstromen voor schoolbesturen geen

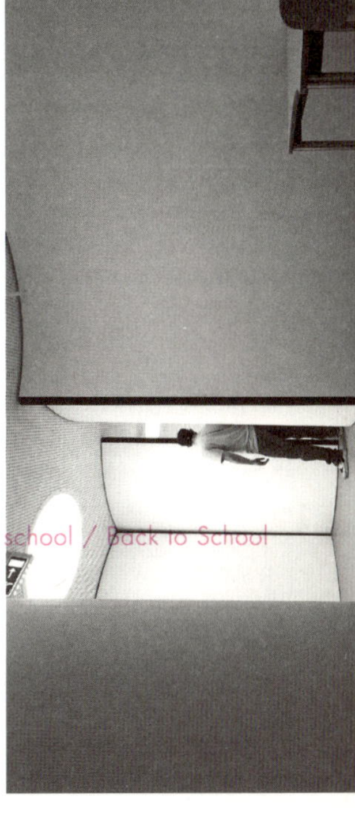







from schools all over the country. And yet, in the end they were not followed up. Why is that?

There is no easy answer to that question. There are a lot of factors involved and some of them are not entirely clear to us. But once again the parallel with the Twingo Smile is illuminating. We are outsiders in the world of educational accommodation; we are not interested parties. We are not school governors, politicians or contractors, and in order to promote the idea of the SchoolParasites we depend on people who are.

The special financial resources we were able to draw on for the prototypes were invaluable; without them it would never have happened. But after that we had to try to link up with the regular system. And that proved exceptionally difficult.

Since decentralisation, the national government has had little or nothing to say on the subject of educational accommodation. What little involvement the educational section of the Ministry of Education and Science still has in this subject (mostly in the form of research contracted out to big consultancy firms) is more real

estate oriented; there is no substantive vision.

Effective responsibility is shared by school boards and local councils and the division of accountability is not always logical. School boards are responsible for new construction, but the councils are responsible for maintenance. Many councils carry out their duty with respect to temporary accommodation by entering into bulk contracts with major suppliers of standard temporary classrooms. That may seem efficient but in reality it is a particularly expensive solution that mainly benefits the unit builders. Moreover, because of the division of funding and the near impossibility of tracing its course, school boards have no financial incentive to anticipate future developments when deciding on new construction. Conversely, the council is charged with maintenance but has little influence on major factors determining the extent and costs of maintenance. Nor is there any guarantee that councils possess any in-depth knowledge about school architecture. There are a few places in the Netherlands where the city council has for many years had a consistent quality policy with respect to school buildings (for

noodzaak en ook geen financiële prikkel om bij de beslissingen over nieuwbouw alvast vooruit te kijken naar toekomstige ontwikkelingen. Andersom moet de gemeente voor het onderhoud zorgen, maar heeft ze nauwelijks invloed op belangrijke factoren die de mate en de kosten van het onderhoud bepalen. Voorts is ook bij gemeenten de kennis op het gebied van schoolarchitectuur absoluut niet gegarandeerd. Er zijn enkele steden waar het gemeentebestuur jarenlang een consequent kwaliteitsbeleid voor schoolhuisvesting heeft gevoerd (o.a. Groningen en Den Haag), maar het betreft hier slechts een hand vol uitzonderingen.

Bij de schoolbesturen is de aandacht voor architectuur doorgaans gering (ook hier zijn uiteraard goede uitzonderingen). De schoolbesturen hebben in de afgelopen jaren, net als bijvoorbeeld woningcorporaties, een drastische schaalvergroting en verzakelijking ondergaan. Vroeger, toen er bijna per school een eigen bestuur was, had het schoolgebouw een unieke betekenis, en zette het bestuur zich in voor een betekenisvol gebouw, daarbij geïnspireerd door de eigen levensbeschouwing. In het huidige sterk managementgerichte

en weinig inhoudelijke klimaat, worden schoolgebouwen steeds meer als inwisselbaar onroerend goed gezien. Beslissingen verlopen volgens de wetten van de vastgoedportefeuille.

Architectenkeuzen zijn meestal bijzonder veilig: meer gebaseerd op de vertrouwde kring van vaste 'scholenbouwers' en bewezen risicobeheersing dan op architectonische waarde. Levensbeschouwelijke overwegingen spelen nauwelijks nog een rol.

Trots en inhoudelijke gedrevenheid zijn vaak wél te vinden bij schooldirecteuren. Ook in Hoogvliet hebben we daar prachtige en hartverwarmende voorbeelden van meegemaakt. Maar een directeur met liefde voor z'n vak en voor z'n school vindt, door het effect van schaalvergroting en verzakelijking, niet automatisch erkenning bij het schoolbestuur. Een directeur die iets wil bereiken, zal moeten netwerken en lobbyen bij zijn eigen bestuur, wat toch eigenlijk de omgekeerde wereld is.

Alles bij elkaar hebben we kennisgemaakt met een stroef en in zichzelf gekeerd universum van de onderwijshuisvesting. Aandacht voor architectonische kwaliteit heeft geen vaste plaats; met

instance Groningen and The Hague) but they constitute a mere handful of exceptions.

Among school boards, the interest in architecture is usually minimal (here, too, there are some fine exceptions). In recent years, school boards have, like housing corporations, undergone a drastic increase in scale and professionalism. Previously, when nearly every school had its own board, the school building possessed a unique significance and the board strove for a building that would give expression to the school community's particular philosophy of life. In the current climate, which is strong on management and weak on substance, school buildings are increasingly seen as interchangeable 'property'. Decisions are taken in accordance with the rules of the property portfolio. The choice of architect is usually very 'safe', based more on membership of the tried and trusted circle of regular 'school architects' and proven risk-management skills, than on architectural merit. Ideological considerations scarcely play a role nowadays.

Even so, pride and a passionate commitment to education are often to

be found among school principals and we encountered wonderful and heartwarming examples of this in Hoogvliet. But because of the effects of upscaling and professionalisation, a school head dedicated to his job and his school does not automatically receive recognition from the school board. A school principal who wants to achieve something has to network with and lobby his own board of governors, which is really setting things on their head.

All in all, we encountered a rigid and inward-looking world of school construction in which attention to architectural quality has no fixed place; with a bit of bad luck, the notion of quality can get lost altogether. There are a great many individual stakeholders – in schools, on boards, among parents, in local councils – who do recognise the value of a good building, and we could tell this from their enthusiastic reactions. But after a while that enthusiasm turned into resignation: they had tried to win acceptance for the SchoolParasites but came up against a brick wall of 'can't, won't'. The guiding principle in this world is that exceptions are treated with great suspicion. The

een beetje pech valt het kwaliteitsbesef overal tussen wal en schip. Er zijn heel wat individuele betrokkenen – op scholen, in besturen, onder ouders, bij gemeenten – die de waarde van een goed gebouw wél inzien, en dat merkten wij ook aan hun enthousiaste reacties. Maar na verloop van tijd sloeg het enthousiasme om in berusting: ze hadden geprobeerd of ze ook SchoolParasites konden plaatsen, maar liepen tegen een muur van 'kan niet wil niet'. In dit universum heerst de regel: uitzonderingen worden met grote argwaan bekeken. De aarzelingen die met de eigendomsoverdracht gepaard gingen zijn hierin exemplarisch.

Multifunctionele Accommodatie (MFA)
In het verlengde van de SchoolParasites hebben we vanaf 2005 een tweede project uitgevoerd dat opnieuw is gericht op de relatie tussen permanente en tijdelijke schoolhuisvesting: een ontwerpend onderzoek naar de architectonische mogelijkheden van een Multifunctionele Accommodatie (MFA).

Bij de SchoolParasites werd het contrast tussen permanentie en tijdelijkheid als een gegeven geaccepteerd. Nu gingen we een stap verder door te zoeken naar systematische vernieuwing, niet van het noodgebouw alleen maar van de school als geheel. Hoe combineer je vast en tijdelijk, groei en krimp? Scholen zijn veranderlijk, en tegelijkertijd willen we graag dat ze permanent en herkenbaar zijn: is het mogelijk om die twee uitgangspunten beide te laten doorwerken in het ontwerp?

Het onderzoek naar de Multifunctionele Accommodatie past hierbij. Onder deze naam wil de gemeente Rotterdam een soort 'Brede Scholen Extra' ontwikkelen. De scholen worden aangevuld met buurtfuncties die kunnen variëren van een bibliotheek tot een fysiotherapiepraktijk. Dankzij deze extra functies is er een sterkere basis mogelijk voor flexibiliteit, zowel voor de afzonderlijke functies als in hun onderlinge uitwisseling van ruimten. Een van de MFA's is gedacht in Hoogvliet op de locatie van de huidige school De Notenkraker. In samenwerking met de betrokken scholen (waarvan de H-school De Notenkraker ook al meedeed in het SchoolParasites-project) hebben we een ontwerpworkshop belegd om drie architectonische modellen te laten uitwerken.

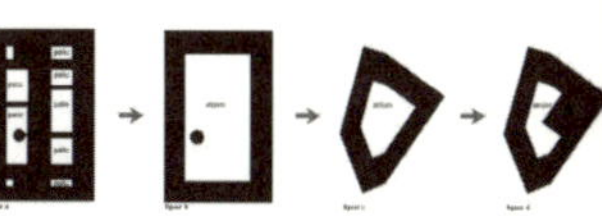

MFA Atelier Coolsingel, vaste kern met uitbreidingen/ compact core with extensions





doubts that accompanied the transfer of ownership was a case in point.

Multifunctional Accommodation (MFA)
Following on from SchoolParasites, we started work in 2005 on a second project that once again focuses on the relation between permanent and temporary school buildings: a design study of the architectural possibilities for Multifunctional Accommodation (MFA).

In the SchoolParasites project, the contrast between permanence and temporality was accepted as a given. With MFA we went a step further by searching for systematic renewal, not of the temporary building alone, but of the school as a whole. How to combine permanent and temporary, growth and shrinkage? Schools are by nature changeable, yet we would also like them to be permanent and recognizable. Is it possible for both of these principles to be expressed in the design?

A perfect vehicle for testing this is the City of Rotterdam's Multifunctional Accommodation research project which is aimed at developing a kind of 'Super Under-One-Roof School'. The schools are augmented with neighbourhood amenities, which can vary from a library to a physiotherapy practice. These additional functions provide a stronger than usual basis for flexibility, both for the individual functions and in terms of shared spaces. One of the MFAs is envisaged in Hoogvliet on the site of the Notenkraker school. In collaboration with the schools concerned (one of which, the Notenkraker, was also involved in SchoolParasites), we held a design workshop during which three architectural models were developed.

We asked three architectural practices to design one building type each, taking Stewart Brand's ideas as their inspiration. NL Architects designed a striking and substantial building that was big enough to accommodate changes over time and in function. Atelier Coolsingel designed a building with a permanent core that could be supplemented with temporary or semi-permanent elements. Onix took the Notenkraker's existing H-plan building as its starting point, using it as a permanent core that could be added to as required.

Where the MFA project goes from here is still uncertain. Clearly, the design

We vroegen aan drie architectenbureaus om, geïnspireerd door Stewart Brants ideeën, elk een ander gebouwtype te ontwerpen. NL Architects ontwierp een markant en royaal gebouw, met ruime overmaat zodat het gebouw veranderingen in de tijd en in functies intern kan opvangen. Atelier Coolsingel ontwierp een gebouw met een vaste kern, aangevuld met tijdelijke of semipermanente elementen. Onix nam het bestaande H-gebouw van De Notenkraker als uitgangspunt, en gebruikte het als blijvende kern die naar behoefte wordt aangevuld.

Hoe het MFA-project verdergaat is nog ongewis. Duidelijk is dat we met de ontwerpworkshop een in deze kringen onconventionele benadering hebben geïntroduceerd. De schoolbesturen zijn huiverig en vragen zich zelfs af waarom er zo veel geld en energie wordt gestoken in een school in Hoogvliet. Van de drie modellen lijken ze de hergebruikvariant al meteen af te wijzen, met het simpele argument dat ze hoe dan ook nieuwbouw willen. Hoewel de MFA-formule hen tot innovatief handelen dwingt, is de lokroep van de veilige standaardoplossing nooit ver weg.

## Slot

Wij dachten dat het een cliché zou zijn, een open deur, een volstrekt vanzelfsprekende gedachte: als je betrokken bent bij onderwijs en onderwijshuisvesting, dan kun je niet anders dan de relatie tussen permanent en tijdelijk zien als een belangrijk onderwijskundig en architectonisch vraagstuk. De urgentie ervan wordt onmiddellijk duidelijk als je je voorstelt dat je zelf een kind bent (of een kind hebt) dat jaren achtereen les krijgt in noodlokalen. Nederland is geen derdewereldland, en het is evenmin onlangs getroffen door een zware aardbeving. Er zou dus geen enkele reden moeten zijn voor gebruik van noodlokalen op grote schaal.

En toch zijn de noodlokalen er. Bij honderden, duizenden tegelijk. Het is verontrustend dat de meest direct betrokkenen, zoals schoolbesturen en gemeenten, dat een normale situatie vinden. We zijn in een permanente noodsituatie terechtgekomen en we schamen ons er niet eens meer voor. Een groot deel van de scholenbranche is in dit opzicht misschien wel net zo cynisch als de auto-industrie in 1996.

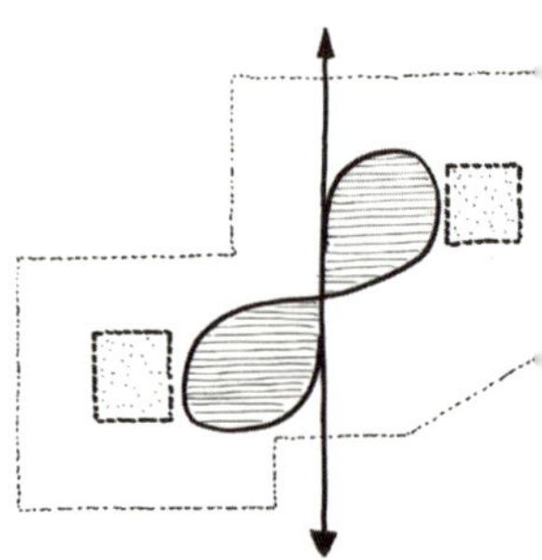

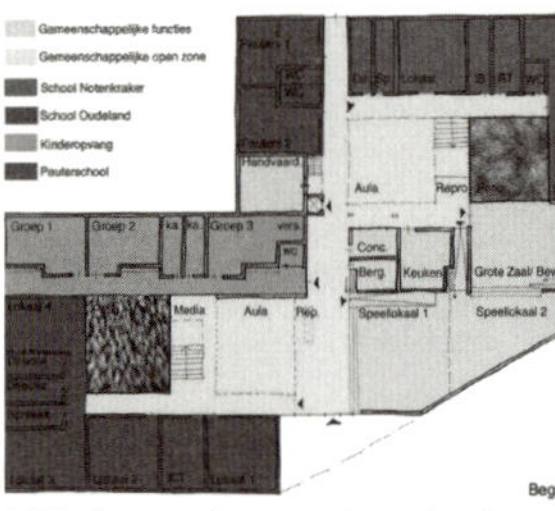


MFA Onix architecten, hergebruik van bestaande H-school/ reuse of existing H school





workshop approach was regarded as very unconventional in these circles. The school boards are wary and are even questioning why so much money and energy is being pumped into a school in Hoogvliet. Of the three models, they appear to have rejected the third option out of hand, with the simple argument that they want a new building. Although the MFA formula forces them to be innovative, the lure of the safe standard solution is never far away.

### Conclusion

We had thought it would be a cliché, an open door, a completely self-evident idea: if you are involved in education and educational accommodation, you are bound to see the relation between permanent and temporary as a vital educational and architectural issue. Its urgency becomes clear as soon as you imagine that you are a child (or have a child) being taught year after year in temporary classrooms. The Netherlands is not a third-world country, nor has it recently been struck by a severe earthquake. So there is no reason for large-scale use of temporary classrooms.

And yet temporary classrooms are a fact of life here. Hundreds, thousands of them. It is alarming that those most immediately concerned, like school boards and local councils, regard this as a normal situation. We find ourselves in a permanent state of emergency and we've even stopped being embarrassed about it. A large part of the school sector seems in this respect to be just as cynical as the automotive industry back in 1996.

In our experience, developing a good idea is not such a big problem. We succeeded fairly easily with SchoolParasites and once we had learned to look at things through the eyes of Stewart Brand, the formulation of architectural models for the MFA was also pretty straightforward. The big problem does not lie with the architecture, either. We worked with five clever, and not always experienced, architects who all came up with intelligent and interesting ideas. Granted, there's a lot involved in the execution of an innovative design and granted, none of the six designs is perfect. But with each successive commission more knowledge, experience and flexibility is accumulated.

MFA Onix architecten, hergebruik van bestaande H-school/ reuse of existing H school

Onze bevinding is dat het ontwikkelen van een goed idee niet eens zo'n probleem is. Ons lukte het vrij gemakkelijk met de SchoolParasites, en toen we eenmaal geleerd hadden om met de blik van Stewart Brand te kijken, lag het formuleren van architectonische modellen voor de MFA ook voor de hand. Het grote probleem zit ook niet in de architectuur. We hebben met vijf slimme en voor een deel nog onervaren architecten gewerkt, die allemaal met intelligente en interessante ideeën kwamen. Natuurlijk heeft de uitvoering van een innovatief ontwerp veel voeten in de aarde, en natuurlijk is er op de zes ontwerpen nog wel iets aan te merken. Maar bij iedere volgende opgave wordt er meer kennis, ervaring en souplesse opgebouwd.

Het echte probleem zit in het opdrachtgeverschap en de financiering, en daar zit dus ook de oplossing. De meeste functionarissen in de schoolhuisvesting hebben geen specifieke belangstelling voor architectuur. Er zijn ook geen mechanismen die hen daartoe aansporen. De verantwoordelijkheden en geldstromen zijn op zo'n manier opgeknipt dat het voor iedereen gemakkelijk is om het onderwerp af te schuiven. Wel zijn er in veel organisaties individuele betrokkenen te vinden met hart voor de school, die graag verandering willen, maar vaak voeren ze een eenzame strijd met onzekere uitkomst.

Het verhaal van de SchoolParasites klinkt al met al misschien somber, maar er is een kentering mogelijk. De sleutel daarvoor ligt bij de gemeente. Zodra de gemeente een bewust kwaliteitsbeleid voert voor tijdelijke huisvesting, is er veel meer mogelijk dan er nu routineus gebeurt, en dat hoeft niet duurder te zijn dan de huidige praktijk.

Kortom, ook al is het belang van architectonische kwaliteit – al is het een tijdelijk gebouw – de afgelopen jaren te vaak over het hoofd gezien, dat kan veranderen. Een hoopgevende ontwikkeling is dat de gemeente Rotterdam onderzoekt hoe ze het ideeëngoed van de SchoolParasites kan overnemen. De Smile moet de weg op.

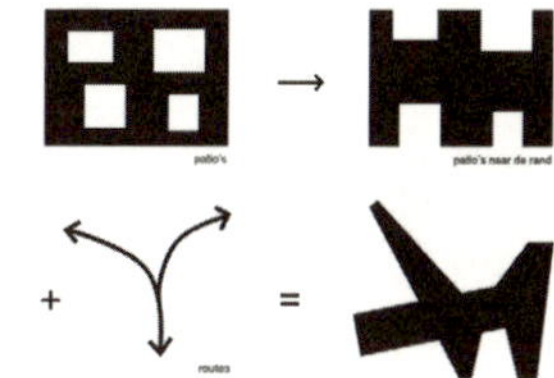

Concept

MFA NL Architects,
flexibiliteit door overmaat/
flexibility due to large size





The real problem lies with the clients and the funding, and so that is also where the solution lies. Most officials involved with school construction have no particular interest in architecture. Nor are there any mechanisms for encouraging them in that direction. The responsibilities and funding are divided up in such a way that it is easy for everyone to shrug off the topic. There are certainly individuals in many organisations who are passionate about their school, who would like to see change, but they often fight a lonely battle with an uncertain outcome.

Altogether, the SchoolParasites story may sound rather dispiriting, but there is hope. The key to change rests with local councils. As soon as a council introduces a deliberate policy of quality for temporary accommodation, a lot more will be possible than is being achieved at the moment, and it doesn't have to be more expensive than current practice.

In short, although the importance of architectural quality (including for temporary buildings) has been too often overlooked in recent years, this can change. One hopeful development is that the City of Rotterdam is looking into how they might adopt the ideas behind the SchoolParasites. Time for the Smile to hit the road.

Translation: *Robyn Dalziel*

MFA NL Architects,
flexibiliteit door overmaat/
flexibility due to large size

# DE ARCHITECT ALS 'FACILITEUR'/ EEN GESPREK MET SMAR OVER HET WERKEN AAN SCHOLEN IN KANSARME BUURTEN VAN BRUSSEL
— JOHAN LAGAE





# THE ARCHITECT AS 'FACILITATOR'/ A DISCUSSION WITH SMAR ABOUT WORKING ON SCHOOLS IN DISAD-VANTAGED NEIGHBOUR-HOODS IN BRUSSELS
— JOHAN LAGAE

SCOLAIR, speelplaats / playground Voorzienigheidsschool, Anderlecht (Brussel / Brussels)

In 1999 richtten architect Jan Verheyden en socioloog Geert Leemans het Studiebureau voor Maatschappelijke Ruimte, kortweg SMaR, op en startten ze een onderzoek naar de problematiek van scholen in kansarme wijken in Brussel. Opererend binnen stringente budgettaire condities en het complexe kluwen van de Brusselse beleidsstructuren, streeft SMaR tot op vandaag naar de revitalisatie van bestaande, maar vaak inefficiënte schoolinfrastructuren. Het stelt daartoe in breed buurtoverleg strategische masterplannen op, die zowel programmatische als ruimtelijke componenten hebben. Waar mogelijk worden kleine fysieke ingrepen uitgevoerd, doorgaans met bijzonder beperkte financiële middelen, waarvan de realisatie soms kadert in projecten van maatschappelijk werk, opgezet door SCOLAIR.[1] Over deze manier van proactief opereren binnen een nog steeds actuele schoolproblematiek had *OASE* een gesprek met beide oprichters van SMaR.

Kunnen jullie kort schetsen hoe SMaR is ontstaan en waarom jullie ertoe gekomen zijn scholen als werkterrein te kiezen voor jullie samenwerking?

Geert Leemans: Binnen de Vlaamse overheidsdienst DIGO[2] had ik als socioloog midden jaren negentig studie verricht naar scholenbouw in Vlaanderen, die vooral uit een behoeftenonderzoek bestond. Behalve het architecturale aspect van de scholenbouw raakte ik daarbij steeds meer geïnteresseerd in de relatie tussen de school en het sociale weefsel van haar omgeving. Internationale voorbeelden omtrent het Brede School-concept uit Zweden, Nederland of de Verenigde Staten, die op dat moment in Vlaanderen nog vrij onbekend waren, werkten daarbij inspirerend.[3]

Jan Verheyden: Mijn interesse in architectuur gaat niet zozeer over het feit dat architectuur over programma moet gaan, of over vorm, of over functie of over structuur, of over detail of over uitvoeringswijze. In alles wat ik als ontwerper doe, vormt de maatschappelijke rol die architectuur kan spelen een centraal aandachtspunt.[4] En dan doet het er niet toe of het nu gaat om een tijdelijke ingreep in de context van een publiek evenement bijvoorbeeld, dan wel om meer permanente fysieke ingreep. Voor mij is architectuur dus niet zozeer de kunst van het bouwen, maar wel het 'faciliteren', het aanbieden





In 1999, an architect, Jan Verheyden, and a sociologist, Geert Leemans, founded the *Studiebureau voor Maatschappelijke Ruimte* ('Office for Societal Space'), or SMaR, and began research into the problems of schools in disadvantaged neighbourhoods in Brussels. Operating within stringent budgetary restrictions and the complex intricacies of the Brussels policy structure, SMaR continues to strive to revitalise existing but often inefficient school infrastructures. To this end it submits strategic master plans, with both programmatic and spatial components, to broad community consultation. Wherever possible, minor physical interventions are carried out, usually with extremely limited financial resources and sometimes in the context of social work projects initiated by SCOLAIR.[1] *OASE* interviewed the two founders of SMaR about this pro-active way of operating within a context of school problems that are still very current.

Can you briefly outline how SMaR came into being and how you came to choose schools as the field of work for your collaboration?

Geert Leemans: In the mid-1990s, as a sociologist with the Flemish government department DIGO,[2] I had studied school construction in Flanders – essentially conducting a needs assessment. In addition to the architectural aspects of school construction, I became increasingly interested in the relationship between the school and the social fabric of its community. International examples of the 'under-one-roof' or 'community school' in Sweden, the Netherlands and the USA, which were still more or less unknown in Flanders, formed an inspiration.[3]

Jan Verheyden: My interest in architecture is not particularly predicated on the fact that architecture should be about the programme, or the form, or the function, or the structure, or the detail or implementation. In everything I do as a designer, the societal role architecture can play takes centre stage.[4] And it doesn't matter whether this is a temporary intervention, in the context of a public event, for instance, or a more permanent physical intervention. To me architecture is not so much the art of building, but 'facilitating', offering (other kinds of) possibilities. From this perspective I actually share with Geert an

1
SCOLAIR is een door Europa gesubsidieerd non-profitproject in Brussel dat een sterkere interactie beoogt tussen school en buurt. Het project is een samenwerking tussen SMaR, dat de inhoudelijke drager is van het project, Stads[2] vzw (vereniging zonder winstoogmerk), die de relatie met het beleid verzorgt, en Schoolinterventieteam vzw, die werkervaringsprojecten in de bouwsector opzet voor laaggeschoolde langdurig werklozen en met name via renovatiewerken inspeelt op dringende infrastructurele noden.
2
DIGO staat voor Dienst voor Infrastructuurwerken van het Gesubsidieerd Onderwijs. Sinds 1 april 2006 is DIGO, samen met het Investeringsfonds voor de Autonome Hogescholen (IVAH) opgegaan in AGIOn, het Agentschap voor Infrastructuur in het Onderwijs, dat instaat voor de uitvoering van het scholenbouwbeleid in Vlaanderen.

1
SCOLAIR is a Brussels non-profit project subsidised by the EU aimed at greater interaction between schools and their communities. The project is a collaboration involving SMaR, which carries responsibility for the content of the project, Stads[2] vzw, which handles policy relations, and Schoolinterventieteam vzw, which sets up work experience projects in the building sector for the semi- and unskilled long-term unemployed, particularly addressing urgent infrastructure needs through renovation projects.
2
DIGO stands for Dienst voor Infrastructuurwerken van het Gesubsidieerd Onderwijs, the Subsidised Education Infrastructure Works Department. As of 1 April 2006, DIGO, along with the Investeringsfonds voor de Autonome Hogescholen (IVAH), the Investment Fund for Autonomous Polytechnics, was absorbed into AGIOn, the Agentschap voor Infrastructuur in het Onderwijs, the Agency for Education Infrastructure, which is charged with implementing school construction policy in Flanders.

van (andersoortige) mogelijkheden. Vanuit dat perspectief deel ik met Geert eigenlijk een uitgesproken interesse voor de ontwikkeling van programma.
Geert Leemans: De oprichting van SMaR resulteerde uit onze toevallige ontmoeting en was voor ons een intuïtieve en pragmatische beslissing die toeliet om subsidies aan te vragen en te werken aan datgene wat we beiden interessant vonden en ook maatschappelijk relevant.

Werd die maatschappelijke relevantie door het beleid ook effectief onderkend?

Geert Leemans: Uit eerste aftastende contacten met figuren en organisaties uit de sociale sector in Brussel zoals BRAL[5] bleek al gauw een sterke interesse voor onze benadering van de scholenproblematiek, vanuit een zowel sociologisch als ontwerpend perspectief. En omdat op dat moment niemand een begin van een oplossing kon aandragen voor de totaal gebrekkige schoolinfrastructuur in vele Brusselse wijken, slaagden we er vrij snel in om lokale, maar later ook Europese subsidies los te krijgen. Daardoor raakten we, *willens nillens*, in een evolutiepro-

ces terecht dat we uiteindelijk zelf niet helemaal meer in de hand zouden blijken te hebben.
Jan Verheyden: Ons voorbereidend onderzoek, dat zowel een analyse van de sociale als van de ruimtelijke en fysieke aspecten van de schoolarchitectuur omhelsde, leidde tot de – ogenschijnlijk evidente – constatering dat de meest achtergestelde buurten de slechtste schoolinfrastructuur bezaten. Maar het leerde ons vooral dat de oorzaak van dit fenomeen voor een groot deel terug viel te brengen tot het systeem van de subsidiëring in de scholenbouw. Die subsidiëring gaat immers niet uit van het detecteren van de reële noden inzake schoolinfrastructuur, maar werkt volgens het principe dat de eerste aanvrager ook eerst wordt bediend. In de praktijk blijken scholen die al financieel gezond zijn en goed gestructureerd, de meeste expertise in huis hebben om subsidiedossiers in te dienen, waardoor scholen in kansarme buurten, met doorgaans de meest precaire infrastructuur, niet prioritair door het beleid worden opgevist. Als je de problematiek van die scholen wil aanpakken, is het dus vooral zaak om ze te begeleiden in het

   

explicit interest in the development of the programme.
Geert Leemans: The founding of SMaR came about as a result of our accidentally running into each other, and for us it was an intuitive and pragmatic decision that enabled us to apply for subsidies and to work on what we felt to be interesting and socially relevant.

Was this social relevance effectively recognised by policy makers as well?

Geert Leemans: Our initial, tentative contacts with figures and organisations from the social sector in Brussels, such as BRAL,[5] quickly revealed a strong interest in our approach to school problems, from a sociological as well as a design perspective. And as no one at the time could offer even the beginnings of a solution to the totally deficient school infrastructure in many Brussels' neighbourhoods, we were able to secure local subsidies, and later EU subsidies as well, quite rapidly. Along the way we became involved, willingly or not, in a process we no longer fully controlled.
Jan Verheyden: Our preliminary research,

which encompassed an analysis of the social as well as the spatial and physical aspects of school architecture, led to the – at first sight obvious – conclusion that the most disadvantaged neighbourhoods had the worst school infrastructure. But above all it taught us that the root of this phenomenon was in large part attributable to the subsidy system in school construction. These subsidies are not based on the detection of actual needs in school infrastructure; they operate on a first-come, first-served principle. In practice, schools that are already financially sound and well-structured have the most in-house expertise in submitting subsidy requests, which means that schools in disadvantaged neighbourhoods, where the infrastructure is usually most in need of repair, are not identified as priorities by policy makers. So if you want to tackle the problems of these schools, you have to start by advising them on how to draw up a master plan.

Are these problems specific to Brussels?

Geert Leemans: No, you find the same phenomenon in Flanders as well: the

3
Inspirerende projecten waren de Communityschool in Amsterdam en de De Meander in Beesel, Nederlands Limburg. Daarnaast kunnen het werk van de de Amerikaanse architect Henri Sanoff (North Carolina State University), het under-one-roof-project van de OESO midden jaren negentig en de informatie van het National Clearinghouse for Educational Facilities (www.edfacilities.org) worden aangehaald.
4
Jan Verheyden, 'Utopisch Brussel. Sociale interacties in stedelijke context', *de Architect*, februari 2003, p.22-25.
5
BRAL staat voor Brusselse Raad voor het Leefmilieu.

3
Inspirational projects were the 'Communityschool' in Amsterdam and the 'De Meander' in Beesel, in Dutch Limburg. In addition, references include the work of American architect Henri Sanoff (North Carolina State University), the under-one-roof project of the OECD in the mid-1990s and information from the National Clearinghouse for Educational Facilities (www.edfacilities.org).
4
Jan Verheyden, 'Utopisch Brussel. Sociale interacties in stedelijke context' (Utopian Brussels: Social Interactions in an Urban Context), *de Architect*, February 2003, 22-25.
5
BRAL stands for *Brusselse Raad for het Leefmilieu*, the Brussels Environmental Association.

opmaken van een masterplan.

Gaat het om een specifiek Brusselse problematiek?

Geert Leemans: Neen, je vindt hetzelfde fenomeen ook in Vlaanderen, waar de beleidsexpertise binnen scholen erg kan verschillen en afhankelijk is van bijvoorbeeld de schaal van de instelling, maar ook van de concentratie van migranten of de structurele armoede van de wijk. In die zin is het fenomeen in grootstedelijke milieus wel meer uitgesproken dan in landelijke gebieden. Maar wat SMaR betreft, is onze werkterrein altijd tot de Brusselse regio beperkt gebleven.

Hadden jullie van bij het begin een duidelijke onderzoeksstrategie en aanpak?

Geert Leemans: Ik zal toegeven dat we zeker in het begin erg ervaringsgericht, ja zelfs bijna impulsief hebben gewerkt. Nu zou ik, vanuit mijn achtergrond als socioloog, toch meer vanuit literatuuronderzoek vertrekken en bepaalde methodologieën volgen die hun diensten bewezen hebben.

Jan Verheyden: Dat vormt wel een punt van continue discussie tussen ons beiden, omdat mijn aanpak nog steeds meer op intuïtie dan op a priori vaststaande kaders of patronen is gebaseerd.

Geert Leemans: We vonden het wel beiden belangrijk om van bij het begin op diverse schaalniveaus te werken. Eerst voerden we surveys uit op macroniveau, waarbij de kwaliteit van schoolinfrastructuur over grotere gebieden in kaart werd gebracht. Op microniveau deden we dan een grondige analyse van de programmatische mogelijkheden van een bestaande schoolinfrastructuur door bijvoorbeeld na te gaan welke activiteiten de beschikbare ruimtes kunnen accommoderen (in functie van oppervlakte, toegankelijkheid, enz.). Vanuit de idee dat een multifunctionele accommodatie van schoolgebouwen pas werkbaar kan zijn als ze ondersteund wordt door een breed lokaal draagvlak, ging ons behoeftenonderzoek op microniveau verder dan alleen maar een bevraging omtrent de infrastructurele noden. Zo omvatte ze bijvoorbeeld de analyse van demografische data, maar we steunden ook op wat binnen ontwikkelingssamenwerking de techniek van 'rapid appraisal'





expertise within schools can vary widely and depends, for instance, on the size of the institution, as well as the concentration of migrants, or the structural poverty in the neighbourhood. In this regard the phenomenon is more pronounced in metropolitan areas than in rural areas. But as far as SMaR is concerned, our field of operations has always been limited to the Brussels region.

Did you have a clear research strategy and approach from the start?

Geert Leemans: I have to admit that, certainly in the beginning, we worked very empirically, even impulsively. Now, from my background as a sociologist, I would be more likely to start from research in professional literature and specific methodologies that have proved their usefulness.

Jan Verheyden: This is in fact a constant point of contention between us, because my approach is still more based on intuition than on pre-set frameworks or patterns.

Geert Leemans: From the start we both felt it was important to work on different levels of scale. First we conducted surveys at the macro level, mapping the quality of school infrastructure across wide areas. At the micro level, we then conducted a detailed analysis of an existing school infrastructure's programmatic possibilities, for example by looking into what sort of activities the available facilities could accommodate (in terms of surface area, accessibility, and so forth). Based on the idea that a multifunctional accommodation of school buildings can only be feasible if it enjoys broad community support, our needs assessment at the micro level went beyond a simple investigation of the infrastructural requirements. It included, for instance, an analysis of demographic data. We also facilitated what in cooperation and development is called the technique of 'rapid appraisal', an approach based on conversations with key figures in the community, such as local policy makers, but also actors from cultural and social associations, or the staff of day-care centres… The strategic plans we proposed were always informed by the interaction between the two research elements, the social and the infrastructure survey.

heet, een benadering die vertrekt van gesprekken met sleutelfiguren uit de wijk, zoals lokale beleidsmakers, maar ook actoren uit culturele en sociale verenigingen bijvoorbeeld, of personeel van kinderkribbes… De strategische planning die we voorstelden, werd altijd gevoed door de wisselwerking tussen beide onderzoeken, de sociale en de infrastructurele survey.

In die zin lijkt jullie aanpak ook uitgesproken participatief. Moeten we hierin een erfenis zien van participatiebeweging van de jaren zeventig?

Jan Verheyden: In de benadering van SMaR is wel een aantal concepten te onderkennen die je tot de jaren zeventig kan terugvoeren. De term 'maatschappelijke ruimte' in de naam SMaR moet je immers niet alleen als een fysieke, maar ook als een mentale ruimte interpreteren, die dan refereert aan de ontmoeting en interactie tussen diverse maatschappelijke actoren. Onze strategie binnen SMaR richtte zich dus niet noodzakelijk naar het architecturale ontwerp – al sloten we dat ook niet a priori uit – maar vooral naar de ontwikkeling van lokale netwerken

en samenwerkingsverbanden. Maar ik aarzel toch om dit participatie te noemen, omdat we binnen SMaR ondanks de vele contacten met verschillende personen, geen rechtstreekse ingrepen van de 'gebruiker' in het beslissingsproces, laat staan in het ontwerp toelaten. Dat is het veld waar we als 'externe consulten' en als ontwerper toch een autonomie willen behouden. De participatie die met betrekking tot schoolprojecten wel vaker voorkomt, waarbij het ontwerp gevoed wordt door workshops met kinderen, is niet aan ons besteed.
Geert Leemans: De participatiebeweging van de jaren zeventig, met haar pleidooi voor de interactie tussen het sociale leven en de ruimtelijke disciplines, is voor mij toch steeds een belangrijk referentiepunt gebleven, ook al was ze vanuit een hedendaags standpunt misschien wat te rechtlijnig en idealistisch. Zo was het buurtonderzoek dat we deden wel degelijk participatief en de gesprekken vormden ontegensprekelijk een belangrijk complement voor de meer kwantitatieve analyse. Je zou kunnen zeggen dat de participatie bij ons erin bestond dat we niet met de onmiddellijke gebrui-





In that sense your approach also seems explicitly participatory. Should we regard this as a legacy of the participation movement of the 1970s?

Jan Verheyden: SMaR's approach does feature a number of concepts you can indeed trace back to the 1970s. The term 'Maatschappelijke Ruimte', 'social space', in the name SMaR, after all, should not simply be understood as physical space but as mental space as well, which refers to the meeting of and interaction among various social actors. Our strategy within SMaR was thus not necessarily focused on the architectural design – although we did not exclude it a priori – but primarily on the development of local networks and cooperative ventures. Yet I hesitate to call this participation, because within SMaR, in spite of our many contacts with various people, we do not allow any direct intervention by the 'user' in the decision-making process, let alone the design. That is the domain in which, as 'outside consultants' and as designers, we want to retain a certain autonomy. The kind of participation that often takes places in school projects, in which the design is

partly based on workshops with children, is not what we believe in.
Geert Leemans: Yet the participation movement of the 1970s, with its call for interaction between social life and the spatial disciplines, has remained an important reference point for me, even if it was perhaps too straightforward and idealistic from today's standpoint. The community survey we did was in fact participatory, and the conversations were undeniably an important complement to the more quantitative analysis. You might almost say that for us participation consisted not in talking to the direct user, but to his or her representative. Incidentally, I am not completely against participation by children, either, but you have to be particularly careful in how you handle this.

So you actually build micropolitical networks among local policy makers, social and cultural organisations, sports associations … How did you communicate with people who usually are not trained to think about space?

ker spraken, maar wel met zijn/haar vertegenwoordiger. Ik sta trouwens ook niet compleet afwijzend ten opzichte van kinderparticipatie, maar je dient daar bijzonder omzichtig mee om te springen.

Jullie bouwden dus eigenlijk micropolitieke netwerken uit tussen lokale beleidsmakers, schooldirecties, sociale en culturele organisaties, sportverenigingen… Hoe verliep de communicatie met mensen die doorgaans niet getraind zijn om over ruimte na te denken?

Jan Verheyden: We vertaalden onze analyses altijd op een erg concrete manier naar mogelijke scenario's, onder meer via grafische schema's die de gebruiksmogelijkheden van ruimtes duidelijk maakten, of lieten zien hoe via ingrepen in de circulatie bepaalde activiteiten op elkaar kunnen worden betrokken. Vaak vergaderden we trouwens op de plek zelf. Hoewel doorgaans iedereen in de 'rationele' analyse kon komen, doken er soms onverwachte 'emotionele' barrières op. Je kan immers op basis van kwantitatieve gegevens gemakkelijk argumenteren dat bepaalde schoollokalen zich

ook lenen voor andere functies en voor gebruikers van buitenaf, maar daarmee breek je toch op de een of andere manier binnen in het 'territorium' van diegenen die op dat moment de ruimte al bezetten. In overlegrondes dook vaak een neiging tot afscherming van het eigen territorium op, waarbij plots argumenten van veiligheid en vandalisme de discussie beïnvloedden. Maar een concrete, fysieke ingreep, hoe klein ook, blijft wel nog het meest wervend, omdat de impact ervan onmiddellijk door iedereen kan worden gemeten.
Geert Leemans: Dat was ook de reden waarom we hoopten om enkele van onze eerste projecten als hefboom te kunnen gebruiken voor het aantrekken van nieuwe opdrachten.

Kun je daar enkele voorbeelden van geven?

Geert Leemans: Het eerste project dat we ooit met SMaR hebben gerealiseerd – in samenwerking met architect Kathleen Mertens – was voor de school in de Grensstraat in Sint Joost-ten-Node, een wijk met de hoogste bevolkingsdicht-





Jan Verheyden: We always translated our analysis in a very concrete way into possible scenarios, using tools like graphic schematics that showed the possible uses of spaces, or showed how interventions in the traffic flow could create connections between certain activities. We often met on the site itself. While usually everyone could follow the 'rational' analysis, sometimes unexpected 'emotional' barriers went up. After all, based on quantitative arguments, you can easily argue that certain school spaces can also serve other functions and outside users, but one way or another this intrudes upon the 'territory' of those who already occupy these spaces. In consultation rounds there is also often a tendency to protect one's own territory, leading to arguments about security and vandalism suddenly dominating the discussion. But a concrete, physical intervention, no matter how small, remains the most persuasive, because everyone can immediately assess its impact.
Geert Leemans: This was also the reason why we hoped to be able to use a few of our first projects as leverage to attract new commissions.

Can you give us a few examples?

Geert Leemans: The first project we ever completed with SMaR – in cooperation with architect Kathleen Mertens – was for the school in the Grensstraat in Sint-Joost-ten-Node, a neighbourhood with the highest population density and the poorest population in Belgium, which also has the highest concentration of offices and the most nationalities. By developing a programmatic and spatial master plan geared to adding special programmes and creating alliances with outside partners (the circus school, youth organisations, etcetera) we were able to use the limited space more efficiently and make the infrastructure serve a broader community.[6]
Jan Verheyden: Perhaps the most illustrative example of our approach is the Sociaal Multicultureel Educatief Centrum ('Social Multicultural Education Centre', or SMEC) on the Sint-Joris site in Brussels, where we proposed using an existing school building to house 15 social and cultural organisations, all of them to be closely integrated into the curriculum. (p.47) Combining adult education,

6
Geert Leemans, Jan Verheyden, Kathleen Mertens, SMaR-OSS vzw, *Gemeentelijke Nederlandstalige basisschool in St.-Joost-Ten-Node, Handboek Onderhoud, Renovatie en Restauratie* ('Municipal Dutch-speaking Primary School in St.-Joost-Ten-Node: Maintenance, Renovation and Restoration Handbook') (Mechelen, 2002).

heid en de armste bevolking van België, maar die tegelijk de hoogste concentratie kantoren kent en het grootste aantal nationaliteiten. Door een programmatisch en ruimtelijk masterplan te ontwikkelen dat was gericht op het toevoegen van bijzondere programma's en het aangaan van alliancties met externe partners (o.a. de circusschool, jeugdzorgorganisaties), werd het mogelijk om de beperkte beschikbare ruimte efficiënter te gebruiken en de infrastructuur ook ten goede te laten komen aan een bredere gemeenschap.[6] Jan Verheyden: Wellicht het meest sprekende voorbeeld van onze aanpak is het Sociaal Multicultureel Educatief Centrum (SMEC) op de Sint-Jorissite in Brussel, waarbij we voorstelden om in een bestaand schoolpand vijftien sociale en culturele organisaties te huisvesten waarmee het onderwijs nauw zou kunnen worden verweven. (p.47) Door volwassenenonderwijs, taallessen voor nieuwkomers, opvanghuis en opleidingen met computerlokalen samen te brengen in één complex, waar dagelijks meer dan 500 bezoekers en werknemers passeren, werd sociale interactie nagestreefd, die ook ruimtelijke implicaties zou hebben: in de organisatie

van circulatie of in de aanleg van de koer die plots als een meer publieke ruimte op buurtniveau fungeert, enzovoort.[7]

Dat deze aanpak rendeert blijkt uit het feit dat tot op vandaag er schooldirecties zijn die nog steeds enthousiast aan de slag gaan met de door ons ontwikkelde masterplannen. In Molenbeek zitten sinds oktober 2005 drie scholen en vijftien andere organisaties samen rond de tafel om concrete projecten rond multifunctionele schoolaccommodatie op te zetten. Maar daartegenover staat dat een ambitieus opgezet plan waarin voor een tiental scholen toekomstscenario's waren opgesteld die door een breed lokaal draagvlak werden gesteund en waarbij de uitvoeringsdossiers waren afgewerkt en zelfs de aanbestedingsfase was gepasseerd, uiteindelijk toch nog kortgesloten werd door de subsidiërende overheid.

<u>Hoe komt zoiets? Ligt dat aan het 'deficit' van het opdrachtgeverschap?</u>

<u>Jan Verheyden</u>: De oorzaak zit hem niet zozeer in het soms falende opdrachtgeverschap, maar vooral in het complexe beleidsniveau en alle machinaties die

6
Geert Leemans, Jan Verheyden, Kathleen Mertens SMaR-OSS vzw, *Gemeentelijke Nederlandstalige basisschool in St.-Joost-Ten-Node, Handboek Onderhoud, Renovatie en Restauratie* (Mechelen 2002). Zie ook School als Ontwerp opgave.
7
Verheyden op. cit. (noot 4).





language lessons for newcomers, a relief centre and training programmes with computer classrooms in one complex, through which more than 500 visitors and employees pass every day, was intended to promote social interaction, which would also have spatial implications – in the organisation of the traffic flow or in the arrangement of the schoolyard, which suddenly serves as a more public space at the neighbourhood level.[7]

This approach is effective, as evidenced by the fact that to this day school administrations enthusiastically implement the master plans we developed. Since October 2005, three schools and 15 other organisations have been meeting in Molenbeek to set up specific projects centred on multifunctional school accommodation. On the other hand, an ambitious plan in which future scenarios were proposed for ten schools, with broad community support and for which the implementation dossiers and even the commission phase had been completed, ultimately had the plug pulled by the subsidy-granting authority.

<u>How does something like that happen? Is it due to the 'deficit' of patronage?</u>

<u>Jan Verheyden</u>: The cause is not so much the occasional failure of patronage, but primarily the complex level of policy and all the machinations inherent in the political process. This is something we underestimated, certainly in a city like Brussels, where the implementation of this kind of project requires the approval of multiple competing policy organs. On top of that comes the confrontation with the 'pillared', ideologically and religiously segregated education landscape of Flanders, where historically there has always been opposition between the Catholic school network and the government network. <u>Geert Leemans</u>: In addition, the fact that authorities grant you subsidies does not mean they actually support the initiative. For instance, high-level officials maintained a five-year embargo on the publication of one of our research projects because the results didn't fit certain policy viewpoints. But I also have to admit that we've never really strived for a targeted publication strategy of SMaR projects.

7
Verheyden, 'Utopisch Brussel', op. cit. (note 4).

bij het politieke spel horen. Dat is iets wat we onderschat hebben, zeker in een stad als Brussel, waar de uitvoering van dit soort projecten de goedkeuring vergt van diverse, elkaar beconcurrende beleidsorganen. Daarbovenop komt nog eens de confrontatie met een verzuild onderwijslandschap in Vlaanderen, waar je historisch altijd al een oppositie hebt gehad tussen een katholiek onderwijsnet en een overheidsnet.

Geert Leemans: Bovendien is het zo dat het feit dat de overheden je subsidies geven, nog niet betekent dat ze het initiatief ook daadwerkelijk steunen. Zo werd er van hogerhand gedurende vijf jaar een embargo gelegd op de publicatie van een van onze onderzoeken, omdat de resultaten niet strookten met bepaalde visies binnen het beleid. Maar ik moet ook toegeven dat we nooit echt gezocht hebben naar een gerichte publicatiestrategie van de SMaR-projecten.

<u>Met SMaR lijken jullie vooral in te zetten op het proces dat aan de uitvoering voorafgaat, aan de formulering van de opdracht en het begeleiden van de opdrachtgever in het maken van keuzes voor</u>

<u>de toekomst. In die zin werk jij, Jan, niet zozeer als architect maar, om het op z'n Brussels te zeggen, als 'faciliteur'. Hoe belangrijk is het voor jou om de uiteindelijke uitvoering zelf in de hand te houden?</u>

Jan Verheyden: Het klopt dat een belangrijk deel van de interesse niet zozeer in het bouwproces, maar wel in de ontwikkeling van de strategie zit. Maar in zo'n proces is de attitude van ontwerper toch ook van erg groot belang. Bovendien is de concrete uitvoering natuurlijk ook een belangrijke test voor de werking van het ontwikkelde scenario. Maar je moet daarbij ook bedenken dat de beschikbare budgetten voor uitvoering in de meeste gevallen, bijzonder klein waren. Het grootste uitvoeringsbudget tot nu toe bedroeg 50.000 euro, maar we hebben ook ingrepen gedaan die slechts 1.000 euro of zelfs 200 euro gekost hebben.

<u>Kun je een voorbeeld geven wat je voor dit soort absurd lage bedragen kunt realiseren en welke effecten je daarmee kunt genereren?</u>

Jan Verheyden: De ingreep in de school





<u>With SMaR you seem to devote the bulk of your efforts on the process that precedes the implementation, on the formulation of the commission and advising the client in making choices for the future. In that regard, Jan, you don't work so much as an architect as, to put it in Brussels-speak, a 'facilitator'. How important is it for you to control the actual implementation?</u>

Jan Verheyden: It's true that a significant portion of our interest is focused not so much on the building process as on developing the strategy. But in this process, a designer's outlook is still crucial. In addition, the concrete implementation, of course, is also an important test of the scenario that's been developed. But you have to remember that the implementation budgets, for the most part, were extremely modest. The largest implementation budget to date was 50,000 euro, but we've also done interventions that only cost 1,000 euro or even 200 euro.

<u>Can you give an example of what you can produce for such absurdly low amounts, and what effect you cangenerate with it?</u>

Jan Verheyden: The intervention at the 'La Providence' school in Anderlecht consists of creating a link between the school and the park situated next to it, which had been redesigned. The school has one of worst reputations in Brussels, with about half the students systematically skipping school, illegal immigrants being housed at government request and a high level of criminal activity. The appearance of the school on the street side reinforces this image: the building is closed off by fences and gates. By relocating the entrance and exit to the park, we created a transitional area, a 'decompression zone' between the school and the street, making it possible to direct students leaving the school to a zone that is controlled to a certain extent – the situation in the park is monitored by community social workers and supervisors. At the same time, this creates opportunities to connect the school and the park in other ways and to give the school cafeteria a function beyond the school context, as well. This makes it possible to generate not only different functional scenarios, but also a different image for the school. This infrastructure intervention cost less than 2,500 euro.

La Providence in Anderlecht bestaat erin
dat we een verbinding tot stand brachten
tussen de school en het ernaast gelegen
park, dat ondertussen al heraangelegd
was. De school geldt als een van de
meest problematische in Brussel, waar
ongeveer de helft van de leerlingen op
structurele basis spijbelt, waar op vraag
van de overheid ruimte wordt vrijgemaakt
om illegalen te huisvesten en waar de
criminaliteitsgraad aanzienlijk is. Het
beeld van de school aan de straatkant
versterkt dat imago: het gebouw is door
hekken afgesloten. Door de toegang en
de uitgang te verleggen naar het park
ontstaat een overgangsgebied, een 'de-
compressiezone' tussen school en straat,
waar een mogelijkheid bestaat om de
schoolverlatende leerlingen in een tot op
zekere hoogte gecontroleerde zone op
te vangen – de situatie in het park wordt
door sociale buurtwerkers en opzichters
gemonitord. Tegelijk ontstaan mogelijkheden om het park ook op andere manieren
bij de school te betrekken en de school-
cafetaria ook te laten functioneren buiten
de schoolcontext. Daardoor genereer je
dus niet alleen andere functionele scenario's, maar ook een ander beeld van de

school. De infrastructurele ingreep heeft
daarbij minder dan 2.500 euro gekost.

In de Voorzienigheidsschool, ook in
Anderlecht, hebben we met een budget
van 50.000 euro de oorspronkelijke
speelplaats, een wirwar van trappen en
barrières die niet alleen erg gevaarlijk
was, maar er ook voor zorgde dat slechts
een klein oppervlak als speelruimte overbleef, vervangen door een golvend beton-
vlak (p.37) Die eenvoudige ingreep, die
was ingegeven door het reeds aanwezige
verschil in vloerniveau tussen voor- en
achterbouw, verviervoudigde niet alleen
het speeloppervlak, maar genereerde als
vanzelf nieuwe spelvormen.
<u>Geert Leemans</u>: En is wellicht ook
gewoon veel beter voor de motorische
ontwikkeling.
<u>Jan Verheyden</u>: Ja, want er is geen
mogelijkheid om de courante speeltuigen
te plaatsen, wat de kinderen verplicht
zelf creatiever en actiever te worden.
Soms staat de volledige koer vol met
krijttekeningen, misschien omdat het
golvende oppervlak ervoor zorgt dat je
het allemaal beter kunt zien. Na realisatie
bleek trouwens dat de kinderen rustiger
waren in de klas, omdat ze zich helemaal

   

In the Voorzienigheidsschool,
also in Anderlecht, with a budget of
50,000 euro, we replaced the original
playground, a maze of stairs and barriers
that was not only very dangerous but left
only a small surface to play in, with an
undulating concrete surface (p.37). This
simple intervention, which was inspired
by the existing difference in the levels of
the floors in the front and rear sections
of the building, not only quadrupled the
play surface but also generated, in a very
natural way, new forms of play.
<u>Geert Leemans</u>: And it's probably a lot
better for motor-skills development, as
well.
<u>Jan Verheyden</u>: Yes, because there is
no way to install the usual playground
equipment, which forces the children to
be more creative and active. Sometimes
the whole playground is covered with
chalk drawings, perhaps because the
undulating surface makes it easier to see
them all. After it was completed, it turned
out that the children were also calmer in
class, because they could expend all their
energy during recess. Yet it was through
sheer luck that we just managed to
complete this project – expensive by our

standards – before the subsidy-granting
authority cut off funding.

<u>Does this mean that SMaR's bottom-up ap-
proach is not being picked up by policy
makers and is in danger of disappearing?</u>

<u>Geert Leemans</u>: By using SMaR not only
to detect problems but also to propose a
rational and workable model for solutions, outside all existing structures, we undeniably upset the status quo and certain
vested interests. In addition, conducting
neighbourhood surveys as outside consultants in specific neighbourhoods also
allowed us to bring up a number of issues
that transcended the particular problems
of the school that were still taboo. This
has meant that the research work has sometimes been valuable for outlining more
general municipal policy.
I left SMaR after a few years, first to
teach and then to go back to working
more on a policy level. When I did, I
had to conclude that a number of ideas
about multifunctional school accommodation have begun to change at the policy
level. Of course we at SMaR weren't the
only ones working on these issues. Now

hadden kunnen uitleven tijdens de pauze. Maar het is een kwestie van geluk geweest dat we dit naar onze normen dure project nog net hebben kunnen uitvoeren vooraleer de subsidiërende overheid de kraan dichtdraaide.

<u>Betekent dit dat de bottom-up approach van SMaR  door het beleid niet wordt opgepakt en dreigt te verdwijnen?</u>

<u>Geert Leemans</u>: Door met SMaR niet alleen een problematiek te detecteren, maar er ook een rationeel en werkbaar model voor oplossing aan te dragen, buiten elke bestaande structuur om, hebben we uiteraard tegen een aantal heilige huisjes geschopt. Bovendien heeft het als externe consulent voeren van buurtonderzoek in specifieke wijken ook een aantal zaken bespreekbaar gemaakt die de concrete problematiek van de school overstegen, maar wel nog in de taboesfeer zaten. Daardoor is het onderzoekswerk in sommige gevallen ook van waarde gebleken voor het uitstippelen van een meer algemeen gemeentebeleid.

Zelf ben ik na enkele jaren al uit SMaR gestapt, eerst om les te geven en daarna om terug meer op beleidsniveau te gaan werken. Daarbij heb ik moeten vaststellen dat op beleidsniveau ondertussen toch een aantal ideeën omtrent multifunctionale schoolaccommodatie verankerd lijkt te raken. We waren met SMaR natuurlijk ook niet de enigen die met die problematiek bezig waren. Nu de Vlaamse minister van Onderwijs een historisch ongekende financiële inhaaloperatie heeft gepland, probeer ik, in de mate van het mogelijke, binnen AGIOn mee de krijtlijnen uit te zetten van het toekomstig scholenbouwbeleid in Vlaanderen.

<u>Jan Verheyden</u>: Daartegenover staat dat eind 2006 de opdracht van SCOLAIR afloopt en wat daarna komt voorlopig onduidelijk blijft. Tal van projecten zijn door geldgebrek trouwens ook nooit gerealiseerd. Het is waar dat de Vlaamse overheid gepland heeft om veel geld, beangstigend veel zelfs, te investeren in scholenbouw, maar of ons dat optimistisch moet stemmen, is nog zeer de vraag.





that the Flemish Minister of Education has planned an unprecedented financial catch-up operation, I am trying, within the realm of possibility, at AGIOn, to help define the broad outlines of future school construction policy in Flanders.

<u>Jan Verheyden</u>: On the other hand, SCOLAIR's commission comes to an end at the end of 2006, and it's still unclear what will follow. Many projects, incidentally, were never realised, due to a lack of funds. It is true that the Flemish government has planned to invest a lot of money in school construction, a frightening amount of money, in fact, but whether that is cause for optimism remains very much to be seen.

Translation: *Pierre Bouvier*

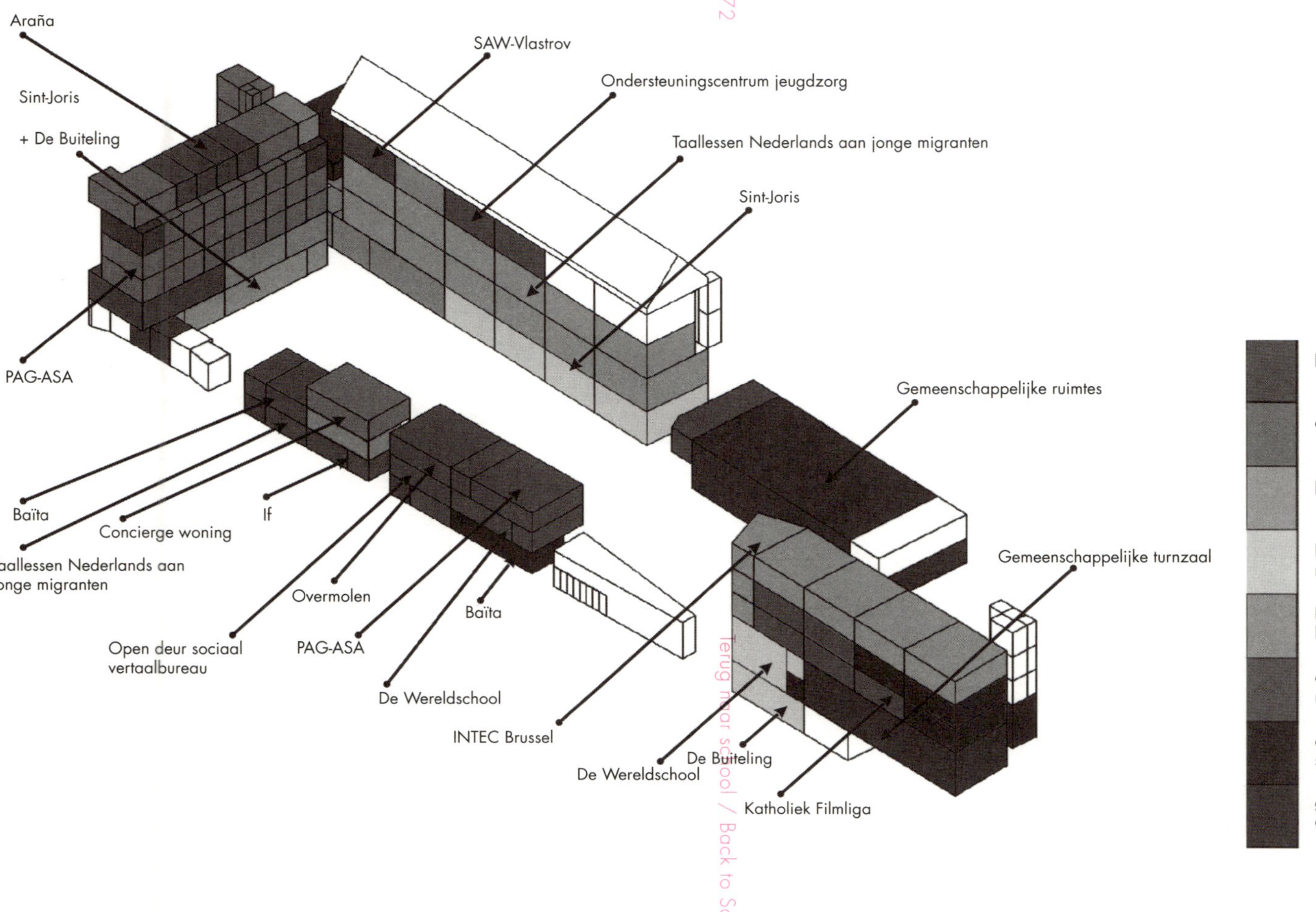


SMaR, Sociaal Multicultureel Educatief Centrum / Social Multicultural Education Centre (SMEC), Sint-Jorissite (Brussel / Brussels)

Terug naar school / Back to School

# SCHOLEN MET KARAKTER/ GESPREKKEN OVER ACTUELE SCHOOLARCHITECTUUR IN NEDERLAND
— MECHTHILD STUHLMACHER





# SCHOOLS WITH CHARACTER/ TALKING ABOUT CONTEMPORARY SCHOOL ARCHITECTURE IN THE NETHERLANDS
— MECHTHILD STUHLMACHER

## De Nederlandse scholenbouwtraditie

De vorig jaar verschenen publicatie *Openluchtscholen in Nederland* van Dolf Broekhuizen is een gedegen historisch onderzoek naar een pedagogische beweging die aan het begin van de twintigste eeuw opkwam en die gedurende een aantal decennia van grote invloed was voor het Nederlandse onderwijs en de bijhorende architectuur het boek is geïllustreerd met onder meer aandoenlijke beelden van groepen kinderen die, gehuld in monniksjassen, midden in de besneeuwde duinen les krijgen om te kunnen aansterken door de heilzame werking van de buitenlucht. Het presenteert een keur van opmerkelijke gebouwen die een extreem onderwijsideaal wisten te huisvesten en – zo lijkt het – te ondersteunen en te illustreren. Deze bijzondere gebouwen kwamen voort uit het ideaal van de gezonde leeromgeving. Het bekendste voorbeeld is uiteraard de Openluchtschool van Duiker aan de Cliostraat in Amsterdam, op dit moment nog steeds de school met één van de langste wachtlijsten van Nederland.

Opvallend is dat de beweging naast de Duiker-school veel meer bijzondere

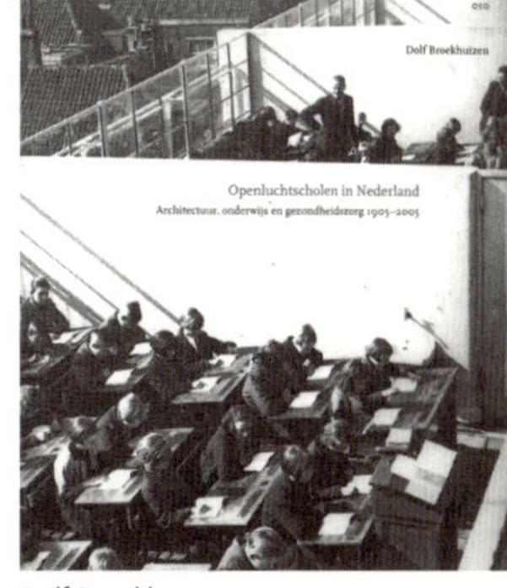

Dolf Broekhuizen,
*Openluchtscholen in Nederland*
(Open Air Schools in the
Netherlands), Rotterdam 2005







## The Dutch School-Building Tradition

Dolf Broekhuizen's book *Openluchtscholen in Nederland* (Open Air Schools in the Netherlands) published last year is a sound historical examination of a movement in education that began early in the twentieth century, and for several decades made an extreme impact on education in the Netherlands and its concomitant architecture. The many illustrations not only feature endearing pictures of groups of children wrapped in garments resembling a monk's habit being taught their lessons in snow-covered sand dunes, regaining their strength thanks to the salubrious effects of fresh air. The publication presents a choice selection of unique buildings which were inspired by the ideal of a healthy learning environment. The best known example is that of Duiker's Open Air School at Cliostraat in Amsterdam – the school with one of the longest waiting lists in the Netherlands even today.

The book points out that, apart from Duiker's world-renowned school, numerous other fine open air schools have been built. Take for instance a series of temporary wooden buildings of both impressive spaciousness and stunning

Bedaux, openluchtschool/open
air school, Tilburg
Uit/from: *Openluchtscholen in
Nederland*

architectuur heeft voortgebracht. Het boek laat zien dat er naast de wereldberoemde school van Duiker nog tal van andere prachtige openluchtscholen zijn gebouwd, zoals bijvoorbeeld een reeks tijdelijke houten gebouwen van tegelijkertijd indrukwekkende ruimtelijkheid en verbluffende doelmatigheid. We zien een prachtig, haast gewichtloos ogend gebouw van Jos Bedaux uit de jaren vijftig, en we zien slimme plattegronden waar gangen door middel van enkele klap-, schuif- of vouwwanden in terrassen en binnen- in buitenlokalen kunnen veranderen. Dolf Broekhuizen gunt ons inzichten in een wereld die kennelijk in staat was pedagogische idealen te vertalen in gebouwde vorm. Er ontstonden ruimtes die niet alleen een dienstbare rol wilden spelen, maar die architectonisch engagement uitstraalden en daarmee de rol van 'derde leraar' konden spelen. Uiteindelijk lijken de meest succesvolle voorbeelden los te staan van de inmiddels gedateerde focus op onderwijs in de buitenlucht. Van tijdloze architectonische waarde is de inventieve manier waarop er met licht en glas sprekende architectuur werd gemaakt, en hoe binnen- en buitenruimtes aan elkaar werden gerelateerd. Het belangrijkste is dat er uitgesproken ruimtes werden gebouwd die eruitzien alsof ze nog steeds voor de meest uiteenlopende manieren vormen van onderwijs geschikt zijn.

Het is inmiddels alweer tien jaar geleden dat het boek *Nederland naar school* verscheen. Het schetst een rijk en voortdurend veranderend beeld van tweehonderd jaar scholenbouw in Nederland en beschrijft de ontwikkeling van de school als type, vanaf het 'schoolvertrek' (de dorpsschool met één ruimte) tot de ontwikkeling van de drie typologische modellen waarvan nog steeds elk schoolgebouw in meer of mindere mate vertrekt: de gangschool, de halschool en het paviljoentype. Het boek doet verslag van de discussies die in de negentiende en begin twintigste eeuw werden gevoerd over het meest toepasselijke karakter van een schoolgebouw, toen opgevat als de juiste balans tussen constructie, ornamentiek en andere stijlkenmerken; over de grootse, monumentale gebouwen die onder invloed van architecten als Dudok en Berlage met name in Den Haag ontstonden; over de naoorlogse rationalisering en versobering en de daaraan gekop-

*Nederland naar school* (The Netherlands Goes to School), Rotterdam, 1996





functionalism. Or a beautiful, seemingly weightless building by Jos Bedaux dating from the 1950s, with clever floor plans revealing how various swing, sliding and folding partitions can be used to change corridors into terraces and indoor classrooms into outdoor ones. Dolf Broekhuizen lets us look behind the scenes in a world where educational ideals are evidently, with success, given a structural interpretation. Spaces were created that were not only intended to provide a service but also radiated architectural commitment and so were able to play the part of 'third teacher'. The most successful examples would seem to be unrelated to the meanwhile dated focus on open air education. The inventive way in which light and glass were used to create striking buildings, and the interaction of indoor and outdoor spaces, are of enduring architectural value. The most important aspect is that distinct spaces were built which still look as if they could be used for widely divergent forms of education.

It has already been ten years since the book *Nederland naar school* (The Netherlands Goes to School) was published. It paints a lavish, constantly changing picture of 200 years of school architecture in the Netherlands and describes the evolution of schools as a category: from schoolroom – the village school with just one space – to the three typological models on which all school buildings would seem to be based to some extent: corridor, hall or pavilion type. The book recounts the discussions that took place in the nineteenth and early twentieth centuries on the most appropriate characteristics of a school building; in those days they were considered to be the correct balance between construction, decoration and other stylistic features. It also describes the grand, monumental buildings, inspired by Dudok and Berlage, that were built chiefly in The Hague; post-war rationalisation and austerity, and the concomitant interest in constructional systems; the influence that teachers acquired in the 1970s and the apparent incapacity to translate that influence into distinctive architecture ('buildings became built organograms') – apart from a few exceptions, in particular schools designed by Herman Hertzberger.

With its mention of the unfortunate spending cuts in the 1980s, *Nederland*

pelde belangstelling voor bouwsystemen; over de invloed die pedagogen in de jaren zeventig kregen en de schijnbare onmogelijkheid deze invloed te vertalen in uitgesproken architectuur – 'het werden gebouwde organisatieschema's' – enkele uitzonderingen, met name Herman Hertzbergers scholen, daargelaten.

Met het noemen van de pijnlijke bezuinigingsslag in de jaren tachtig raakt *Nederland naar school* de actualiteit. De aanzienlijke kortingen op de bouwbudgetten confronteerden de onderwijshuisvesting niet alleen met uiterst minimale, strikt genormeerde oppervlaktes, maar ook met waarschijnlijk lagere bouwbudgetten dan voor welk ander openbaar gebouwtype in Nederland dan ook. Eerder dan de maatschappelijke en architectonische consequenties van de toenemende privatisering van de scholenbouw door te denken, sluit het boek met een optimistische blik naar de toekomst. De auteurs verwachtten immers van een toentertijd ophanden zijnde onderwijskundige vernieuwing, de invoering van het 'studiehuismodel', met zijn kritiek op het klassikale onderwijssysteem, dat de scholenbouw in de toekomst vooral een

architectonisch vraagstuk zou gaan worden, omdat de ruimtelijke bouwsteen van alle bestaande scholen, het klaslokaal, niet langer aan de eisen van de huidige tijd zou voldoen.

De school als architectonische opdracht
Tien jaar geleden legden de auteurs van *Nederland naar school* de verantwoordelijkheid voor eigentijdse schoolgebouwen dus op de schouders van de architecten. In de huidige situatie met haar voortschrijdende privatisering van het opdrachtgeverschap, met scholenfusies, de gemengde programma's van de Brede School en het ontbreken van een algemeen gevoerd, maatschappelijk debat over de kwaliteit en het karakter van schoolgebouwen, is dat inmiddels meer dan ooit het geval. Over het algemeen wordt de overgrote meerderheid van de nieuw te bouwen scholen in Nederland nog steeds door relatief onbekende scholenbouwspecialisten ontworpen die na informele, besloten architectenselecties door de gebruikers en ontwikkelaars op basis van visiepresentaties worden geselecteerd. Dat voor brede en lagere scholen geen officieel systeem





*naar school* touches on a topical issue. The considerable cuts in building budgets meant that schools had the absolute minimum, standardised plots for building on, as well as building budgets that were probably lower than for any other public building type in the Netherlands. However, the book does not finish with a review of the social and architectural consequences of increasing privatisation in school-building, but with an optimistic look at the future. After all, the authors were expecting, with the then pending education reforms, the introduction of the 'studiehuis' model (a study centre, not as physical space, but as a learning environment) with its criticism of the classical education system. The book ends with the rather hopeful assumption that school accommodation would be a primarily architectural issue in future, because the spatial material of all existing schools, the classroom, would no longer meet contemporary requirements.

The School as an Architectural Assignment
So ten years ago the authors of *Nederland naar school* placed the responsibility

for contemporary school buildings on the shoulders of the architects. And that is all the more relevant for the present situation, with advancing privatisation in patronage, school mergers, the mixed programmes of the 'Brede' or Under-One-Roof School (a new extended school-type which offers a broad range of community-focused activities outside the purely scholastic) and the absence of a wide social debate on the quality and character of school buildings. By far the majority of schools currently being built in the Netherlands are still designed by relatively unknown specialists, who are selected after restricted, informal procedures by the users and developers on the basis of previous experience or quickly sketched concept plans. The fact that there is no official system of competitions for under-one-roof and primary schools in the Netherlands (apart from European tenders for large-scale projects) and commissions are frequently privately arranged, is illustrative for the (lack of) social, educative and aesthetic importance attached these days in the Netherlands to the quality of teaching premises. It is also revealing that budgets today are as low as they were

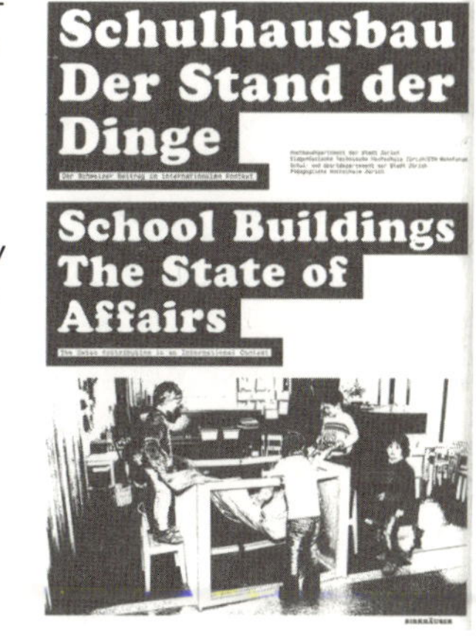


Zwitserse publicatie uit 2004, Stad Zürich, ETH Zürich, ETH Wohnforum, pädagogische Hochschule Zürich (uitg.) / Swiss publication from 2004, Municipality of Zürich, ETH Zürich, ETH Wohnforum, pädagogische Hochschule Zürich (eds.)

van prijsvragen bestaat (met uitzondering van Europese aanbestedingen voor grootschalige opdrachten) en opdrachten vrij gemakkelijk onderhands kunnen worden vergeven, is tekenend voor het (gebrek aan) maatschappelijke, educatieve en esthetische belang dat vandaag in Nederland aan de kwaliteit van ruimtes voor het onderwijs wordt gehecht. Het feit dat de budgetten voor scholenbouw tegenwoordig even laag zijn als in de jaren tachtig – Nederland staat daarmee verreweg op de laatste plaats in Europa – is hiervoor eveneens kenmerkend.

In dat opzicht is de situatie opmerkelijk anders dan in een land als Zwitserland, zoals blijkt uit de recente publicatie *School Buildings – the state of affairs*, die de ontwikkeling van de Zwitserse scholenbouw in Europees perspectief documenteert vanaf de jaren negentig. Weliswaar wordt Nederland daarin opgevoerd omwille van het baanbrekend werk van Herman Hertzberger inzake meervoudig bruikbare, centrale ontsluitings- en werkzones en beschreven als een richtingwijzende regio voor programmatische clustering en de ontwikkeling van de Brede School, maar in Zwit-

serland wordt de scholenbouwopgave door stedelijke stimuleringsprogramma's en een goed ontwikkeld systeem van prijsvragen ontegensprekelijk als zaak van publiek en architectonisch belang beschouwd, zo maakt het boek duidelijk. Menig architectenbureau kon zich er etableren op basis van een gewonnen scholenbouwprijsvraag, een ontwikkeling die niet alleen de architectonische ambitie aantoont waarmee er in het land aan de ontwerpopgave wordt gewerkt, maar die ook onderstreept dat nieuwsgierige onvooringenomenheid ten opzichte van de opgave evenzeer kan bijdragen aan het welslagen ervan als ervaring met het gebouwtype: voor een aantal van de gepresenteerde bureaus zijn scholen de eerste, substantiële opdracht geweest. Het boek laat ook zien hoe in navolging van de kritiek van pedagogen en andere commentatoren de ontwerpaandacht in de scholenbouw inmiddels lijkt te verschuiven. Na een zekere concentratie op het architectonische statement en de contextuele vervlechting van de school als openbaar instituut in zijn omgeving is men inmiddels bezig met de ontwikkeling van ruimtelijke, programmatische model-





in the 1980s – the Netherlands is at the very bottom of the European table in that respect.

The situation is strikingly different in a country like Switzerland, as is apparent in the recent publication *School Buildings – The State of Affairs*, which documents in a European perspective the development of school building in Switzerland since the 1990s. Admittedly, Holland is mentioned in the book on account of Herman Hertzberger's pioneering work with multipurpose, central access and study zones. The Netherlands is also described as a vanguard region for programme clustering and the development of the under-one-roof school. However, as the book explains, in Switzerland the matter of school building is undeniably of public and architectural importance, as is confirmed by urban stimulation programmes and a well-developed architecture competition system. Many an architectural practice has been able to establish itself after having won a competition for a school design – a development that not only demonstrates the architectural ambition with which the design assignment is addressed in that country, but underlines

the fact that inquisitive impartiality vis-à-vis the assignment can just as well contribute to its success, as experience with the building type. The book also reveals how the design focus of school building is meanwhile changing as a result of criticism from educators and other parties. A shift is taking place from architectural statement and contextual interweaving of the school as a public institution in its surroundings. Now spatial, programmatic models are being developed that facilitate a new way of learning and informal teaching forms.

In the Netherlands a prize was instituted in the 1990s for school design, and although it was not intended as such, it now operates as an unofficial architecture prize. The projects nominated in 2006 were all designed by celebrated architects, none of whom are specialists in school building. All highlight architectonic quality and a robust, assertive and contemporary look. But on the whole, these projects are exceptions to the standard system that tends to produce low-risk, friendly, anonymous buildings which are barely distinguishable from the average shopping mall or clusters of amenities in

Theo Kupers (N2 architekten) i.s.m./with Meccanoo Architecten, Braambosschool Hoofddorp, 2004

len die een nieuwe manier van leren
en informele onderwijsvormen mogelijk
maken.

In Nederland werd in de jaren negentig de Scholenbouwprijs in het leven geroepen die, hoewel niet zo bedoeld, vandaag als een officieuze architectuurprijs fungeert. De projecten die in 2006 voor de Scholenbouwprijs zijn genomineerd, zijn alle ontworpen door bekende architecten, van wie niet één in scholenbouw is gespecialiseerd. Allen zetten in op architectonische kwaliteit en een stevig, zelfbewust en eigentijds beeld. Maar al met al vormen deze projecten een uitzondering op een regulier systeem dat over het algemeen vriendelijke, risicomijdende en gezichtsloze gebouwen voortbrengt die nauwelijks te onderscheiden zijn van de gemiddelde winkelcentra of voorzieningenclusters in nieuwbouwwijken.

Over de actuele situatie in de scholenbouw in Nederland en hoe het binnen de huidige context mogelijk is op een geëngageerde manier om te gaan met de ontwerpopgave voor een school, sprak *OASE* met een aantal architecten die sterk van elkaar verschillen qua generatie, manier van aanpak, ervaring, conceptvorming en vormentaal: Theo Kupers van N2 architekten, Onix architecten, Ton Venhoeven en Herman Hertzberger.

### *OASE* in gesprek met
### N2 architekten
Theo Kupers van N2 architekten heeft zich in het Nederlandse scholenbouwlandschap een prominente plaats weten te verwerven. Zijn werk is exemplarisch voor een schoolarchitectuur die zonder baanbrekend te willen zijn, toch probleemloos uitstijgt boven de doorsneeproductie in Nederland. Net als Geurst & Schulze architecten, waarvan in dit nummer een projectportfolio is opgenomen, benadert Kupers de ontwerpopgave van de school vanuit een meer klassieke invulling van de rol van architect als bouwmeester. Ook hij heeft veel aandacht voor de ruimtelijkheid van de circulatieruimtes zoals al te vinden is in het vroege werk van Hertzberger. Projecten als de Braambosschool, het project voor een Brede School in Hoofddorp dat in 2004 met de scholenbouwprijs werd bekroond, of een recenter ontwerp voor een Brede School in Rotterdam-Zuid tonen aan hoe

Theo Kupers (N2 architekten) i.s.m./with Meccanoo Architecten, Braambosschool Hoofddorp, 2004

     

new residential neighbourhoods.

*OASE* interviewed several architects on the current situation in Dutch schoolbuilding and asked them how they thought a committed approach could be found for the design assignment in the present context. The architects vary greatly in age, approach, experience, design process and formal idiom: Theo Kupers of N2 architects, Onix architects, Ton Venhoeven and Herman Hertzberger.

### *OASE* Talks to
### N2 architects
Theo Kupers of N2 architects has earned himself a prominent place on the Dutch school-building scene and his work is exemplary for school architecture that does not seek to be ground-breaking. Nevertheless it effortlessly surpasses average production in the Netherlands. Kupers resembles Geurst & Schulze architects (of whom a project portfolio can be found elsewhere in this issue) in that his approach to the assignment for a school design is based more on a traditional interpretation of the architect's role as a master builder. He also focuses on the spatiality of the circulation zones, initiated by Hertzberger in his early work. Projects like the Braambos school, the project for an under-one-roof school in Hoofddorp which won the school architecture prize in 2004, or a more recent design for an under-one-roof school in Rotterdam South, confirm how an elegant and friendly design can in itself provide important added value – something that is appreciated by many principals and users. Careful choice of materials and detailing are also important factors. For the Rotterdam South project a carefully designed skin in high-quality materials like Danish brick and travertine makes for a timeless and imposing cachet. Indoors, the focus on the spatial development of circulation zones is striking. Clever use of colour and light penetration, as well as the many interacting perspectives make the space a stimulating environment for social and educational exchange.

### *OASE* Talks to
### Onix
'For me, school architecture starts with my own imagination, my own recollections,' says Haiko Meijer, one of the founders and partners of Onix. We began by

Theo Kupers (N2 architekten) i.s.m./with Meccanoo Architecten, Braambosschool Hoofddorp, 2004

een elegante en vriendelijke vormgeving op zich een belangrijke meerwaarde kan vormen die door vele opdrachtgevers en gebruikers wordt gewaardeerd. Hierbij hoort een zorgvuldige materiaalkeuze en detaillering. Bij het project in Rotterdam-Zuid zorgt een aandachtig ontworpen huid van hoogwaardige materialen zoals Deense baksteen en travertin voor een tijdloze en waardige uitstraling. In het interieur valt een uitgesproken aandacht voor de ruimtelijke ontwikkeling van de circulatieruimtes op. Dankzij een bestudeerd kleurgebruik en lichtinval en veelvuldige zichtrelaties krijgt de ruimte het karakter van een stimulerende verblijfs- en schoolomgeving.

### OASE in gesprek met
### Onix

'Voor mij begint scholenbouw bij mijn eigen fantasie, bij mijn eigen herinneringen', zegt Haiko Meijer, een van de oprichters en partners van Onix. We spreken elkaar, samen met Berit Ann Roos, projectarchitect van meerdere schoolprojecten, en hebben het eerst over hun Vensterschool in Groningen, die tien jaar na oplevering nog steeds op geen

excursieprogramma en in geen publicatie over scholenbouw mag ontbreken.

'Het begon met het zoeken van de juiste plek op de parkachtige locatie. We wilden een boomhut bouwen, en op die manier zo veel mogelijk van het park behouden. Hadden we ons gehouden aan de voorgegeven plek, was er niet veel van de schoonheid van het park overgebleven.' De geleidelijke en plaatselijk zorgvuldig geënsceneerde overgang van binnen naar buiten speelt hierin een beslissende rol. De Vensterschool krult om de bomen heen en haalt daarmee feitelijk een stuk openbare ruimte naar binnen. In de gebouwen van Onix is hiermee steeds de natuurlijke, organische openbare ruimte bedoeld. Ook in meer stedelijke situaties worden door inspringingen, patio's en tuinen natuurlijke openbare ruimtes gedefinieerd en vervolgens door hun gebouwen omarmd.

Haiko Meijer en Alex van de Beld hebben deze voor het nog jonge bureau eerste scholenbouwopdracht te danken aan een initiatiefrijke wethouder die zich inzette voor jonge architecten en aan de ondernemende sfeer in de jaren negentig, toen velen bijzondere, verrassende oplos-

Onix, schoolplein/school yard, Knipe, 2004
Onix, schoolParasite, Hoogvliet, 2004





discussing, together with Berit Ann Roos, architect in charge of various school projects, their 'Venster School' in Groningen, which even ten years after completion still features in every school architecture itinerary and publication.

'It started with a search for the right spot for the park-like location. We wanted to build a tree house and retain as much of the park as possible. If we had accepted the site that was proposed to us, not much of the park's beauty would have remained.' The gradual and carefully planned transition from interior to exterior plays a crucial role in all this. The Venster School curls around the trees, thus bringing part of the public space indoors. Onix buildings always refer to the natural, organic public space. In more urban situations too, recessed walls, patios and gardens define natural public spaces, which their buildings then embrace.

Haiko Meijer and Alex van de Beld owe the young practice's first school assignment to an enterprising alderman who encouraged young architects, and to the enterprising climate of the 1990s, when many young architects came up with unusual, surprising solutions, and were

prepared to take some risks. The Venster School marked the beginning for Onix of a long succession of design experiments addressing their desire to create concrete spaces with open spaces in between – or vice versa, opening up defined spaces in undefined ones. 'So much is stipulated in the terms of reference for a school, and the measurements for many of the spaces are standardised. Still, there's always a small margin. For us, the art of school design lies in the search for places that children can appropriate for themselves and that have no specific programme. We design routes and places, not corridors. In our Venster School every space has two or even more entrances, some of which are obvious, others are almost hidden. Every space can be used and appropriated in a wide variety of ways. Some of the routes are very wide and can be used for work and play. The routes form a continuous, wide floor slab, meandering round the trees at the heart of the building.'

'Apart from the spaces that are intended for enjoyment, we also look for resistance, for unruliness within the same space.' Haiko explained what he meant

Onix, gang/corridor Westpolderschool, Berkel en Rodenrijs, 2006

singen verwachtten van jonge architecten en hiervoor graag enig risico namen. De Vensterschool betekende voor Onix het begin van een lange, voortdurende reeks van ontwerpexperimenten. Deze experimenten gaan over hun behoefte concrete ruimtes vorm te geven en daartussen tegelijkertijd ruimtes vrij te laten of omgekeerd, in onbepaalde ruimtes bepaalde ruimtes uit te sparen. 'Binnen het programma van eisen van een school is zo veel vastgelegd, en zijn de afmetingen van vele ruimtes genormeerd. Desondanks is er altijd een kleine marge. Voor ons bestaat de kunst van het ontwerpen van scholen in het zoeken naar plekken die de kinderen zich toe kunnen eigenen en die vrij zijn van programma. We ontwerpen routes en plekken, geen gangen. In de Vensterschool heeft elke ruimte twee of zelfs meer toegangen, sommige duidelijk, sommige bijna verborgen. Elke ruimte is op heel veel verschillende manieren te gebruiken en toe te eigenen. Sommige van deze routes zijn heel breed, hier kan worden gewerkt en gespeeld. De routes vormen een continu, breed vloerveld dat zich om de bomen in het hart van het gebouw heen slingert.'

'Naast de ruimten die moeten behagen, zijn we binnen diezelfde ruimten op zoek naar weerstand, naar weerbarstigheid.' Haiko licht toe wat hij hiermee bedoelt: 'We kunnen noch willen het gebruik voorschrijven of voorspellen. Toch kan het zoeken naar flexibiliteit voor ons nooit betekenen dat we neutrale ruimten ontwerpen. In het ontwerpproces kunnen herinneringen aan ruimtes sturend werken: 'In mijn eigen school, op het platteland, was er een grote zolder, een ruimte helemaal zonder bestemming. Als je iets goed had gedaan, mocht je op zolder spelen, soms vonden er bepaalde bijzondere lessen plaats of je mocht je er alleen heen. De zolder was voor mij de mooiste en meest belangrijke plek op school, een plek die ik altijd zal blijven herinneren. Wij willen in onze scholen telkens ook zulke plekken maken. In een school in de Knipe in Heerenveen lag het maken van een gebouw met kappen voor de hand, de locatie is heel kleinschalig en landelijk. Daar hebben we de hele school als één grote zolder vormgegeven. Het moest een duidelijk herkenbaar gebouw worden, niet alleen voor de leerlingen zelf maar voor de hele dorpsgemeenschap.

Onix, klaslokaal/classroom De Knipe, Heerenveen, 2004





with that: 'We are not able to prescribe or predict use, nor do we want to. But the search for flexibility can never mean we design neutral spaces.'

In the design process recollections of spaces can serve as guidelines: 'The country school I went to had an attic with no specific use. If you'd done a good job, you were allowed to play in the attic, it was also used for special lessons, and we were allowed up there on our own. The attic was the nicest and the most important place for me in the school, a place I'll always remember. We always want to create places like that in our schools. For the "de Knipe" school in Heerenveen, a building with many roofs was the obvious choice – the location is very small and countrified. We actually created the entire school as one huge attic. The building had to be easy to recognise, not only for the pupils but also for the entire village. Our reference image for a practical training centre in Assen, apart from the big attic, was to create the impression of a tortoise's shell. The school in question caters for vulnerable children and we believe that this building has a protective, but at the same time, open feel to it.'

In a recently completed project, an under-one-roof school in Berkel and Rodenrijs, two schools had to be combined. However, the users were hardly involved in the design process. The architects had to rely, more than usual, on their own interpretations and preferences. The idea of the attic and the open space has been developed more clearly here than in the earlier schools. That is where the fun started for Haiko Meijer and Berit Ann Roos. The corridors were just the right place for them to indulge in their feeling and talent for spatiality. They cut generous-sized voids in the corridors, allowed daylight to penetrate over several storeys very deep into the building and paraded their feeling for material.

Onix generally take their discussions with their projects' users (who invariably have little architecture knowledge) very seriously. The architects value their responses and ideas, and their invariably practical arguments. However, pedagogical concepts and ideals are rarely discussed. 'There is an exception, in the new under-one-roof school to be built in Slotervaart,' Berit Ann Roos explained enthusiastically, showing a publication by the

Onix, gang/corridor Westpolderschool, Berkel en Rodenrijs, 2006

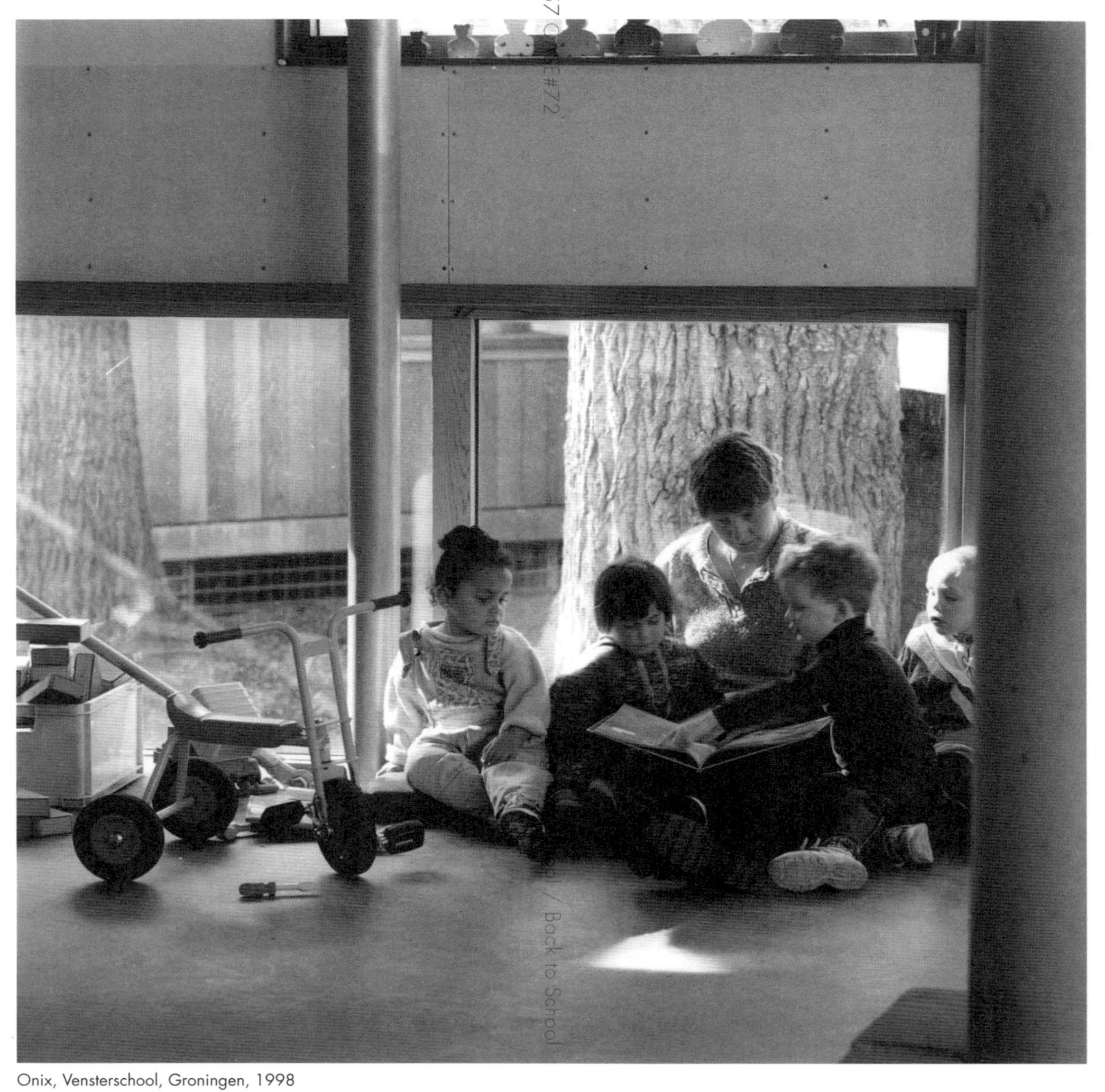



Onix, Vensterschool, Groningen, 1998

Bij een praktijkschool in Assen was ons referentiebeeld, naast het idee van een grote zolder, het beeld van de pantser van een schildpad. Het gaat bij deze school om een groep kwetsbare kinderen. We denken dat de school op een bepaalde manier beschermend en tegelijkertijd open moet aanvoelen.'

Bij een recent opgeleverd project, een Brede School in Berkel en Roderijs moesten twee scholen bij elkaar worden gevoegd, maar waren gebruikers nauwelijks bij het ontwerpproces betrokken. Meer dan elders waren de architecten dus op hun eigen interpretaties en voorkeuren aangewezen. Het idee van de zolder en de vrije ruimte is hier dan ook zuiverder uitgewerkt dan in de eerdere scholen. Voor Haiko Maier en Berit Ann Roos begon hier het plezier. Juist hier, in deze gangen konden zij hun gevoel en talent voor ruimtelijkheid botvieren, ze sneden genereuze vides in de corridors, lieten het daglicht door meerdere verdiepingen heel diep in het gebouw vallen en spreidden hun gevoel voor materiaal uitgebreid tentoon.

Bij andere projecten neemt Onix het overleg met hun vaak bouwkundig ongeschoolde gebruikers zeer serieus. De architecten waarderen het weerwoord en meedenken, en de vaak vooral praktische argumentaties. Over pedagogische concepten en idealen wordt echter over het algemeen weinig gesproken. 'Een uitzondering hierop vormt een nieuw te bouwen Brede School in Slotervaart', vertelt Berit Ann Roos enthousiast en laat een publicatie zien die de pedagogische organisatie Reggio Emilia over de relatie van ruimte, ruimtebeleving en pedagogiek heeft uitgebracht. 'Hier kwamen de gebruikers zelf mee, dit is heel uitzonderlijk. Het is een manier van onderwijs die de belevingswereld van het kind centraal stelt. Het mooie is dat veel van de aspecten die in de publicatie worden genoemd en door kunstenaars en pedagogen zijn onderzocht al in aanzet in onze manier van werken liggen. We voelen ons in onze manier van doen bevestigd en kunnen tegelijkertijd veel preciezer ingaan op de aangedragen thematiek.' Terugkerend element in de ontwerpbenadering van Onix is het belang van ruimtelijke verschillen en uitgesproken materiaalkeuzes, waardoor iedere ruimte en iedere route haar eigen karakter krijgt. In het laatstgenoemde

educational organisation Reggio Emilia on the relationship between space, spatial perception and education. 'The users provided this themselves, which is highly unusual. It is an approach to education that centres on the child's perception of its environment. The interesting thing is that many of the aspects which the publication mentions and which have been examined by artists and educationists, were already part of our approach. It reinforces what we believe, as well as enabling us to address the proposed themes more precisely.' In Onix's design approach a recurring element is the importance of spatial differences and the choice of distinctive materials, giving every space and every route its own character. In the Slotervaart project they have, for instance, included ramps that can be used for tricycle races. In addition, a patio serves as a hidden garden, which is also used as an outdoor classroom or as an alternative route between classrooms. The school stands in an inner courtyard of a larger perimeter block adjoining a park. It also has open access to the school playground which creates an important social zone for the neighbourhood.

The architects want to continue concentrating on building for children. They recently took an important step in that direction, with an assignment for one of the most progressive child care centres in Norway, which translates its organisation model into architectural design. The project will be an entirely experimental timber construction – a choice of material that had been determined before the choice of architect.

<u>OASE</u> Talks to
Ton Venhoeven (Venhoeven CS)
Ton Venhoeven was one of the nominated architects for the 2006 school architecture prize, for a stunning project which initially makes an impact with its extravagant exterior. The building for the under-one-roof school Forum 't Zand in what is termed the archaeological park at Leidsche Rijn resembles a spaceship that has come to rest there. The striking aspect is its technological, futuristic formal language and peculiarly 'un-schoolish' steel outer skin, plus the fact that no attempt has been made to give the large building a small-scale, 'child-friendly' appearance. It is the first school design

project zijn er bijvoorbeeld hellingbanen die als racebanen voor driewielers kunnen dienen. Verder is er een patio als een verborgen tuin, die tevens als buitenlokaal of als alternatieve route tussen de lokalen kan worden gebruikt. De school staat in een binnenterrein van een groter bouwblok, grenzend aan een park. De school is tevens heel open naar het schoolplein toe, waardoor een belangrijk verblijfsgebied voor de buurt ontstaat.

In de toekomst willen de architecten zich intensief bezig blijven houden met het bouwen voor kinderen. Een belangrijke stap daarin is hun recente opdracht voor een van de meest vooruitstrevende kinderdagverblijven in Noorwegen, die hun organisatiemodel vertalen naar architectonische vormgeving. Het gebouw zal geheel als experimentele houtconstructie worden uitgevoerd, een materiaalkeuze die al vastlag voordat de architect bekend was.

*OASE* in gesprek met
Ton Venhoeven (*Venhoeven CS*)
Ton Venhoeven was een van de genomineerden van de Scholenbouwprijs 2006 met een spraakmakend schoolproject

dat in de eerste plaats opmerkelijk is vanwege het extravagante exterieur. Het gebouw voor de Brede School Forum 't Zand in het zogenoemde archeologische park in Leidsche Rijn lijkt een geland ruimteschip. Het project valt op door zijn technisch-futuristische vormentaal en merkwaardig 'onschoolse' stalen buitenhuid, en het ontbreken van elke poging om het grote gebouw een kleinschalig, 'kindvriendelijk' uiterlijk te geven. Het is het eerste scholenbouwproject van Venhoeven CS en lijkt in groot contrast te staan met het enige eerdere project dat Ton Venhoeven, in samenwerking met Mathijs Bouw, vele jaren geleden voor kinderen heeft gebouwd: het kasteel in Soest, de verbouwing van een voormalige huishoudschool tot kinderdagverblijf. Toch onderscheidt het zich ook door een bijzondere articulatie van het interieur, waarin net zoals bij Hertzberger en Onix gestreefd wordt naar de realisatie van niches en vrijruimtes die de leerlingen de gelegenheid bieden om op hun eigen manier de wereld te ontdekken.

Ton Venhoeven: Eigenlijk zijn de gedachtes die ten grondslag liggen aan het

Venhoeven CS, Forum 't Zand Leidsche Rijn, 2006





project for Venhoeven CS and forms a great contrast with Ton Venhoeven's one earlier work built for children many years ago with Matthijs Bouw: 'the Castle' in Soest which entailed the conversion of a former domestic science school into a day care centre. That building is unusual because of the articulation of the interior which seeks, along the same lines as work by Herzberger and Onix, to create alcoves and free spaces where pupils can discover the world in their own way.
Ton Venhoeven: The ideas behind the castle in Soest, and later Forum 't Zand, derived from criticism of education in Eindhoven, where I did not study but where I taught. I was struck by the fact that students repeatedly came up with a preconceived idea of the exterior form, but had no idea of the interior. But I myself am primarily interested in the spaces indoors and am absolutely fascinated by Adolf Loos. We began by forbidding students to consider the footprint and the façade, and asked them to design diagrammatic sections. We then asked them to imagine having to shut people away for the rest of their lives – what requirements would that interior have to meet?

When a group of us were asked to convert an old building into a day care centre, the whole idea of shutting people away was suddenly highly topical. In those days, after-school care was just taking off and people were making frequent use of it. For some children it meant very long days – and years – in confined surroundings. We felt that children over the age of twelve should at all events be able to deal with danger, with adventure, with other people, even if you shut them away for the whole day. Our day care centre was a kind of laboratory or simulator of real life, with all that that entails. Indoors, the spaces vary tremendously: very low and very high. We tried to bring into the interior as much as possible of what you find outdoors: the hayloft, caravan storage site, all manner of informal play places.

I recently spoke to the director in Soest who is still positive about the building after all these years, because the interior spaces bear no resemblance to classrooms. Most of the places providing after-school care consist of rooms resembling the classrooms where the children have been sitting all day. They've been cooped and then they have to go into yet another

kasteel in Soest en later aan het Forum 't Zand begonnen met een kritiek op het onderwijs in Eindhoven, waar ik niet heb gestudeerd maar wel les heb gegeven. Wat mij daar opviel, was dat studenten elke keer met een vooropgezet idee over de buitenvorm aankwamen en geen idee van het interieur hadden. Ik daarentegen ben in eerste instantie geïnteresseerd in de ruimtes binnenin en ongelooflijk gefascineerd door Adolf Loos. We gingen de studenten verbieden over de plattegrond en de gevel na te denken en vroegen ze om doorsnedes te ontwerpen. Vervolgens stelden we de vraag aan de studenten: stel nou dat je mensen voor de rest van hun leven opsluit, aan wat voor wensen moet dat interieur dan voldoen?

Toen wij met een groepje de opdracht kregen om een oud gebouw tot kinderdagverblijf te verbouwen, werd het idee van opsluiting ineens heel actueel. Het was in de periode dat de buitenschoolse opvang opkwam en mensen daar veel gebruik van begonnen te maken. Voor de kinderen betekende dat soms heel lange dagen en jaren in een gereguleerde omgeving. Wij vonden wel dat kinderen na twaalf jaar, hoe dan ook, moeten kun-

nen omgaan met gevaar, met avontuur, met andere mensen, ook al sluit je ze de hele dag op. Ons kinderdagverblijf werd een soort laboratorium of simulator van het echte leven, met alles erop en eraan. In het interieur vind je enorme variaties tussen ruimtes: heel lage en heel hoge. We probeerden zo veel mogelijk van wat je buiten hebt naar binnen te halen: de hooizolder, de caravanstalling, alle mogelijke informele speelplekken.

Laatst sprak ik met de directeur in Soest, die na vele jaren nog steeds positief is over het gebouw, omdat de ruimtes erbinnen helemaal niets met klaslokalen te maken hebben. De meeste plekken waar buitenschoolse opvang normaal gesproken wordt aangeboden, bestaan uit lokalen waar de kinderen al een hele dag in zitten. Die vliegen tegen de muren omhoog, en dan moeten ze wéér in een lokaal. Dat levert dus heel veel wrijving en frustraties op, ook tussen de kinderen onderling.

<u>Hoe kon je deze gedachtes gebruiken voor de veel grotere nieuwbouwopgave in Leidsche Rijn?</u>

Venhoeven CS, Forum 't Zand
Leidsche Rijn, 2006





classroom. That causes a lot of friction and frustration, among the children themselves as well.

<u>How can you apply those ideas to the far larger new-build projects in Leidsche Rijn?</u>

<u>Ton Venhoeven</u>: When we started on the under-one-roof school in Utrecht my greatest source of inspiration was an under-one-roof school in Sweden that the project leader told me about. It was set up like a village for children where they went in the morning and left again in the evening; where they had an hour's lesson and then went to play, or vice versa, and in between they could discover and examine everything. They spend the day in a varied environment, where they can climb trees, scrape their knees, work in the garden, rush around and do all the things that are part of growing up. They learn to get on with the others, about danger and conflicts. That is particularly important for children from small families who are treated like little gods at home.

The brief for Forum 't Zand consisted of several traditional programmes, such as school, day care centre and communi-

ty centre. The conceptual programme was far more interesting because it entailed the social environment the project leader had been talking about. Initially we envisaged a farm, and that was what got us the assignment. Then I took them round the Soest project. It was just what the future clients wanted and tied in with their ideas about an under-one-roof school.

When we embarked on the project we first looked if we could make a variety of individual buildings. We wanted to create the Swedish village, where the children had to keep going outside. But it was prohibitively expensive. Then I proposed the very opposite, the cheapest, most efficient form imaginable: one building with a linear structure, as dense and compact as possible, so we *had* to have money left for the interior. It even included gymnastics rooms, making the building dense in the middle and thin at the ends.

Then the idea of a spaceship was conceived. It's a frequent image in children's imaginations; a kind of Noah's ark with the Swedish village inside. The spaceship goes on a journey. For years. You've got to survive for generations. You have to take animals and plants with you and

Terug naar school / Back to School

Venhoeven CS, Forum 't Zand Leidsche Rijn, 2006

Ton Venhoeven: Toen we begonnen met de Brede School in Utrecht was mijn grootste inspiratiebron een verhaal dat de projectleider over een Brede School in Zweden vertelde, die is opgezet als een dorp voor kinderen waar je 's morgens naartoe gaat en pas 's avonds weer weg; waar je een uurtje les hebt en dan gaat spelen, of omgekeerd, en tussendoor van alles kunt ontdekken en onderzoeken. Je brengt de dag door in een veelzijdige omgeving waar je in bomen kunt klimmen, je knieën kunt openhalen, waar je kunt tuinieren, rossen en allemaal dingen kunt doen die horen bij opgroeien. Je leert er met andere kinderen om te gaan, met gevaar en met conflicten. Juist voor kinderen uit heel kleine gezinnen die thuis als een soort godje worden behandeld, is dat heel belangrijk.

Het programma van eisen voor het Forum 't Zand bestond uit een aantal traditionele programma's zoals school, kinderdagverblijf en buurtcentrum. Het ideële programma was veel interessanter, want dat was juist de leefomgeving waarover de projectleider had verteld. Ons eerste idee was een boerderij, waarmee we de opdracht ook binnen hebben gehaald. Toen heb ik ze rondgeleid in Soest. Dat zagen de toekomstige gebruikers helemaal zitten, het sloot aan bij hun ideeën over een Brede School.

Toen we met het project begonnen, hebben we eerst gekeken of we allerlei losse gebouwen konden maken. We wilden het Zweedse dorp nabouwen waar de kinderen steeds naar buiten moesten. Maar dat was onbetaalbaar. Toen heb ik het omgekeerde voorgesteld, de meest goedkope, efficiënte vorm die er denkbaar is: één gebouw met een lineaire structuur, zo dik en compact mogelijk, zodat we wel geld móésten overhouden voor het interieur. Zelfs de gymlokalen zijn erin opgenomen, en die maken het gebouw in het midden dik en aan de uiteinden dun.

Toen ontstond het idee van een ruimtevaartuig, zoals het heel veel voorkomt in de beeldcultuur van kinderen, een soort van ark van Noach, waar dat Zweedse stadje in zit. Dat ruimteschip gaat op reis. Jaren. Generaties lang moet je kunnen overleven. Je moet dieren en planten meenemen en groenten kweken. Tot het eind toe is dit de inspiratiebron geweest en zelfs letterlijk uitgewerkt in de vorm van

Venhoeven CS, Forum 't Zand
Leidsche Rijn, 2006

   

grow vegetables. That was the source of inspiration until the very end, and it was literally translated into a large courtyard garden, which sadly did not come about.

So what does it entail for you – a school building?

At present the idea of flexibility largely defines Dutch school architecture. It often entails a loss of character, because it has to cater to everything. I'm inclined to think that's something you definitely do not want. The spaces you want to make are specific and explicit. To what extent are they interchangeable?

Ton Venhoeven: Flexibility is an important issue, but there are many kinds of flexibility. When you start to confuse things, flexibility becomes a restricted concept. In its own way this school is very flexible: for instance, the Montessori school wanted a different teaching model from the customary classrooms of around 50 m². They wanted two teachers working in one group, in spaces of 100 m². The city council stipulated that it had to be possible to return it to rooms of 48 or 54 m². That is possible, architecturally. But I definitely did not want it to look like a school building on the outside.

Ton Venhoeven: A school can have many faces, and I can summon profound respect for a tautly designed school. Basically, I believe a school should be *distinctive*. Forum 't Zand had to be more than just a school, because 50 per cent of the spaces have nothing to do with the school, like rooms for adult education, a sports centre or community centre. I think of it as a cruise ship. That combines a whole lot of spaces, too – cabins, ballrooms, engine room and restaurant. That seemed like a very attractive idea, for the park in which it's located, too. A spaceship doesn't claim the space around it. It has merely landed in the park, and that tied in with the urban planner's idea; he wanted a free-standing building in the park.

To my mind, the references you use for the building must be such that children are fascinated by it, and think they can understand it easily, but not entirely. As a two-year old, you probably think: 'wow, it's a spaceship!' But when you're three, perhaps: 'wait a minute, something's not quite right here.' There's constant friction

Terug naar school / Back to School

Venhoeven CS, Forum 't Zand Leidsche Rijn, 2006

een grote binnentuin, die helaas uiteindelijk niet is gerealiseerd.

<u>De Nederlandse scholenbouw wordt op
dit moment sterk bepaald door het idee
van flexibiliteit. Dat betekent vaak een
verlies van karakter, omdat alles moet
kunnen. Wat ik bij jou bespeur, is dat je
dat helemaal niet wilt. De ruimtes die je
wilt maken zijn specifiek en uitgesproken
In hoeverre zijn die dan uitwisselbaar?</u>

Ton Venhoeven: Flexibiliteit is een belangrijk onderwerp, maar er bestaan heel veel
vormen van flexibiliteit. Als je die dingen
gaat verwarren, dan wordt flexibiliteit
een eng begrip. Op haar eigen manier
is deze school heel flexibel. De Montessorischool bijvoorbeeld wilde eigenlijk
een ander onderwijsmodel dan de gebruikelijke lokalen van ca. 50 m². Ze wilden
met twee onderwijzeressen in één groep
werken, in ruimten van 100 m². De gemeente eiste dat het wel terugbouwbaar
moest zijn naar lokalen van 48 of 54 m².
Bouwkundig kan dat. Wat ik echter per se
niet wilde, is dat je aan de buitenkant kon
zien dat het een schoolgebouw was.

<u>Wat is dat dan voor jou? Een school-
gebouw?</u>

Ton Venhoeven: Een school kan vele
gezichten hebben, en ook voor heel strak
vormgegeven school kan ik veel respect
opbrengen. In essentie vind ik dat een
school gewoon *uitgesproken* moet zijn.
Het Forum 't Zand moest meer zijn dan
alleen een school, want voor 50 procent zitten er ruimtes in die niets met de
school te maken hebben, zoals ruimtes
voor oudereneducatie, een sportcentrum
of buurtcentrum. Ik zie het als een soort
cruiseschip. Daar heb je heel verschillende dingen bij elkaar, cabines, danszalen,
een motorkamer en een restaurant. Ik
vond dat een heel aantrekkelijk idee, ook
voor het park waar het in staat. Een ruimteschip claimt niet de ruimte eromheen.
Het is gewoon geland in het park, en dat
sloot aan bij het idee van de steden-
bouwkundige, die graag een vrijstaand
gebouw in het park wilde zien.
    Ik vind dat de referenties die je
gebruikt voor het gebouw zo moeten zijn
dat kinderen gefascineerd zijn, en denken
dat ze het makkelijk kunnen begrijpen
maar toch niet helemaal. Als je twee





between the possibility of understanding
it and a subsequent level on which you
don't. In nineteenth-century schools the
world was explained to children in a particular way: that's history, that's grammar,
these are people. Everything was completely codified. But the world isn't like that
any more. I'm more interested in how you
acquire knowledge, how, when you think
about something, you discover it's just a
bit different from what you thought at first.

<u>In your building there are a great many
different spaces, every classroom looks
different. What do those differences
mean?</u>

Ton Venhoeven: I've been greatly influenced by differential thinking. That does not
address prototypes, or series, or contrast,
but just differences for the sake of differences. We try to give all the classrooms
their own personality, not just paint them
in different colours. I believe a great deal
of the trouble with school architecture
relates to the fact that standardisation and
architects' ideology are part of a waning,
standardised ideology that stems from the
modern idea of the house or architecture

as machines for education, as developed
in the 1920s. The 'Frankfurter Küche' is
an example of that. So in that context it's
revolutionary to provide every classroom
with its own character. I'm not particularly
interested in how that works precisely for
children. But what does interest me a
great deal is that those differences do not
serve a hierarchy, spaces all develop different characters without any competition.
That, too, is an ideology, of course. That's
the way I operate, what I do in all my
work. It makes no difference whether it's a
school or a house. And it means that the
appropriation of the classroom is always,
by definition, merely partial appropriation.
    In a normal situation a schoolroom is
a kind of white skin enveloping a group.
The opposite extreme would be to hold
lessons out of doors, under a tree. We
have tried to realise both extremes at
the same time, in the classroom design.
You're sitting in something resembling an
undressed concrete building site containing a great many hints that it is nevertheless an indoor space. For instance, there
are sliding partitions down to the ground.
You can see lambs passing by during
the lessons. Then the skin is no longer

jaar oud bent denk je misschien: wow, het is een ruimteschip! Maar als je drie bent denk je misschien: wacht eens even, hier klopt iets niet. Het is een voortdurende frictie tussen de mogelijkheid het te begrijpen en een volgend niveau waarop je het toch weer niet begrijpt. In de negentiende-eeuwse scholen kregen kinderen de wereld op een bepaalde manier uitgelegd: dat is de geschiedenis, dat is de taal, dit zijn de mensen. Alles was volledig gecodificeerd. Maar zo zit de wereld niet meer in elkaar. Ik vind het interessanter hoe je tot kennis komt, hoe je leert dat dingen bij nader inzien toch net even iets anders zijn dan je in eerste instantie dacht.

<u>In je gebouw zitten heel verschillende ruimtes, elk klaslokaal ziet er anders uit. Wat betekenen deze verschillen?</u>

Ton Venhoeven: Ik ben heel erg beïnvloed door het differentiedenken: daar gaat het niet om prototypes, niet om series, niet om contrast, maar botweg om verschillen om de verschillen. We proberen elk lokaal zijn eigen persoonlijkheid mee te geven, en ze niet gewoon alleen in verschillende kleuren te schilderen. Ik denk dat heel veel van de ellende in de scholenbouw te maken heeft met het feit dat de opvattingen van de architecten behoren tot een genormeerde ideologie die voortkomt uit het moderne idee van de woning of de architectuur als opvoedmachine, zoals die werden ontwikkeld in de jaren twintig. De *Frankfurter Küche* is daar een voorbeeld van. In die context is het dan dus wel een revolutionair idee om elk lokaal een eigen karakter te geven. Hoe dat voor kinderen precies werkt, interesseert me niet eens zo heel veel. Wat mij wel heel erg interesseert, is dat die verschillen niet in dienst van een hiërarchie staan, dat ruimtes allemaal andere karakters ontwikkelen zonder competitie. Dat is natuurlijk ook een ideologie. Zo sta ik in het leven. Dat doe ik in al mijn werk. Maakt niet uit of ik een school maak of woningen. Dat betekent ook dat de toe-eigening van het lokaal, altijd, per definitie, ook maar een partiële toe-eigening is.

In een normale situatie vormt een klaslokaal een soort witte huid om een groep heen. Het andere uiterste zou het lesgeven buiten zijn, onder een boom. Wij hebben geprobeerd alle twee





absolute, not saying: 'you're indoors and keep quiet.' It's more like a corner of the hayloft where the lesson is being held. The very fact that the classrooms don't look like classrooms, but could be a spot you cleared in an immense tanker and then added some furniture to – that gives me a tremendous feeling of relief.

<u>You've been saying for quite some time that your building isn't, and doesn't want to be, a school, yet it is the most distinctive school we've seen for a long time.</u>

Ton Venhoeven: Indeed, and I want the children to say that theirs is the most beautiful school in the world. And yet I don't. That's the interesting thing about the architect's role. Whatever you do, it's always an interpretation of existing images, a view of our culture. To my mind, our culture is suffering from security neurosis. People always want to believe they understand everything. As an architect, I have the chance to enable children to grow up thinking it doesn't matter if there are some things they don't fully understand. You can use them, appropriate them, but never control them 100 per cent. But reactions to the project come in two categories: one group thinks it's fantastic, the other group thinks it's absolutely awful!

<u>In the interior you have stuck to concrete, steel and glass. When you refer to the day care centre in Soest you not only mention differences in the various spaces, abut also textures and materials.</u>

Ton Venhoeven: For the interior at Leidsche Rijn the budget was all-important. There just wasn't any money left, so all we could do was make a concrete shell with plasterboard walls. And the plasterboard walls had to meet requirements for the acoustics and sound-proofing. The only solution was to use plenty of bare concrete. There was enough money to paint the interior white throughout. We didn't do that, but decided to paint one-third of it in 5 different colours. All because of the budget.

<u>How does the differentiation indoors continue on outdoors?</u>

Ton Venhoeven: They haven't got a school

extremen tegelijk te verwezenlijken in het ontwerp van het lokaal. Je zit er in een soort bouwplaats van ruw beton, waar heel veel hints in zitten dat het toch een binnenruimte is. Bijvoorbeeld zijn er schuifpuien tot op de grond. Tijdens de les kun je er lammetjes voorbij zien lopen. Dan is de huid niet meer absoluut en zegt: 'je bent nu binnen, en nu ben je stil', maar het is meer een soort hoekje in de hooizolder waar je les krijgt. Alleen al het feit dat de lokalen er niet uitzien als lokalen, maar dat je het idee hebt dat ze in een mammoettanker een plekje hebben schoongeveegd en wat meubilair hebben neergezet, vind ik zelf al een ontzettende verademing.

<u>Ook al vertel je ons nu een hele tijd dat je gebouw geen school is en wil zijn, is het toch de school met het meest uitgesproken gezicht dat we in tijden zijn tegengekomen.</u>

Ton Venhoeven: Zeker, en ik wil zelfs dat de kinderen er zeggen dat hun school de mooiste school van de wereld is. En toch ook weer niet. Dat is juist het interessante van de rol van architect. Wat je ook doet,

het gaat altijd om een bewerking van bestaande beelden, om een visie op onze cultuur. In mijn visie lijdt onze cultuur aan een veiligheidsneurose. Mensen willen steeds het idee hebben dat ze alles begrijpen. Ik krijg hier de kans als architect om kinderen groot te laten worden met het idee dat het helemaal niet erg is als je sommige dingen niet volledig begrijpt. Je kunt ze gebruiken, ze je toe-eigenen maar nooit voor 100 procent beheersen. Maar er wordt wel volgens twee categorieën op het project gereageerd: de ene vindt het fantastisch, de andere vindt het ongelooflijk slecht!

<u>In het interieur heb je je beperkt tot beton, staal en glas. In het verhaal over het kinderdagverblijf in Soest heb je het niet alleen over de verschillen van de ruimtes, maar ook over texturen en materialen.</u>

Ton Venhoeven: Voor het interieur in Leidsche Rijn is het budget heel bepalend geweest. Er was gewoon geen geld voor interieur. We konden dus alleen een betonnen casco met wat gipswanden maken. En die gipswanden zijn volledig bepaald door de geluidseisen als ruimte-





playground. The park has been arranged to resemble an excavation site, a neglected playground of sorts. However, it is sufficiently a park for adults as well, without actually being a playground. For instance, there's a sunken concrete pipe – but no directions as to how to use it. If you sit on it, it's different than if you crawl through it, as if it were a secret, underground tunnel. Children only need a couple of hints to find some use for it.

<u>Will you continue with school architecture in the future?</u>

Ton Venhoeven: Yes, we're involved in another under-one-roof school. The situation there is quite different than that at Leidsche Rijn; it's far more part of the existing town. It's my ambition to make it a real part of the town, with an alleyway through which people can walk who have nothing to do with the school.

I learnt a lot from Forum 't Zand and now have a better idea of the pitfalls. I know the way users think, their frustrations and interests. Ultimately, you wind up with your own self. We start each new job with a discussion with the users: 'I can

see the list of square metres, but what do you really want? What's your dream?' At Leidsche Rijn I probed everyone in those discussions. For example, the man at the leisure centre who also organised the out-of-school care emphatically did not want the theatre auditorium that was in the brief. He just wanted a garden with flora and fauna (which unfortunately did not materialise) – I could just envisage it. But, in theory, I do use the ingredients I think are interesting and approximate my own views.

You can't make a good project without the client's support. If it were only my own dream, I'd get far less done. It's a dialogue. And that dialogue is what makes a project specific and worth while – and in the end, that's why you do it! Why you become an architect!

<u>OASE</u> Talks to
Herman Hertzberger
Herman Hertzberger is, without a doubt, the *éminence grise* of Dutch school architecture, and his approach to school design still inspires many architects in the Netherlands and abroad. Since his first school project, the Montessori school in

Studio Hertzberger, Montessorischool De Eilanden, Amsterdam, 2002

akoestiek en geluidwering. Het enige wat we konden doen, was veel met kaal beton werken. Er was genoeg geld om het hele gebouw in één kleur wit te schilderen. We hebben dat niet gebruikt, maar zo veranderd dat we een derde van het gebouw konden schilderen in vijf kleuren. Gewoon een economische kwestie.

<u>Hoe zet de differentiatie binnen het gebouw zich buiten het gebouw voort?</u>

Ton Venhoeven: Een schoolplein hebben ze niet. Het park is zo ingericht dat het een soort halve opgraving is, een soort verwaarloosde speeltuin. Maar het is voldoende park om voor volwassenen gewoon park te zijn, zonder dat het een speeltuin is. Er zit bijvoorbeeld een ingegraven buis van beton in. Het ding schrijft niet voor hoe je het moet gebruiken. Als je erop gaat zitten, is het iets anders dan wanneer je er doorheen kruipt als was het een geheime ondergrondse tunnel. Je hoeft kinderen alleen een paar hints te geven en dan kunnen ze er iets mee.

<u>Ga je je in de toekomst meer met scholenbouw bezighouden?</u>

Ton Venhoeven: Ja, we zijn weer bezig met een Brede School. De situatie van de nieuwe opdracht is heel anders dan in Leidsche Rijn, de plek maakt veel meer deel uit van de bestaande stad. Mijn ambitie is het om er gewoon echt een stuk stad van te maken. Er komt dus ook een steeg in te zitten waar mensen doorheen kunnen lopen die niets te maken hebben met de school.

Ik heb van het Forum 't Zand veel geleerd en weet inmiddels beter waar de valkuilen zitten. Ik weet hoe de gebruikers denken, waar hun frustraties en belangen zijn. Uiteindelijk kom je weer bij jezelf terecht. We beginnen dus bij de nieuwe opdracht weer het gesprek met die gebruikers: 'Ik zie hier wel die lijst met vierkante meters, maar wat wil je nu echt? Wat is nou eigenlijk je droom?' In Leidsche Rijn heb ik deze gesprekken indringend met iedereen gevoerd. Bijvoorbeeld wilde de man van het vrijetijdscentrum die ook de BSO organiseerde helemaal geen theaterzaal, die wel in het programma stond, maar hij wilde gewoon een hortus met planten en dieren – die er uiteindelijk helaas niet zijn gekomen. Ik zag dat helemaal zitten. Het is wel zo

Delft, which today is firmly established in the canon of modern school architecture and on which there is a close-reading presentation elsewhere in this issue, Herman Hertzberger has accumulated a remarkable oeuvre of school projects. Not only do the ideas of the educationist Maria Montessori play an important part in those designs, but Hertzberger also derived insight from Iwan Illich's book *Deschooling Society*. As he explained: 'In short, Illich said: get rid of schools, schools prevent learning.' Hertzberger stressed the difference between instruction and learning. 'Children learn from what they see, hear, do in the world. And schools provide instruction in the things children are expected to know and be able to do to be useful in society. I believe the world is better off if children are given, in the right way, the conditions for learning.' And accordingly, Hertzberger repeatedly seeks to break through the barrier between classroom and corridor. In that way the corridor becomes a social place and access zone with informal areas of very varied measurements and ambience. The idea behind this is that the school is a small town with various private spaces, as well as a lively public infrastructure consisting of highly-frequented streets and squares.

Although these spatial concepts enjoy international acclaim and acceptance, Hertzberger often still has to make a considerable effort to overcome clients' stereotype expectations concerning school architecture. But he also sees many colleagues with shortcomings: 'The schools we are familiar with are made up of classrooms. With corridors running along them. In the corridors there are hooks for the children's coats. There are unglazed tiles on the floor. And there are lavatories. At the end of the corridor there used to be a coal shed. And when coal was no longer used for heating, it was turned into a storeroom. That is a school. And regardless of whether the architect was bad, mediocre or a star, all they did was place classrooms in a row with a corridor alongside! From the very start I have tried to open up schools and not look at corridors as passageways, but as teaching space. Not that it always works, because schools only want big classrooms and there's no money left for corridors, or else it's impossible to get enough daylight inside.

dat ik in principe de ingrediënten gebruik waarvan ik denk dat ze interessant zijn en dicht bij mijn opvattingen in de buurt komen.

Je kunt een goed project niet maken zonder de steun van de opdrachtgever. Als het alleen mijn droom zou zijn, zou ik veel minder voor elkaar kunnen krijgen. Het is wel een dialoog. En juist deze dialoog maakt een project specifiek en waardevol – en dat is toch uiteindelijk datgene waar je het allemaal voor doet! Waarvoor je architecten wordt!

### *OASE* in gesprek met Herman Hertzberger

Herman Hertzberger geldt zonder enige twijfel als de *éminence grise* van de Nederlandse scholenbouw en zijn benadering van het schoolontwerp inspireert vandaag nog steeds vele architecten in Nederland en daarbuiten. Sinds zijn eerste schoolproject, de Montessorischool in Delft, die vandaag behoort tot de canon van de moderne scholenbouw en waarvan verder in dit nummer een close reading wordt gepresenteerd, heeft Herman Hertzberger een opmerkelijk oeuvre aan schoolprojecten gerealiseerd, waarin niet alleen de ideeën van pedagoge Maria Montessori een belangrijke rol spelen, maar waarvoor hij ook inzichten heeft ontleend aan Ivan Illichs boek *Deschooling Society* (1971). 'Kort samengevat', zo vertelt Hertzberger ons, 'zei Illich: weg met de scholen, de scholen houden het leren tegen.' Herman Hertzberger benadrukt het onderscheid tussen instructie en leren. 'Kinderen leren door wat ze zien, horen, doen in de wereld. En de scholen geven een instructie van de dingen die ze geacht worden te weten en te kunnen om zich in deze samenleving nuttig te maken. Ik denk dat de wereld alleen maar verder komt als kinderen op een goede manier de condities krijgen om te leren.' Steeds opnieuw zet Hertzberger dan ook in op het doorbreken van de grens tussen klaslokaal en gang, waardoor corridor zich ontwikkelt tot een sociaal verblijfs- en ontsluitingsgebied met informele plekken van zeer verschillende afmetingen en sfeer. De gedachte die hieraan ten grondslag ligt, is het beeld van de school als kleine stad met meer private ruimtes, maar ook een levendige openbare infrastructuur die uit veelvuldig te gebruiken straten en pleinen bestaat.

Nevertheless, I keep on trying to find new variations on my theme. These days there is a tendency to do without the classroom entirely, but that worries me. That's why I provide an architectural approach to the design, meaning that later on classrooms can still be created there.'

The 'Brede School' or 'Under-One-Roof School' ties in with Herman Hertzberger's idea of the school as a small town. He has no illusions about the pragmatic reasoning behind the development of the under-one-roof school as a new teaching model and building type. Nevertheless he is positive about it: 'All the changes in the Netherlands are the result of spending cuts, served up with an ideological sauce. That's just the way it is, but the unusual thing about the under-one-roof school is that it actually works.' He is of the opinion that this kind of school is the only type of institution that can still play the part of a social and cultural centre in a neighbourhood, and as such can offset shopping malls. Once there were separate cultural buildings in residential neighbourhoods, but the demand today is to house as many public functions as possible in one building, for economic reasons. He takes the concomitant responsibilities for architects very seriously.

Herman Hertzberger sees the appearance of an under-one-roof school as an important architectural assignment. The building often has various users, all of whom want to be able to identify with the school. That is at odds with his own need to design the building as a cultural centre and shape it homogeneously. He is currently facing problems of that type with his design for an under-one-roof school for Presikhaaf, in a post-war, run-down neighbourhood in Arnhem which he nevertheless considers to be interesting in urban planning terms and therefore still worth while. 'We must do our utmost to make something that fits in with the attractive character of the neighbourhood. I'd like to be able to link up various things in a school like this, all with their own identity, but I can't do that. Perhaps an under-one-roof school should resemble a Morandi painting, in which a whole lot of bottles are arranged beside one another. You can still identify them as separate items, but at the same time they form an entity. I haven't managed to work it out yet...'

Translation: *Wendy van Os*

Ondanks de internationale waardering en acceptatie van deze ruimtelijke concepten, kost het Hertzberger toch nog vaak veel moeite om de stereotiepe verwachtingen van opdrachtgevers met betrekking tot schoolarchitectuur te doorbreken. Maar ook ziet hij vele collega's tekortschieten: 'De scholen die we kennen bestaan uit klaslokalen. Met gangen erlangs. In die gangen zijn haakjes om hun jas op te hangen. Er zijn dubbelhard gebakken tegels op de vloer. En er zijn toiletten. Aan het einde van de gang was er een kolenhok. En toen ze niet meer op kolen stookten, werd dat een berging. Dat is in feite een school. En of je nou een slecht architect, een middelmatig architect of een sterarchitect neemt: ze hebben allemaal niets anders gedaan dan klaslokalen op een rijtje gezet met een gang erlangs! Ik heb van meet af aan geprobeerd om de scholen open te breken en die gangen niet te zien als gangen, maar als een soort van onderwijsruimte. Maar dat lukt niet altijd, vaak wil men alleen grote klaslokalen en blijft er geen geld voor de gangen over of het is onmogelijk om daglicht naar binnen te krijgen. Toch probeer ik steeds opnieuw om nieuwe vormen voor mijn thema te vinden. Momenteel is er een tendens om het klaslokaal volledig op te geven, maar daar houd ik mijn hart voor vast. Daarom ondervang ik die vraag door het ontwerp bouwkundig zo op te vatten dat achteraf toch weer gemakkelijk lokalen kunnen worden gevormd.'

De idee van de Brede School sluit aan bij Herman Hertzbergers idee van de school als kleine stad. Over de pragmatische redenatie die oorspronkelijk ten grondslag ligt aan de ontwikkeling van de Brede School als nieuw onderwijsmodel en gebouwtype maakt hij zich geen illusies. Desondanks is hij positief over de ontwikkeling: 'Alle veranderingen in Nederland ontstaan wegens bezuinigingen. Daar wordt dan een ideologisch tintje overheen gegooid. Dat is gewoon zo, maar het bijzondere van de Brede School is dat het nog werkt ook.' De Brede School vormt zijns inziens het enige soort instituut dat vandaag nog de rol van sociaal-cultureel centrum in een stadswijk kan spelen en aldus een tegengewicht kan vormen voor de winkelcentra. Vond je vroeger in woonwijken allemaal duidelijk te onderscheiden culturele gebouwen,

Studio Hertzberger, VMBO school Titaan, Hoorn, 2000-2004

dan is de huidige vraag, vanuit een
economische logica, om zo veel mogelijk
publieke functies in één gebouw onder te
brengen. De verantwoordelijkheden die
dat voor architecten met zich meebrengt,
neemt hij heel serieus.

Een belangrijke architectonische
opgave is voor Herman Hertzberger het
gezicht van zo'n Brede School. Vaak
zijn er meerdere gebruikers die ieder
hun eigen karakter in de school terug
willen vinden. Dat staat haaks op zijn
eigen behoefte zo'n gebouw als cultureel
centrum vorm te geven en 'aus einem
Guss' te maken. Met die problematiek
wordt hij momenteel geconfronteerd in
het ontwerp voor een Brede School in de
naoorlogse, sterk verpauperde maar in
zijn ogen stedenbouwkundig interessante
en daarom nog steeds waardevolle wijk
Presikhaaf in Arnhem. 'We moeten heel
erg ons best doen om hier iets te maken
dat past bij de schoonheid van de wijk. Ik
zou wel willen dat je zo'n Brede School
als verschillende dingen aan elkaar kunt
koppelen die dan allemaal hun eigen
identiteit hebben, maar dat kan ik niet.
Misschien moet zo'n Brede School er wel
uitzien als een schilderij van Morandi

waar allemaal flesjes tegen elkaar zijn
gezet. Je herkent ze wel nog als aparte
dingen, maar tegelijkertijd vormen ze een
eenheid. Ik ben er nog niet uit...'

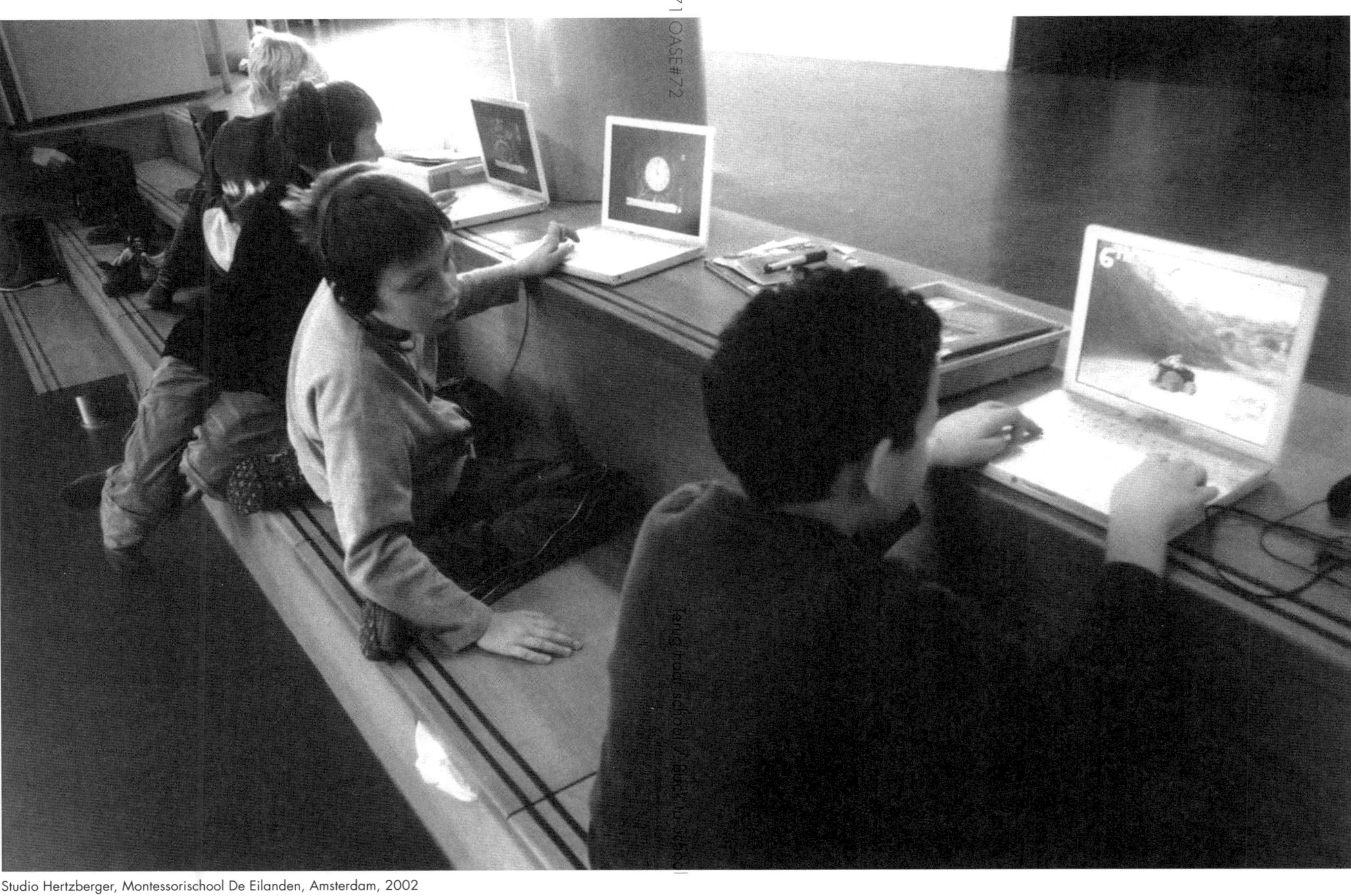

Studio Hertzberger, Montessorischool De Eilanden, Amsterdam, 2002

'DE TOCHT VAN DE KINDEREN...'
— MAARTEN VAN DEN DRIESSCHE

 

'THE JOURNEY OF CHILDREN...'
— MAARTEN VAN DEN DRIESSCHE

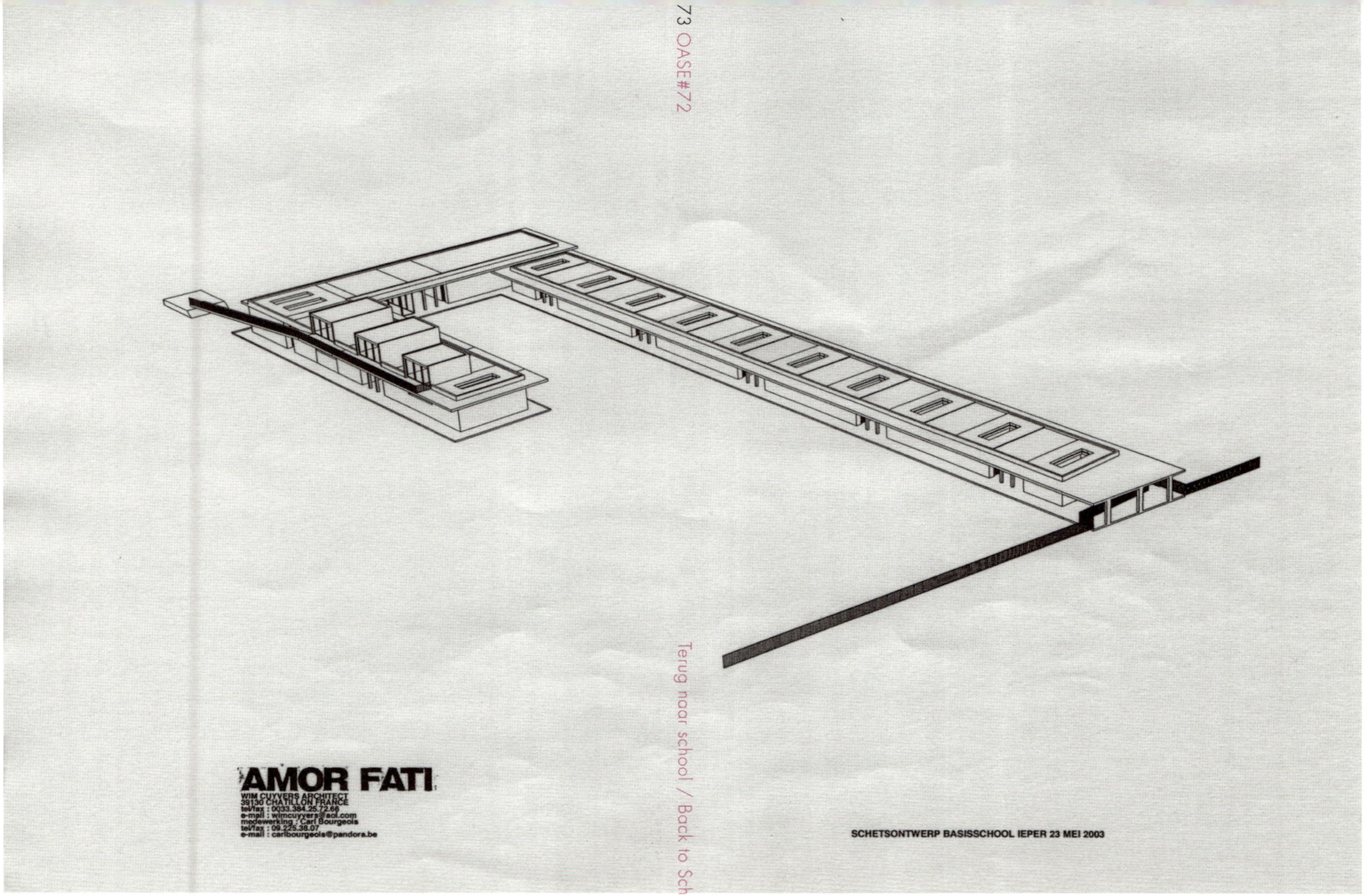

Amor Fati / Wim Cuyvers, Wedstrijdontwerp Basisschool voor het Gemeenschapsonderwijs / Competition design for a primary school for Community Education, Ieper, 2003

*Partir exige un déchirement qui arrache une part du corps à la part qui demeure adhérente à la rive de naissance, au voisinage de la parentèle, à la maison et au village des usagers, à la culture de la langue et à la raideur des habitudes. Qui ne bouge n'apprend rien. (...) Aucun apprentissage n'évite le voyage. Sous la conduite d'un guide, l'éducation pousse vers l'extérieur. Pars : sors. Sors du ventre de ta mère, du berceau, de l'ombre portée par la maison du père et paysages juvéniles. Au vent à la pluie : dehors manquent les abris. Tes idées initiales ne répètent que des mots anciens. (...) Le voyage des enfants, voilà le sens nu du mot Grec : pédagogie. Apprendre lance l'errance.[1]*
(Michel Serres)

*Het kind zittend op de stoep voor zijn huis, is ver genoeg van zijn moeder verwijderd om zich zelfstandig, in de spanning en het avontuur van het onbekende buiten te voelen. Gelijktijdig weet het zich, op de stoep die niet alleen tot de straat maar ook tot het huis behoort, dicht genoeg bij de moeder om zich veilig te voelen. Het kind bevindt zich gelijktijdig binnen en in de buitenwereld.[2]* (Herman Hertzberger)

*Als een kind bijvoorbeeld iets wil doen zonder dat zijn moeder het weet, verlaat het de private ruimte van het huis. (...) Zulke momenten van transgressie zijn volgens mij de meest existentiële momenten in het leven. Het zijn de momenten waarop je met jezelf in contact komt. Hier wordt voor mij de publieke ruimte de ruimte van de 'behoefte', de ruimte waar je heengaat om iets te doen waaraan je, ondanks alle maatschappelijke regels, niet kunt ontkomen en waar je per se even naartoe moet.[3]* (Wim Cuyvers)

                                                                          

*Leaving requires a rending that rips part of the body from the part that remains cleaved to the shore of one's birth, to the proximity of kinship, to the house and to the village of the users, to the culture of the language and the rigidity of habits. He who does not move learns nothing. ... No learning can take place without a journey. Led by a guide, education pushes one toward the outside world. Leave : get out. Get out of your mother's womb, out of the cradle, out of the shadow cast by the father's house and the landscapes of youth. Toward the wind, the rain : there are not enough shelters outside. Your initial ideas only repeat ancient words. ... The journey of children – that is the naked meaning of the Greek word pedagogy. To learn is to start wandering.[1]*
(Michel Serres)

*The child sitting on the step in front of his house is sufficiently aware from his mother to feel independent, to sense the excitement and adventure of the great unknown. Yet at the same time, sitting on the step which is part of the street as well as of the home, he feels secure in the knowledge that his mother is nearby. The child feels at home and at the same time in the outside world.[2]*
(Herman Hertzberger)

*When a child wants to do something without its mother knowing, for instance, leaves the private space of the house. ... Such moments of transgression are, in my view, the most existential moments in life, the moments in which you get in touch with yourself. This is where I relate public space to the space of the 'need', the space where you go to do something that, despite all the rules of society, you cannot escape from and where you have to go for a moment.[3]*
(Wim Cuyvers)


1
Michel Serres, *Le Tiers-Instruit* (Parijs, 1991), p.28.
2
Herman Hertzberger, *Ruimte maken, ruimte laten. Lessen in architectuur*, Rotterdam 1996 (vertaling van *Lessons for Students in Architecture*, Rotterdam, 1991), p.32.
3
Johan Lagae, Zeynep Çelik, Wim Cuyvers, 'De interpretatie van de publieke ruimte in de (niet-westerse) stad. Een gesprek tussen Zeynep Çelik en Wim Cuyvers', *OASE 69. Positions*, 2006, p.35.

1
Michel Serres, *Le Tiers-Instruit* (Paris, 1991), 28.
2
Herman Hertzberger, *Lessons for Students in Architecture* (Rotterdam, 1991), 32.
3
Johan Lagae, Zeynep Celik and Wim Cuyvers, 'Reading Public Space in the (Non-Western) City: A Dialogue Between Zeynep Celik and Wim Cuyvers' in *OASE 69: Positions/Posities*, 2006, 35.

Montessorischool Delft — Herman Hertzberger
Basisschool De Mote Ieper — Amor Fati & Wim Cuyvers

Om de tekst te openen koos ik drie citaten. Het eerste citaat is van de Franse filosoof Michel Serres, en komt uit het boek *Le Tiers Instruit*, dat handelt over opgroeien, opvoeding en onderwijzen. Het boek stelt dat niemand ooit helemaal eigen is of 'uit één stuk'. Iedereen is immers al vanaf zijn geboorte vermengd: het kind bezit de genen van de moeder en de vader en het is de melange die hem – als een derde persoon – uniek maakt. Daarom gaat pedagogie er niet over zich een bepaald ideaal toe te eigenen, zo stelt de auteur, maar het mengen (met de anderen, met de wereld en de dingen) eindeloos verder te zetten.[4]

Een tweede citaat is van de Nederlandse architect Herman Hertzberger. Het tekstfragment is afkomstig uit zijn boek *Ruimte maken, ruimte laten*. Hertzberger gebruikt de figuur van het kind om zijn idee van de drempelruimte – een cruciaal concept van zijn architectuurpraktijk – aanschouwelijk te maken.[5] De drempelruimte regelt de overgang van het private naar het publieke domein.

De derde tekstpassage is afkomstig uit een gesprek met de Belgische architect Wim Cuyvers in een vorig *OASE*-nummer. In de tekst vertelt hij over zijn onderzoekspraktijk en toont aan dat de logica van elk grensoverschrijdend gedrag een potentieel instrument is om de openbare ruimte van vreemde steden te lezen.[6]

De toon van de teksten is anders en de context waarbinnen de drie denkers de gedachte ontwikkelen is zeer verschillend, maar in de tekstfragmenten klinken reeds de verschillende stemmen die ook in dit artikel aan bod komen.

In zijn tekstfragment gaat Hertzberger als een neutrale observator te





Montessorischool Delft — Herman Hertzberger
Basisschool De Mote Ieper — Amor Fati & Wim Cuyvers

I chose three quotations to open this text. The first is by the French philosopher Michel Serres, from his book *Le Tiers-Instruit*, which deals with growing up, child-rearing and education. The book argues that each of us is a mixture from birth: the child has genes from the mother and from the father, and it is the *mélange* that makes him – as a third person – unique. Therefore the point of pedagogy is not so much to appropriate a particular ideal, the author argues, but to endlessly mix (with others, with the world and with things).[4]

The second quotation is by the Dutch architect Herman Hertzberger. The text fragment comes from his book *Lessons for Students in Architecture*. Hertzberger uses the figure of the child to illustrate his idea of the threshold space – a crucial concept in his architectural practice.[5] The threshold space regulates the transition from the private to the public domain.

The third passage is from an interview with the Belgian architect Wim Cuyvers in a previous issue of *OASE*, in which he talks about his research and shows that the logic of any transgressive behaviour is potentially an instrument to decipher the public space of unfamiliar cities.[6]

The tone of each text is different, and the contexts within which the three thinkers develop their ideas vary widely, but all of the text fragments resonate with the various voices that also make themselves heard in the present article.

In his text fragment Hertzberger operates as a neutral observer. The author describes a situation and consciously ascribes a role to each of its different aspects: the street as the space of adventure, the house as the place of the mother and the child mediating between the two. The structure – the in-between or threshold space – which the architect deduces from this forms one of the premises of his design work.

---

4
Zie hiervoor: Serres, op. cit. (noot 1), p.86-87.

5
Hertzberger op. cit. (noot 2), p.32-37.

6
Zie ook: Wim Cuyvers, Marc De Blieck [zonder titel] (Brussel, 2004); Wim Cuyvers (red.), *Brakin. Brazzaville – Kinshasa. Visualizing the Visible*, (Baden/Maastricht, 2006).

4
See Serres, *Le Tiers-Instruit*, op. cit. (note 1), 86-87.

5
Hertzberger, *Lessons*, op. cit. (note 2), 32-37.

6
See also Wim Cuyvers, Marc De Blieck, (book without title) (Brussels, 2004); Wim Cuyvers (ed.), *Brakin: Brazzaville – Kinshasa: Visualizing the Visible* (Baden/Maastricht, 2006).

7
In this regard see his discussion with Zeynep Celik on the notion of the destitute, subject and object and universal spatial language, in Lagae et al., 'Reading Public Space', op. cit. (note 3), 41.

werk. De auteur beschrijft een situatie en kent zelfbewust de verschillende aspecten hun rol toe: de straat als de ruimte van het avontuur, het huis als de plek van de moeder en het kind dat tussen beide bemiddelt. De structuur (het *in-between* of de drempelruimte) die de architect zo deduceert, vormt vervolgens een uitgangspunt van zijn ontwerppraktijk.

Cuyvers herkent in het menselijke gedrag eveneens vaste patronen,[7] maar anders dan Hertzberger stelt Cuyvers zich uitdrukkelijk op als auteur en gebruikt hij deze gebruikspatronen in eerste instantie om de ruimte te lezen. In de tekst is het kind is niet enkel 'het geobserveerde' waarover de architect als een neutrale observator spreekt, maar een personage dat gedeeltelijk een creatie van Cuyvers zelf is ('me') en gedeeltelijk appelleert aan het collectieve geheugen ('je'). De lezer wordt via de tekst geconfronteerd met Cuyvers' gedachten, die al dan niet ook de gedachten van de lezer zijn.

Michel Serres ten slotte hanteert een rijke, haast metaforische taal. In het fragment worden allerhande verwante begrippen (zoals cultuur, de taal en gewoonte), gebeurtenissen (zoals de geboorte, de reis of het wonen), maar ook ruimtelijke termen (het landschap, het huis en het buiten) bij elkaar gebracht en op elkaar betrokken. In één tekstfragment condenseren verschillende aspecten van wat pedagogiek zou kunnen zijn. Net als Hertzberger bekijkt de auteur het fenomeen van de opvoeding ietwat op een afstand, maar omwille van de metaforische taal krijgt de lezer de mogelijkheid om de tekst met eigen ervaringen en verwachtingen op te vullen.

Het mag duidelijk zijn dat de drie tekstfragmenten in essentie over eenzelfde ervaring handelen: namelijk het moment dat een kind het huis verlaat – breekt met de moeder – om zijn eerste stappen in de wereld te zetten. Ik wil argumenteren dat de betekenis van deze breuk samenvalt met datgene wat een

 

Cuyvers also recognises set patterns in human behaviour,[7] but unlike Hertzberger he explicitly operates as an author, using these usage patterns, initially, to read the space. In his text the child is not merely 'the observed' about whom the architect speaks as a neutral observer, but a character who is partly a creation of Cuyvers himself – 'I', 'me' – and partly calls upon collective memory – 'you'. Through the text, the reader is confronted by Cuyvers's ideas, which may or may not be those of the reader.

Michel Serres, finally, uses a rich, almost metaphorical vocabulary. In the passage all manner of related concepts (such as culture, language and habits), events (such as birth, travel, inhabitation), as well as spatial terms (the landscape, the house and the outside) are brought together and interrelated. In one fragment, various aspects of what pedagogy might be are condensed. Like Hertzberger, the author observes the phenomenon of child-rearing from a certain distance, but the metaphorical language gives the reader the opportunity to fill in the text with his own experiences and expectations.

It should be obvious that the three text fragments are, in essence, about the same experience: namely the moment a child leaves home – *breaks* with the mother – in order to take his first steps into the world. I want to argue that the meaning of this break coincides with what a school essentially is: an in-between – not yet the world, but not home either. While neither Hertzberger's statement nor Wim Cuyvers's had anything to do with a school project, the themes broached in each quotation can also be related to their design work.

This article presents a close reading of two school projects: a 2003 competition design, which was not built, by Belgian architect Wim Cuyvers (b. 1958) for a primary school for the municipal school district of Ypres, and the Montessori School in Delft, built in phases, by Dutch architect Herman Hertzberger (b. 1932), a classic of post-war architecture history.

7
Zie hieromtrent zijn discussie met Zeynep Çelik omtrent de notie van de behoeftige, subject en object en de universele ruimtelijke taal. Lagae/Çelik/Cuyvers, op. cit., (noot 3), p.41.

school in wezen is: een tussen – nog niet de wereld, maar evenmin thuis. Hoewel noch Herman Hertzberger, noch Wim Cuyvers bovenstaande uitspraken deden met betrekking tot een schoolproject, kunnen de thema's die in het citaat worden aangeraakt, ook op hun ontwerppraktijk betrokken worden.

Dit artikel presenteert een close reading van twee schoolprojecten: een niet-gerealiseerd wedstrijdontwerp (2003) van de Belgische architect Wim Cuyvers (1958) voor een basisschool voor het gemeenschapsonderwijs te Ieper en de in verschillende fasen gerealiseerde Montessorischool te Delft van de Nederlandse architect Herman Hertzberger (1932), een klassieker uit de naoorlogse architectuurgeschiedenis.

De school als tussenwereld
Is de school als een privaat huis met een tuin, of is het veeleer als een plein dat voor iedereen toegankelijk is? Is het schoolgebouw effectief publiek domein of behoort de school tot de sfeer van het huis?

*Transgression de la limite, désobéissance à la loi du lieu, il figure le départ, la lésion d'un état, l'ambition d'un pouvoir conquérant ou la fugue d'un exil, de toute façon la 'trahison' d'un ordre.*[8] (Michel de Certeau)

Om de werking van de school mogelijk te maken, brengt de architectuur grenzen aan. Hier begint de school (aan de poort, op het voorplein, bij het hek waar de ouders 's morgens hun kinderen afzetten) en daar stopt ze (in het portiek of onder de luifel waar dezelfde ouders wachten). Hier is de speelplaats van de kleine kinderen, daar is de tuin. Daar is een strook waar niemand zonder duidelijk aanwijsbare redenen hoort te zijn. De ruimte begrenzen en verdelen is een van de eerste en oudste opgaven van de architect

 

The School as an Intermediate World
Is the school like a private house with a garden, or is it more like a town square, open to all? Is the school building effectively part of the public domain or does the school belong to the sphere of the private home?

*Transgression of limitations, disobeying the law of the place signifies a departure, a break with a state, the ambition of a conquering power or the flight of exile, in any event the 'betrayal' of an order.*[8] (Michel de Certeau)

In order to make the operation of the school possible, architecture sets up boundaries. The school starts here (at the gate, on the forecourt, by the fence where parents drop off their children in the morning) and it ends there (in the portico or under the awning where the same parents wait). Here is the playground for the toddlers, there is the garden. There is an area where no one is supposed to be without clearly demonstrable reasons. Delimiting and dividing space is one of the first and oldest tasks of the architect and of architecture. Boundaries make differences clear and ascribe a place for each function: 'here' versus 'there', 'outside' versus 'inside', the 'visible' versus the 'hidden'. Every building makes statements about the private and the public, about what is kept within the building and what is kept out.
Herman Hertzberger defines the notions of private and public as follows: 'Public: an area is accessible to everyone at all times; responsibility for upkeep is held collectively. Private: an area whose accessibility is determined by a small group or a person, with responsibility for upkeep.'[9] The private space is private because it is controlled by a private person. But Hertzberger's quotation shows that the mechanisms that are applicable to the private domain can also be generalised. They can also apply to the public space. The more users

8
Michel de Certeau, *L'invention du quotidien. Vol. I. Arts de Faire*, Folio Essais (Parijs, 1990), p.187.

8
Michel De Certeau, *L'invention du quotidien*, Vol. I, *Arts de Faire* (Paris, 1980), 187.
9
Hertzberger, *Lessons*, op. cit. (note 2), 12.

en de architectuur. Begrenzingen maken verschillen duidelijk, en kennen elke functie een plaats toe: 'hier' vs. 'daar', 'buiten' vs. 'binnen', het 'zichtbare' vs. het 'verborgene'. Elk gebouw doet uitspraken over privaat en publiek, over datgene wat binnen het gebouw wordt gehouden en datgene wat wordt uitgesloten.

Herman Hertzberger definieert de noties privaat/publiek als volgt: 'privé: een gebied waarvan de mate van toegankelijkheid wordt bepaald door een beperkte groep of één persoon, bij wie de verantwoordelijkheid en verzorging berusten.'[9] De private ruimte is privaat omdat deze door een private persoon wordt beheerd. Maar uit Hertzbergers citaat blijkt dat de mechanismen die op het private domein van toepassing zijn evengoed veralgemeenbaar zijn. Ze kunnen ook betrekking hebben op de publieke ruimte. Hoe meer de gebruikers zich voor een gebied verantwoordelijk voelen, hoe meer ze bereid zullen zijn om persoonlijk in het gebied te investeren. Ze zullen het gebied met grotere zorg en veel toewijding behandelen, de beschikbare ruimte in bezit nemen. Gebruikers worden bewoners en het openbare domein een leefomgeving.[10] Hertzberger gebruikt met andere woorden huishoudelijke principes – de heerschappij (toegankelijkheid) en de zorg (verzorging)[11] – om de publieke ruimte te lezen en vorm te geven. De toe-eigening van de drempel voor het huis en de intiemere verblijfplekken (pleinen, woonerven, binnenstraten) in het weefsel van de stad, zijn belangrijke referenties voor Hertzbergers architectuur.

Door de inplanting, het statuut van de school en de planfiguur doet de Delftse Montessorischool zich voor als een commune: als een beschermde en afgezonderde wereld. Zoals in bijna alle scholen van Hertzberger worden ook in de Montessorischool de klassen als in een kring rond een centrale binnenruimte gezet. Zo ontstaat in de kern van de school een lege ruimte





feel responsible for an area, the more they will be prepared to invest personally in the area. They will treat the area with greater care and with great dedication, appropriate the available space. Users become residents and the public domain a living environment.[10] Hertzberger, in other words, uses *domestic principles* – control (accessibility) and care (upkeep)[11] – in order to read and shape the public space. The appropriation of the threshold in front of the house and the more intimate abodes (squares, residential streets) in the fabric of the city are crucial references for Hertzberger's architecture.

Its implantation, its status and its plan configuration give the Delft Montessori School the aspect of a *commune*: a sheltered and isolated world. As in almost all of Hertzberger's schools, the classrooms in the Montessori School are arranged in a circle around a central inner space. This creates an empty space in the core of the school, where the school community gathers and takes on the form of a collective body. The assembly hall is a 'public space' turned inward: it is designed as a staggered street onto which the classroom-houses are attached.[12] In later projects these central spaces of the school would be given increasingly clearer forms – covered market,[13] residential street,[14] covered theatre[15] or even, in reality, a spectacular metropolitan space[16] – and acquire greater significance.[17] In spatial fragments like the assembly hall in the heart of the school, the architect, in a localised and controlled way, attempts to provide an extra space that shapes collective life.

What Hertzberger does in terms of the interior of the school had a counterpart in its exterior. For Hertzberger uses all the means at his disposal to give the school a broader threshold and thereby eliminate the strict separation between the street and the school grounds. The approach to the Delft Montessori School is cunning. The grounds lie in the crook of two busy ring roads, but the school is oriented towards the neighbourhood situated in the area

9
Hertzberger, op. cit. (noot 2), p.12.
10
Herman Hertzberger, 'The Public Realm', *A&U*, april 1991, p.12-14.
11
Volgens Hannah Arendt wordt het huishoudelijke regiem gekenmerkt door de economie (de noodzaak om het gezin te voeden), de zorg voor het huis en het gezin (de instandhouding van de soort) en een vorm van geweld t.o.v. vreemden (ter bescherming van de eigendommen die de politieke status vrijwaren). Zie: Hannah Arendt, *De mens: bestaan en bestemming*, (Amsterdam, 1994 (1958), p.33-84.
12
Hertzberger, op. cit. (noot 2), p.62.

10
Herman Hertzberger, 'The Public Realm', *A&U*, April 1991, 12-14.
11
According to Hannah Arendt, the domestic regime is characterised by economics (the necessity to feed the family), the care of the house and the family (the preservation of the species) and a form of violence toward outsiders (to protect the possessions that guarantee political status). See Hannah Arendt, *Vita Activa* (1958), chapter 2, 33-84.
12
Hertzberger, *Lessons*, op. cit. (note 2), 62.
13
For example the Primary School 'Polygon' in Almere.
14
Remedial Primary School 'De bombardon' in Almere.
15
The 'Montessori Apollo School' or the 'Evenaar Primary School', both in Amsterdam.
16
'Montessori College Oost' in Amsterdam.
17
Kenneth Frampton, for instance, in a text about Hertzberger, praises the central atrium in one of the two Apollo schools as follows: 'The diagonal spatial interpenetration is in no way formalistic, however, since it serves to estab-

waar de schoolgemeenschap verzamelt en als collectief lichaam verschijnt. De hal is een naar binnen gekeerde 'publieke ruimte': de hal is vormgegeven als een verspringende straat waarop de klaswoningen aantakken.[12] In latere projecten zullen deze centrale ruimtes van de school een steeds duidelijkere vorm (markthal,[13] binnenstraat,[14] overdekt theater[15] of zelfs werkelijk als een spectaculaire grootstedelijke ruimte[16]) en betekenis krijgen.[17] In ruimtelijke fragmenten zoals de hal in het hart van de school tracht de architect (gelokaliseerd en gecontroleerd) een extra ruimte te voorzien die vormgeeft aan het collectieve leven.

Wat Hertzberger doet met betrekking tot het interieur van de school, kreeg een inhoudelijk pendant in het exterieur. Hertzberger zet namelijk alles in het werk om voor de school een verbrede drempel te maken en zo de strakke scheiding tussen de straat en de schoolterreinen weg te werken. De benadering van de Delftse Montessorischool is slim. De kavel ligt in de oksel van twee drukke ringwegen, maar de school richt zich op de wijk die in het binnengebied is gelegen. (Vanwege het methodeonderwijs is de school allesbehalve een buurtschool. De kinderen komen veelal per wagen of met de bus. Ze zijn afkomstig uit Delft en omstreken.) Van op de invalswegen ligt de school verborgen achter een indrukwekkend haagmassief en een brede sloot. Van buiten uit is het gebouw nauwelijks zichtbaar en een zwaar hek tussen de brede gracht en de school verhindert zelfs de toegang tot de tuin. De ingang van de school ligt immers aan de andere kant. Indien ouders hun kinderen aan de school willen afzetten, moeten ze naar de voorkant: eerst een woonwijk inrijden om de kinderen na twee aftakkingen, op het eind van een doodlopende straat, aan het schoolplein af te zetten. Precies op deze plaats bestaat de grens tussen de terreinen van de school en de zogenaamde openbare ruimte uit een 50 cm hoog muurtje. Hertzberger zet dus alles in

                                                      

bounded by the roadways. (Because of its education system, the school is in no way a neighbourhood school. Pupils normally get to school by car or by bus and come from other parts of Delft and the surrounding area.) From the approach roads, the school is concealed behind an impressive hedge and a wide moat. The building is barely visible from the outside and a heavy fence between the broad moat and the school even prevents access to the garden. The entrance to the school, after all, is on the other side. If parents want to drop off their children at school, they have to go to the front side: first drive into a residential neighbourhood and, after two turns, drop off the children on the schoolyard at the end of a dead-end street. At this precise spot, the boundary between the school grounds and the so-called public space consists of a little wall 50 cm high. Hertzberger thus goes out of his way to incorporate the child's adventure – the metaphor of the child on the step – in his architecture. The schoolyard is located at the end of a dead-end street. It is a sheltered place with an open side, allowing the child to make contact with the outside world under secure conditions.[18] But this free contact with the outside proves possible only through a cunning bit of staging: by turning the building away from the hustle and bustle of life and the fast-moving traffic.

Whereas Hertzberger reads the public space from the interior and the household, Wim Cuyvers clearly proposes a different definition of the public space. Like Hertzberger, Cuyvers uses accessibility and appropriation to make a statement about the status of the space, but in contrast with Hertzberger, he looks at the space from the point of view of the *homeless* – those who cannot appropriate a space: 'Public Space is a platonic concept,' he argues, 'that is to say, there is no space which is completely, 100 per cent, public. So, a definition seems only possible by stating the opposite: public space is the opposite of private space. The definitive public space is a space where everyone

13
Bijvoorbeeld basisschool De Polygoon in Almere. Sepciaal basisonderwijs De Bombardon in Almere.
15
Apolloschool (montessorischool) of bassisschool De Evenaar, beide in Amsterdam
16
Montessori College Oost in Amsterdam.
17
Zo prijst Kenneth Frampton in een tekst over Hertzberger het centrale atrium in een van de twee Apolloscholen, als volgt: 'The diagonal spatial interpenetration is in no way formalistic, however, since it serves to establish the school as a community, as though it were an encapsulated introversion of a Cycladic village, wherein each house and patio is visible from the next, as the community piles up about a harbour inlet or a steep mountain slope. The internal artificial site in this instance is a steeply raked wooden amphitheatre which is the ultimate spatial focus and symbolic place-form for the entire school; a stepped "space of public appearance" which is consummated by casual encounters, school assemblies and theatrical performances.' In: K. Frampton, 'The Structural Regionalism of Herman Hertzberger', in: idem, *Labour,*

lish the school as a community, as though it were an encapsulated introversion of a Cycladic village, wherein each house and patio is visible from the next, as the community piles up about a harbour inlet or a steep mountain slope. The internal artificial site in this instance is a steeply raked wooden amphitheatre which is the ultimate spatial focus and symbolic place-form for the entire school; a stepped "space of public appearance" which is consummated by casual encounters, school assemblies and theatrical performances.' Kenneth Frampton, 'The Structural Regionalism of Herman Hertzberger', in: *Work, Labour and Architecture* (London, 2002), 292.
18
Adrian Wessel Reinink, in a text about Hertzberger's work, would point out Hertzberger's preoccupations with two concepts of child psychology: 'The "intermediate area" is the psychological area in which, from the earliest stages of a child's development process, an interaction takes place between a creative fantasy of the (as yet unknown) outside world and the test of the real world. In the relationship with the mother, who in the best-case scenario anticipates the child's wishes, this "intermediate area" is the area in which desires and aspirations overlap.'

het werk om het kinderlijke avontuur – de metafoor van het kind op de stoep
– in zijn architectuur plaats te laten vinden. Het plein ligt op het einde van
een doodlopende straat. Het is een beschermde plek met een open zijde,
waardoor het kind onder beveiligde omstandigheden contact maakt met de
buitenwereld.[18] Maar dit vrije contact met het buiten blijkt enkel door een
uitgekiende enscenering mogelijk te zijn: door zich met het gebouw van het
jachtige leven en het drukke verkeer af te keren.

Waar Hertzberger de publieke ruimte leest vanuit het interieur en de huis-
houding, schuift Wim Cuyvers duidelijk een andere bepaling van de publieke
ruimte naar voren. Net als Hertzberger gebruikt Cuyvers de toegankelijkheid
en de inbezitname om een uitspraak te doen over het statuut van de ruimte,
maar in tegenstelling tot Hertzberger kijkt Wim Cuyvers eerder naar de ruimte
vanuit het standpunt van de ontheemde – diegene die niet in staat is zich een
ruimte toe te eigenen: 'Public Space is a platonic concept' – zo stelt hij – 'that
is to say, there is no space which is completely, 100 per cent, public. So,
a definition seems only possible by stating the opposite: public space is the
opposite of private space. The definitive public space is a space where everyone can come at any time, to do whatever they would like to do. Public space
is the space of the have-nots: the powerless.'[19] Voor de architect is de ruimte
van de school geen eigendom van de kinderen. Het beheer van de school-
ruimte gebeurt door volwassenen: door directie, leerkrachten en ouders. De
schoolse situatie bestaat uit volwassenen die als autoriteit bepaalde verwachtingen hebben omtrent datgene wat het kind op school hoort en niet hoort
te doen. Deze verwachtingen zijn altijd genormeerd, door het schoolbedrijf
opgelegd. De school wordt volgens Cuyvers in de ware zin publiek, wanneer het schoolse regime buiten werking is. 'En hij (Wim Cuyvers) hoeft geen
moeite te doen om te weten dat een school na sluitingstijd, 's avonds, tijdens

Work and Architecture. Critical
Essays, 1968–1988 (Londen,
2002), p.288-297 (p.292).
18
In een tekst over Hertzbergers
werk zal Adrian Wessel Reinink,
Hertzbergers preoccupaties
met twee concepten uit de
kinderpsychologie duiden: 'De
"intermediate area" is het psychi-
sche terrein waarbinnen bij het
prille ontwikkelingsproces van het
kind een uitwisseling tussen een
creatieve fantasie over de (nog
niet gekende) buitenwereld en de
toetsing aan de echte buitenwereld. In de relatie met de moeder,
die in het goede geval anticipeert
op de wensen van het kind, is
deze "intermediate area" het gebieden waarin de verlangens en
strevingen elkaar overlappen.' In:
Adrian Wessel Reinink, Herman
Hertzberger Architect (Rotterdam,
1990), p.11-12.
19
Wim Cuyvers, 'Public Space', in:
Cuyvers (red.), op. cit. (noot 6),
p.290.





can come at any time, to do whatever they would like to do. Public space is
the space of the have-nots: the powerless.'[19] To the architect, the space of the
school is not the property of the children. The school is controlled by adults:
by the school administration, by teachers and parents. The school situation
consists of adults who, as authority figures, have expectations of what the
child should and should not do at school. These expectations are always
normalized, imposed by the school regime. The school, according to Cuyvers,
becomes *public* in the true sense of the word when the school regime ceases
to operate. 'And he (Wim Cuyvers) has no difficulty in knowing that a school,
after school hours, at night, during the weekend or during holidays, can be a
petrified mass that no longer works as a control machine but on the contrary
as a dumb, blind, deaf mass against, under or within which you can seek
shelter, for a moment.'[20] The public element, according to Cuyvers, is not in
the heart of the school, but at its fringes. In the areas outside the control of the
school.

Cuyvers' school building was in fact given a specific organisation that
fits in quite precisely in the existing school campus. The building consists of
a U-shaped structure enclosing a rectilinear playground. Cuyvers situated
the common areas (toilets, a multiuse room and the teachers' lounge) at the
head of the building, while the two long classroom wings are constructed in
a strict rhythm of enclosed inner classrooms and covered alcove-shaped outer
classrooms. In the heart of the site, on the axis of symmetry of the monumental
athenaeum building, stands a fully glassed-in teachers' lounge, looking out
onto the various playgrounds. The enclosed panopticon design – with its central assembly hall and classroom cells arranged around the empty centre – to
which the plan configuration clearly refers, has been inverted and opened
out. The wings of the building have been positioned across the direction of

Adrian Wessel Reinink, Herman
Hertzberger Architect (Rotterdam,
1990), 11-12.
19
Wim Cuyvers, 'Public Space', in
Brakin, op. cit. (note 6), 290.
20
Wim Cuyvers, 'Architect + Peda-
goog/Architectuur + Pedagogie',
in: Idem, Tekst over Tekst (The
Hague, 2005), 168.

SCHOOLGEBOUW
1 klaslokaal
2 schoolhal
3 podium
4 zitkuil
5 schooltuin
6 voorplein
7 speelplaats
8 directie

OMGEVING
9 sloot
10 appartementsblok
11 studentenhuisvesting
12 woningen
13 provinciale weg

SCHOOL BUILDING
1 classroom
2 hallway
3 stage
4 sunken sitting area
5 school garden
6 front square
7 playground
8 management

SURROUNDINGS
9 ditch
10 apartment building
11 student housing
12 housing,
13 provincial motorway

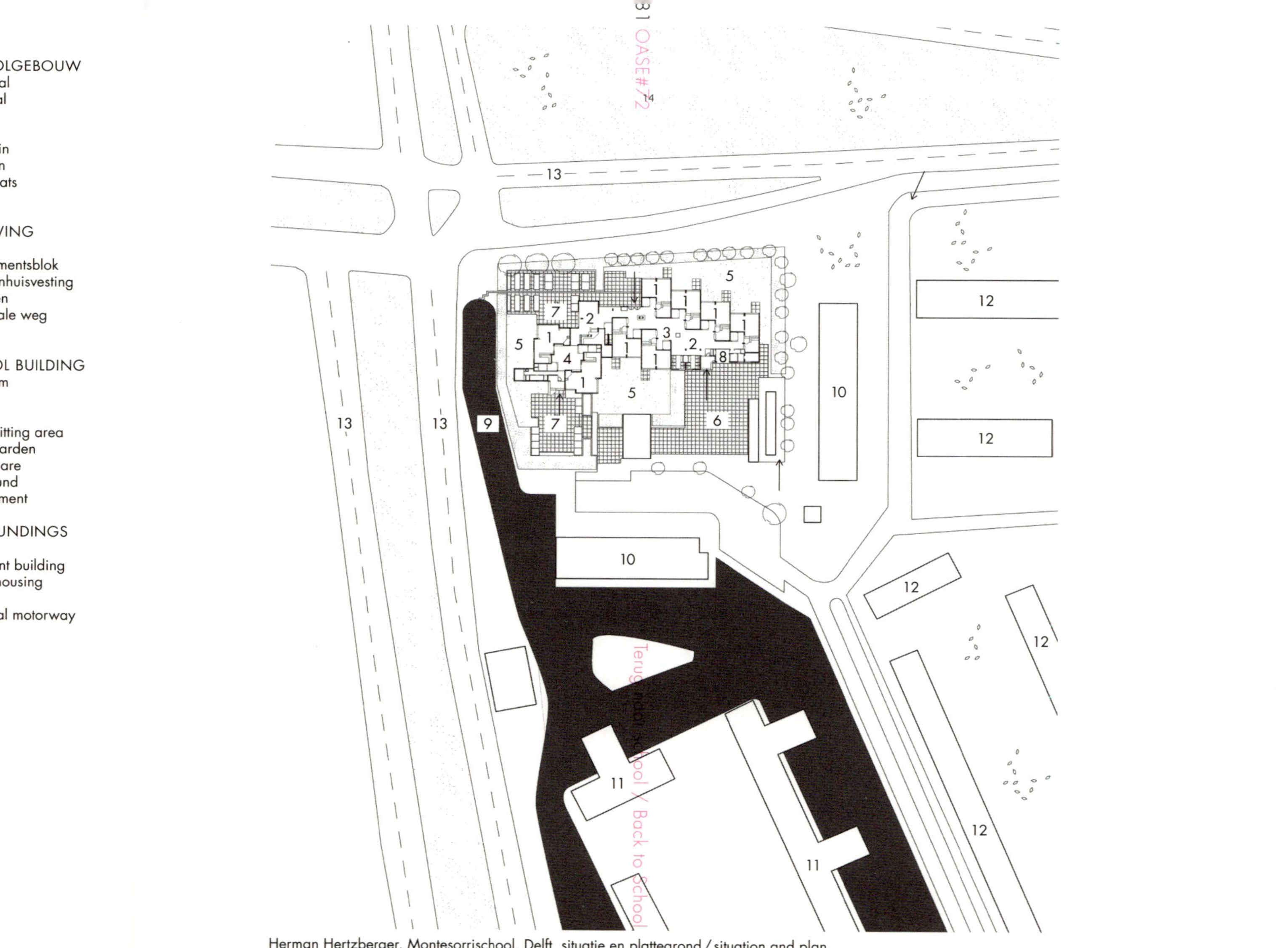

Herman Hertzberger, Montesorrischool, Delft, situatie en plattegrond / situation and plan

het weekeinde of tijdens de vakanties een versteende massa kan zijn, die niet langer als controlemachine werkt, maar integendeel als stomme, blinde, dove massa waartegen, waaronder of waarin je beschutting kan zoeken, voor een ogenblik.[20] De openbaarheid zit volgens Cuyvers niet in het hart van de school, maar op de rand. In de gebieden die buiten de controle van de school vallen.

Het schoolgebouw van Cuyvers kreeg dan ook een specifieke organisatie, die zich zeer precies in de bestaande scholencampus voegt. Het is een U-vormig gebouw dat een langgerekte speelplaats insluit. Op de kop van het gebouw situeert Cuyvers de gemeenschappelijke ruimten (het sanitair, een polyvalente zaal en de leraarskamer), terwijl de twee langgerekte klasvleugels uit een streng ritme van gesloten binnenklassen en overdekte nisvormige buitenklassen zijn opgebouwd. In het hart van de site, op de symmetrieas van het monumentale atheneumgebouw, ligt een volledig beglaasde leraarskamer, die uitziet over de verschillende speelplaatsen. De gebouwvleugels zijn dwars op de kijkrichting gezet, zodat ze werken als een scherm tegen de controlerende blik vanuit de leraarskamer. Het gebouw opent zich naar zijn omgeving en gaat er in op. De gesloten panoptische figuur – met haar centrale hal en de klascellen die rond het lege centrum zijn gezet – waaraan de planfiguur duidelijk refereert, wordt geïnverteerd en opengeplooid.

In het ontwerp legt Wim Cuyvers de omvangrijke site een duidelijke ruimtelijke structuur op. Het nieuwe gebouw bakent verschillende gebieden af. Er ontstaat een onderscheid tussen het territorium van de kleine kinderen en de ruimte van de adolescenten van het middelbaar onderwijs, dat rond de basisschool komt te liggen. Het ontwerp stelt grenzen in. Er ontstaan drempels en overgangen. Door de kleine speelplaats van de grote te scheiden, door een luifel voor wachtende ouders te maken of door een personeelsingang en een





view, so that they serve as a screen against the monitoring gaze from the teachers' lounge. The building opens up to its setting and engages with it. In his design Cuyvers imposes a clear spatial structure on the sizable site. The new building demarcates different areas. A separation is created between the territory of the younger children and the space of the adolescents of the secondary school, which now surrounds the primary school. The design sets boundaries. It creates thresholds and transitions. Separating the small playground from the larger one, installing an awning for waiting parents or providing a staff entrance and a separate student entrance make it possible to very clearly determine who is allowed where at what time and who should or should not be doing something there. The school architecture makes a school regime possible.

At the same time, the school can never be fully monitored. The outer classes serve as backstage areas in relation to the view from the teachers' lounge. There are various passages in the corners that lead to other parts of the site and where one can escape the school for a moment. The school is not enclosed, but open to places and events that, strictly speaking, fall outside its material or institutional context.

Both Cuyvers' project and Hertzberger's project incorporate the realisation that the school is neither a home nor a street but an 'intermediate space'. The status of the school space is extremely important, precisely because it is an in-between space. The school building, after all, defines the circumstances in which children enter the public arena. It is through the school architecture that ideas about collective life are communicated to children. Therefore the way in which architects make a distinction between outside and inside, the way in which they define the home, the school and the world, are of fundamental importance in understanding the intent of their school architecture.

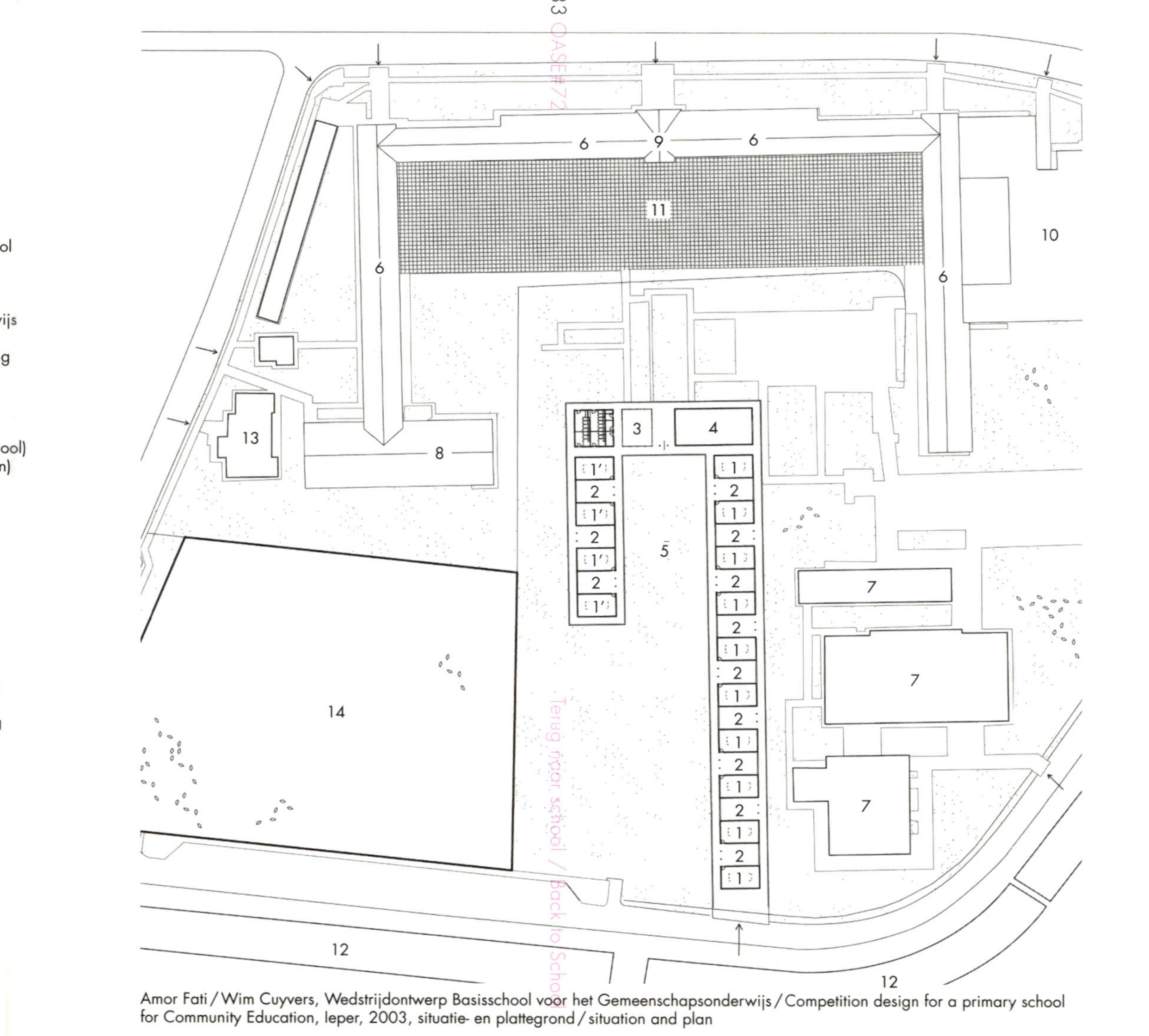



Amor Fati / Wim Cuyvers, Wedstrijdontwerp Basisschool voor het Gemeenschapsonderwijs / Competition design for a primary school for Community Education, Ieper, 2003, situatie- en plattegrond / situation and plan

aparte leerlingeningang te voorzien, kan zeer duidelijk worden bepaald wie
op welk moment op welke plaats mag zijn en wie daar iets wel of niet hoort
te doen. De schoolarchitectuur maakt een schoolregime mogelijk.

Tegelijkertijd kan de school nooit volledig worden overzien. De buitenklassen werken als coulissen ten opzichte van de blik uit de leraarskamer.
In de hoeken zitten verschillende doorgangen die naar andere delen van de
site leiden en waar men voor een moment aan de school kan ontsnappen.
De school is niet gesloten, maar opent zich naar plekken en gebeurtenissen,
die strikt genomen buiten het materiële of institutionele kader van de school
vallen.

Zowel in het project van Cuyvers als in het project van Hertzberger is
er het besef dat de school noch een huis noch de straat is, maar een 'tussenruimte'. Juist omdat het een tussen is, is het statuut van de ruimte in de school
extreem belangrijk. Het schoolgebouw bepaalt immers mee de omstandigheden waarop kinderen in de openbaarheid komen. Het is via de schoolarchitectuur dat denkbeelden betreffende het collectieve leven aan de kinderen
worden gecommuniceerd en daarom is de manier waarop de architecten
een onderscheid maken tussen buiten en binnen; de manier waarop ze huis,
school en wereld definiëren, van fundamenteel belang om de inzet van hun
schoolarchitectuur te verstaan.

De school en de gewoonte
Wat met de schoolse handelingen en belevenissen? Is kennis een zaak van
ondervinding of van perceptie? Zet de geest het lichaam in beweging, of het
lichaam de geest? En hoe ontstaat er speelruimte?

*Niet 'een doen alsof', maar 'een steeds opnieuw' doen, het proces waarin*





The School and Habit
What about school activities and experiences? Is knowledge a matter of
discovery or of perception? Does the mind move the body, or does the body
move the mind? And how is playing room created?

21
Walter Benjamin, 'Speelgoed en
Spelen', in: *Over kinderen, jeugd
en opvoeding*, translated from
German into Dutch by Hans Hom
(Amsterdam, 1969/1977), 80.

*Not 'pretending', but 'doing all over again', the process in which a shocking
experience is turned into a habit, that is the essence of play. For play, and
nothing else, is the midwife of all habit. Eating, sleeping, dressing or washing
must be taught to the active toddler to the rhythm of the accompanying verses.
The habit begins its existence as play, and the most deeply ingrained of these
habits retain an element of play to the last.*[21] (Walter Benjamin)

Child's play has the same status as the journey. The child starts to play the moment it discovers its own will and its own body and thus gradually becomes
independent. We could describe the school situation as a play situation. It is
through daily repetition and practice that we appropriate certain habits. Does
this mean that the school building is a plaything? Or is it a playing field? In
what way does the building relate to the uses that take place inside it?

Many pedagogues have thought about school activities. Maria Montessori's method is a specific application of this reflection about human actions.
And given that Hertzberger was strongly influenced by the Italian education
reformer, we will take a moment to consider her vision. Whereas traditional
pedagogy was based on the idea that schoolchildren should passively absorb
learning material, Montessori focused attention on children's play. According
to Montessori, children are perfectly capable of educating themselves. When
a child stacks wooden blocks, he may initially go about it the wrong way.
At first there is chaos. The blocks are scattered haphazardly across the floor,

*een schokkende ervaring tot een gewoonte wordt gemaakt, dat is het wezen van het spelen. Want spel, en niets anders, is de vroedvrouw van alle gewoonte. Eten, slapen, aankleden of wassen moeten de beweeglijke dreumes op het ritme van de begeleidende versjes worden aangeleerd. De gewoonte begint haar bestaan als spel, en nog de allerstarste vormen van die gewoonten bevatten tot het laatst toe een restje spel.*[21] (Walter Benjamin)

Het kinderspel heeft hetzelfde statuut als de reis. Het kind begint te spelen op het ogenblik dat het de eigen wil en het eigen lichaam ontdekt en zo langzamerhand onafhankelijk wordt. We zouden de schoolsituatie met een spelsituatie kunnen vergelijken. Het is door dagelijkse herhaling en oefening dat we ons bepaalde gewoontes eigen maken. Betekent dit dat het schoolgebouw een speeltuig is? Of is het een speelveld? Op welke manier verhoudt het gebouw zich tot de gebruiken die in het gebouw plaatsvinden?

Vele pedagogen hebben over schoolse handelingen nagedacht. De methode van Maria Montessori is een specifieke uitwerking van deze reflectie over menselijke handelingen. En aangezien Hertzberger sterk door de Italiaanse reformpedagoge werd beïnvloed, staan we eerst even stil bij haar visie. Waar de traditionele pedagogiek uitging van het idee dat kinderen op school op een passieve manier leerstof dienen te verwerken, heeft Montessori de aandacht gevestigd op het kinderspel. Volgens de Italiaanse pedagoge zou kinderen perfect in staat zijn zichzelf op te voeden. Wanneer een kind blokken stapelt, zullen deze wellicht eerst verkeerd worden aangewend. Eerst is er chaos. De blokken liggen zonder samenhang, willekeurig over de vloer verspreid, en langzaam ontdekt het kind de orde (een toren), die het spelmateriaal voorschrijft.[22] Het kind concentreert lichaam (coördinatie) en geest (aandacht), en na een aantal keer te oefenen wordt het kind zeer bedreven in





and slowly the child discovers the order (a tower) that the playing material prescribes.[22] The child concentrates body (coordination) and mind (attention), and after practicing several times the child becomes quite adept at stacking. The tower becomes more and more orderly and the movements of the child more and more precise. A sort of bliss, peace and discipline comes over the child, as a result of the physical and mental victory over the material. The adult actually needs to do very little in this process. The teacher need only keep an eye on the child, present him with the right teaching material and create the conditions within which the child can act freely and concentrate on his play – the adapted learning environment.[23]

The human being at play is equally crucial to Hertzberger's work. The architect understood that the building itself is not the action; it stimulates actions and relates to the body. Child-like colours and a playful formal idiom are no guarantee that children will play. The building is not the game, but rather a means to make the game possible. A football game, for instance, takes place thanks to a *plaything* – the ball – and a *playing field* – the lines and goalposts – but it is the actions – interpersonal relations, body techniques and clever strategies – that make it a game.

In the architecture of the Montessori School, Hertzberger includes several items of furniture that serve as just such an intermediary: sandboxes, the podium and the sunken sitting area. On the latter, Hertzberger says the following: 'The floor in the hall of the kindergarten section has a square which is filled with loose wood blocks. They can be taken out and placed around the square to form a self-contained seating arrangement. The blocks are constructed as low stools, which can easily be moved by the children all around the hall, or they can be piled up like a tower.'[24] The quotation makes clear that Hertzberger is strongly influenced by Montessori's pedagogy and simultane-

21
Walter Benjamin, 'Speelgoed en Spelen', in: idem, *Over kinderen, jeugd en opvoeding* (1969) (Amsterdam, 1977), p.80.

22
Montessori vestigde aandacht op de zelfwerkzaamheid van het kind. Ze gaat er dus van uit dat er geen instructie van de leraar nodig is. De instructie wordt echter in het didactische materiaal gevat. Bij het materiaal hoort een gebruiksaanwijzing. De indicatie van de leerkracht wordt als een index bij de didactische apparatuur gevoegd.

22
Montessori focused attention on the self-motivation of the child. She therefore concluded that no instruction from the teacher is needed, but that this instruction should be contained in the didactic material, which should include an instruction manual. The teacher's indications are added as an index to the didactic apparatus.

23
Maria Montessori, *De Methode der Wetenschappelijke Paedagogie* (Amsterdam, 1935), 44-55 and 119-124.

24
Hertzberger, *Lessons*, op. cit. (note 2), 154 – see also 153 and 155: several of the most important elements of the school are discussed on these three pages.

het stapelen. De toren wordt steeds ordelijker en de bewegingen van het kind
steeds preciezer. Over het kind komt een soort van blijdschap, rust en discipline die het gevolg zouden zijn van de lichamelijke en geestelijke overwinning
op het materiaal. In dit proces hoeft de volwassene eigenlijk zelf niet veel te
doen. De leerkracht hoeft enkel het kind in de gaten houden en hem op tijd
het juiste lesmateriaal aanreiken én de voorwaarden scheppen, waardoor het
kind vrij kan handelen en zich op zijn spel kan concentreren – de aangepaste
leeromgeving.[23]

De spelende mens is eveneens cruciaal voor Hertzbergers werk. De
architect heeft begrepen dat het gebouw zelf niet de handeling is, maar tot
handelen aanzet en zich tot het lichaam verhoudt. Kinderlijke kleurtjes en een
speelse vormentaal kunnen niet garanderen dat kinderen zullen spelen. Het
gebouw is niet het spel, maar eerder een middel dat het spel mogelijk maakt.
Zo ontstaat een voetbalspel bij gratie van een speeltuig (de bal) en het speelveld (de grenslijnen en doelpalen), maar het zijn de handelingen (intermenselijke verhoudingen, lichaamstechnieken en de slimme strategieën) die het spel
maken.

In de architectuur van de Montessorischool voorziet Hertzberger
verschillende meubelobjecten die als een dergelijk intermediair optreden:
zandbakken, het podium en de zitkuil in de centrale hal. Over de zitkuil zegt
Hertzberger het volgende: 'In de hal met het kleuterschoolgedeelte bestaat
in het midden een gedeelte van de vloer uit losse houten blokken. Wanneer
ze eruit genomen worden ontstaat een vierkante zitkuil. De houten blokken
zijn gemaakt als lage zitkrukjes, waarmee kan worden gesleept door de
gehele ruimte, en gestapeld tot aan het plafond.'[24] Het citaat maakt duidelijk
dat Hertzberger sterk door Montessori's pedagogiek wordt beïnvloed en
tegelijkertijd wordt duidelijk dat zijn architectuur meer wil bereiken dan dat





ously shows that his architecture aims to achieve more than inducing children
to develop elementary motor skills. When someone stands on the podium, for
instance, he is in a position different from that of the children below, creating a natural play situation. The sunken sitting area creates a circle defining
a spot as a spatial centre. Groups can gather within the circle, and relative
human positions (here, there, inside, outside) are demarcated. In this way,
the architecture initiates meanings related to habitation. 'Carefully calculated
dimensions, a correct articulation and the right proportion of openness and
seclusion are the starting-points for the shift in attention to the "habitable
space between things".'[25] Through his architecture, Hertzberger explores the
meanings that emerge at the cutting edge between the material definition of
the building and the tactile appropriation that gives the building meaning.

Wim Cuyvers is also conscious of the mechanism described by
Walter Benjamin. However, in contrast with Montessori and Hertzberger,
who presume a direct connection between the usage possibilities contained
within things, the manipulation of the object by the child and the mental development that results, Cuyvers seems to focus attention on the first experience:
the moment of wonder and doubt that precedes play, the moment in which the
child has not yet appropriated the world. He opened a programmatic text,
entitled Gewenning (Habituation), on the aims of his work, with the following
quotation from Marcel Proust: 'Habit is a skilful yet slow interior architect who
first lets our mind languish for weeks in a setting that is provisional yet makes
us happy, for without it, simply relying on our own powers, we could not
make a house inhabitable.'[26] Until the architect, after a brief argumentation,
declares that his architecture is precisely about the period in which habituation has not yet manifested itself: 'My architecture aims to drag the hidden,
provisional aspect of life from under the layers of socialisation and show

23
Maria Montessori, De Methode
der Wetenschappelijke paedagogie (Amsterdam, 1935), p.44-55
en p.119-124.
24
Hertzberger, op. cit. (noot 2),
p.154; zie ook p.153, p.155,
waar een aantal van de belangrijkste elementen in de school
worden toegelicht.

25
Hertzberger, Lessons, op. cit.
(note 2), 214.
26
Marcel Proust, Combray, 12, as
quoted in Wim Cuyvers, 'Gewenning' in: Wim Cuyvers (exhibition
catalogue, deSingel, Antwerp,
1995), 141.

kinderen via de architectuur elementaire motorische vaardigheden zouden verwerven. Wanneer bijvoorbeeld iemand op het podium gaat staan, bevindt die zich in een andere positie dan de kinderen die beneden staan. Er ontstaat als vanzelf een spelsituatie. De zitkuil maakt een kring, waardoor er een plek als ruimtelijk centrum wordt gedefinieerd. In de kring kunnen groepen verzamelen. Bij middel van de kring worden menselijke verhoudingen (hier, daar, binnen, buiten) ingesteld. Op deze manier initieert de architectuur betekenissen die betrekking hebben op het wonen. 'Nauwkeurig bepaalde afmetingen, de juiste geleding en zorgvuldige dosering van openheid en afstemming zijn uitgangspunt bij de werkwijze die de aandacht verschuift naar de "bewoonbare ruimte tussen de dingen".'[25] Hertzberger exploreert met zijn architectuur de betekenissen die ontstaan op de snijlijn tussen de materiële bepaaldheid van het gebouw en de tactiele inbezitname die het gebouw betekenis geeft.

Wim Cuyvers is zich eveneens sterk bewust van het mechanisme dat Walter Benjamin heeft beschreven. In tegenstelling tot Montessori en Hertzberger, die een directe band veronderstellen tussen de gebruiksmogelijkheden die in de dingen liggen besloten, de manipulatie van het voorwerp door het kind en de geestelijke ontwikkeling die eruit voortvloeien, lijkt Cuyvers eerder de aandacht te vestigen op de eerste ervaring: het moment van verwondering en twijfel dat aan het spel voorafgaat, het moment waarop het kind zich de wereld nog niet toegeëigend heeft. Zo opende hij de programmatische tekst 'Gewenning', over de inzet van zijn praktijk, met het volgende citaat van Marcel Proust: 'De gewenning is een handige, maar langzame binnenhuisarchitecte die onze geest eerst wekenlang in een provisorische omgeving laat kwijnen, maar waar men toch gelukkig mee is, want zonder haar en alleen uit eigen kracht zou je niet in staat zijn een huis bewoonbaar te maken.'[26] Tot de architect na een korte argumentatie verklaart dat zijn architectuur juist gaat

　　　　　　　　　　　　

this magnificent, brilliantly brief life.'[27]

Many of Cuyvers' texts deal with sight, the building as a viewing screen and the landscape.[28] But looking and being looked at are also a form of play, of course. The gaze, however, has a fundamentally different meaning structure than the tactile sense addressed in Hertzberger's designs. Whereas the touching body makes unmediated contact with the substance and the objects it manipulates, looking implies a separation between the one who is looking and what – the distance – he is looking at.[29] An image acquires meaning only when we fill it in with our own vision, with our interpretation. In the image, the world is placed at a distance, beyond immediate reach. 'I believe that what one thinks is built up via what one observes, via what one sees: views (*uitzichten*) generate insights (*inzichten*).'[30] We might say that Cuyvers sees reality as multiple entities that relate more or less conflictually to one another: the school and the house, the inner self and the world of external things, the rules of society and the desires of the individual.

The school building in Ypres is therefore not exclusively conceived as a plaything or a playing field, but as a perspective framework. The building frames the view of the surrounding landscape and in so doing articulates distinct positions.[31] In almost all his designs, Cuyvers uses visual strategies that refer to the *mise en scène* of Hitchcock's thrillers,[32] and thereby introduce a visual stratification to the world of the school.

For instance, the architect positions only the philosophy classes on the upper floor. The plan of the classroom is a U shape. A panoramic window looks onto a British war cemetery. But the building is also located between the different areas of the school. The building borders a plaza next to the sports hall, the playground assigned to the adolescents of the athenaeum and a broad passage running from the athenaeum building to the workshops. The younger

25
Hertzberger, op. cit. noot 2, p.214.

26
Marcel Proust, *Combray*, p.12, zoals geciteerd in: Wim Cuyvers, 'Gewenning', in: *Wim Cuyvers* (tentoonstellingscatalogus deSingel, Antwerpen, 1995), p.141.

27
Ibid., 141.

28
The relationship between the landscape, the gaze and architecture were very clearly articulated by Deleuze and Guattari: 'Architecture positions its ensembles, houses, villages or cities, monuments or factories, which serve as the face of the landscape it transforms.' Gilles Deleuze and Félix Guattari, *Mille Plateaux* (Paris, 1980), 211-212.

29
Jean-Luc Nancy, 'Het beeld – het onderscheidene' (translated from French into Dutch by Helen Saelman and Frank Vandeveire) in *DWR* no.111, September-October 2004, 1-3.

30
Wim Cuyvers, 'Het einde van het Belgische Huis' in: *Tekst over Tekst*, op. cit. (note 20), 55-56.

31
On the relationship between landscape and room: Wim Cuyvers, 'A room with a view', in: *Tekst over Tekst*, op. cit. (note 20), 67-72.

32
Cuyvers, *Wim Cuyvers*, op. cit. (note 26), 85.

over die periode waarin de gewenning haar intrede nog niet heeft gedaan:
'Mijn architectuur wil het verduisterde, provisoire aspect van het leven van onder de lagen de socialisatie halen en dit magnifieke, schitterende kortstondige
leven tonen.'[27]

Vele teksten van Cuyvers handelen over het zicht, het gebouw als kijkras-
ter en het landschap.[28] Maar kijken en bekeken worden is natuurlijk ook een
vorm van spelen. De blik heeft echter een fundamenteel andere betekenisstruc-
tuur dan de tastzin die in Hertzbergers ontwerpen wordt aangesproken. Waar
het tastende lichaam een onbemiddeld contact maakt met de materie en de
voorwerpen die het manipuleert, veronderstelt het kijken een scheiding tussen
diegene die kijkt en datgene (de verte) waarnaar hij kijkt.[29] Een beeld krijgt
pas betekenis wanneer we het vullen met onze visie, met onze interpretatie. In
het beeld wordt de wereld op een afstand, buiten handbereik, geplaatst. 'Ik
geloof dat de opbouw van wat men denkt, verloopt via wat men waarneemt,
via wat men ziet: uitzichten genereren inzichten.'[30] We zouden kunnen stellen
dat Cuyvers de werkelijkheid denkt als verschillende entiteiten die zich tot
elkaar min of meer conflictueus verhouden: de school en het huis, de innerlijk-
heid van het zelf en de wereld van de uitwendige dingen, maatschappelijke
regels en de verlangens van het individu.

Het schoolgebouw te Ieper is dus niet uitsluitend als een speeltuig of
speelveld gedacht, maar als een perspectiefraster. Het gebouw is een kader
dat zicht geeft op het omringende landschap en zo onderscheiden posities
articuleert.[31] In haast al zijn ontwerpen hanteert Cuyvers beeldstrategieën die
verwijzen naar de mise-en-scène in de thrillers van Hitchcock,[32] en introduceert hij zo een visuele gelaagdheid in de wereld van de school.

Zo positioneert de architect enkel de klassen levensbeschouwing op de
verdieping. Het plan van de klas is een U-vorm. Een panoramisch venster

27
Idem, p.141.
28
De relatie tussen het landschap,
de blik en de architectuur werd
zeer helder gearticuleerd door
Deleuze en Guattari: 'L'architecture place ses ensembles, maisons,
villages ou villes, monuments ou
usines, qui fonctionnent come
visage dans un paysage qu'elle
transforme', in: Gilles Deleuze,
Félix Guattari, *Mille Plateaux*
(Parijs, 1980), p.211-212.
29
Jean-Luc Nancy, 'Het beeld – het
onderscheidene', *DWR*, septem-
ber-oktober 2004, nr.111, p.1-3.
30
Wim Cuyvers, 'Het einde van het
Belgische Huis', in: Cuyvers,
op. cit. (noot 20), p.55-56.
31
Over de relatie tussen landschap
en kamer: Wim Cuyvers, 'A room
with a view' (2000), Cuyvers,
op. cit. (noot 20), p.67-72.
32
Cuyvers, op. cit. (noot 26), p.85.

   

children can catch glimpses of the playground of the older ones through
narrow slits. The younger children are spectators to the activities of the older
ones, and cannot interfere with them. The building separates them from the in-
trigues contained in their field of view. In this way, the younger child perhaps
gets a glimpse of a world that is not yet his, while the adolescents – hearing
the younger children at play – can sense, in an analogous way, that they are
no longer the unfettered children they used to be, but instead nearly adults,
ready to go to work and start a family.

In many projects, Cuyvers separates the distinct elements of the school in
this manner, only to fuse them together again in a very direct way. The outer
and inner classrooms, the street and the playground, the front and the rear: all
of these elements of varying statures are coldly placed alongside one another,
so that the tensions and interpersonal relationships contained in the school
programme come forth in an unprecedented way.

The two examples demonstrate that Serres's exhortation to leave behind
one's place of origin – 'the landscapes of youth' – can be interpreted in two
very different ways. Hertzberger seems to expect that the child separates
from the mother when the child acts independently, when he inhabits a place.
Because architectural objects entail possible uses, children would appropriate,
through play, through the experience of these objects, the skill of habitation.
To Cuyvers the journey only begins the moment one breaks a habit. A person
only acquires a particular insight when routine is interrupted, action ceases
and the person looks onto events in which he is not participating. When he,
as a spectator, looks onto activities that are not yet or no longer his. In the
game of looking and being looked at, relationships are also entered into and
proportions brought into sharper relief.

geeft zicht op een Engelse oorlogsbegraafplaats. Maar het gebouw van Cuyvers staat ook tussen de verschillende gebieden van het bestaande schoolcomplex opgesteld. Het gebouw begrenst een plein bij de sporthal, de speelplaats die de adolescenten van het atheneum toebehoort en een brede passage die van het atheneumgebouw naar de werkplaatsen voert. Via smalle spleten krijgen de kinderen zicht op de speelplaats van de groten. Als toeschouwers kunnen de kleine kinderen niet tussenkomen in de activiteiten van de grote kinderen. Ze worden door het gebouw gescheiden van de intriges die zich binnen het blikveld bevinden. Op deze manier krijgt het kleine kind misschien inzicht in een wereld die de zijne nog niet is, terwijl de jongeren – bij het horen van de spelende kinderen – op een analoge manier kunnen aanvoelen dat ze niet langer het onbevangen kleine kind van vroeger zijn, maar bijna volwassen, klaar om te gaan werken en een gezin te stichten.

In vele projecten haalt Cuyvers op deze manier de onderscheiden elementen van de school uit elkaar, om ze op een heel directe manier terug bij elkaar te voegen. De buiten- en de binnenklas, de straat en de speelplaats, de voorkant en de achterkant: al deze elementen met verschillende staturen worden koud naast elkaar geplaatst, zodat de spanningen en intermenselijke verhoudingen die in het schoolprogramma besloten liggen, met ongekende duidelijkheid te voorschijn komen.

Uit beide voorbeelden mag blijken dat Serres' devies om het land van herkomst ('les paysages juvéniles') te verlaten, op twee zeer verschillende manieren kan worden geïnterpreteerd. Hertzberger lijkt te verwachten dat het kind afstand doet van de moeder wanneer het kind zelfstandig handelt, wanneer hij woont. Doordat architecturale voorwerpen mogelijke gebruikswijzen in zich dragen, zouden kinderen zich spelenderwijs, via de beleving van deze voorwerpen, de vaardigheid van het wonen eigen maken. Voor Cuyvers



The Class in the School
<u>Does coexistence mean submitting to authority or to the group? What is the role of the classroom? Is it the universe of the teacher? Or the territory of a group? And how does the class relate to the rest of the school?</u>

*Furthermore, the word 'edifice' relates directly to the verb 'to edify', which not only carries within itself the meaning 'to build' but also 'to educate', 'to strengthen' and 'to instruct' – connotations that allude directly to the public character of the public realm.*[33] (Kenneth Frampton)

Cuyvers and Hertzberger seldom speak of the adults in the school, and when they do, they tend to ridicule teachers, mocking their apparent self-assurance.[34] Yet both have a specific vision of the role of adults in the school, and this is made concrete in the architecture of the classrooms.

Hertzberger makes no division between the classroom and the rest of the school. The plan of one type of classroom in the Montessori School in Delft consists of an L shape, so that the actual classroom space contains a smaller, lower-situated room (antechamber, studio, backstage) where a small group can separate from the larger class group. There is no longer one large space, but a series of smaller spaces. A third and fourth space are, strictly speaking, located outside the classroom; however, since there are no really defined boundaries, the edge of the classroom is also part of the classroom. It is a small portal with an alcove containing a cloakroom and a small terrace in the school garden that can be accessed from the classroom. The classroom therefore consists of a relatively large space (35 m² + 5 m²), an antechamber (12 m²) and a cloakroom in the hallway (4 m² + 4 m²). All together 60 m².[35] The class is no longer one room, but a series of spaces: a sequence of places

33
Kenneth Frampton, 'The Status of Man and the Status of his Objects' (2002), in: *Work, Labour and Architecture*, op. cit. (note 17), 26.

34
For instance, Cuyvers says in a project text, 'While working on schools I have been able to observe how they keep children busy putting on and taking off their coats, hats, how they leave children to freeze outside while they drink their coffee, how they don't listen to the children because they're not done gossiping.' Cuyvers, *Wim Cuyvers*, op. cit. (note 26), 43. Hertzberger, wording it differently, says more or less the same thing about the Montessori School: 'If there is a problem here, it's not with the children, but with the teachers, their inner sense of security, their self-control.' Herman Hertzberger, 'Montessori en Ruimte', *Montessori Mededelingen* VII, 2, December 1983, 48-49.

vangt de reis pas aan op het ogenblik dat men breekt met de gewoonte. Een persoon krijgt pas een bepaald inzicht op het ogenblik dat de routine wordt doorbroken, het handelen stilvalt en de persoon uitziet over gebeurtenissen waaraan hij niet participeert. Wanneer hij als toeschouwer kijkt naar activiteiten die hem nog niet of niet meer eigen zijn. In het spel van kijken en bekeken worden, worden eveneens relaties aangeknoopt en verhoudingen scherpgesteld.

De klas in de school
Betekent samenleven zich schikken naar het gezag of de groep? Wat is de rol van het klaslokaal? Betreft het het universum van de leerkracht? Of het territorium van een groep? En hoe verhoudt de klas zich tot de rest van de school?

*Furthermore, the word 'edifice' relates directly to the verb 'to edify', which not only carries within itself the meaning 'to build' but also 'to educate', 'to strenghten' and 'to instruct' – connotations that allude directly to the public character of the public realm.*[33] (Kenneth Frampton)

Cuyvers en Hertzberger doen zelden een uitspraak over de volwassenen in de school en als ze zich al uitspreken, dan doen ze eerder smalend over leerkrachten wier ogenschijnlijke zelfzekerheid het moet ontgelden.[34] Toch hebben beiden een visie over rol van de volwassenen in de school en deze concretiseert zich in de architectuur van de klaslokalen.

    Hertzberger maakt geen scheiding tussen de klas en de rest van de school. Het plan van een type klaslokaal in de Delftse Montessorischool bestaat uit een L-vorm, zodat bij de eigenlijke klasruimte plaats is voor een kleiner lager gelegen kabinet (antichambre, atelier, coulisse) waar een kleine





that follow, overlap and even transition (such as the hallway and the school garden) into one another. Herman Hertzberger breaks the classroom open, like Gerrit Rietveld once broke open the middle-class house or transformed a heavily assembled chair into a light spatial structure.

    This fragmentation, to Hertzberger, is not merely an avant-garde experiment in form, but the direct translation of the Montessori pedagogical method. Instead of a teacher declaiming his knowledge at the front of a class and actively directing the education process, and children listening, noting down and taking in what they understand from the argument, Montessori held that children are perfectly capable of taking responsibility for the learning process. The task of educators – no longer teachers, but coaches – is to assist the children in this, guide the children in their choices. The educator observes and thus takes on a passive role, while the child learns and takes on the active role of the educators of the past. Montessori turned a 'traditional' pedagogical apparatus on its head, paving the way for reform pedagogy.[36]

    The *space* of the classroom must house this altered apparatus of power. Instead of the classroom being oriented toward the chalkboard and its rectangular shape being optimal for the teacher to supervise, the classroom now has a more amorphous structure, in which supervision is of lesser importance. The *spatial differentiation* leads to *functional differentiation*: within the minimal surface area, there is a quiet zone and a free zone, a space for guided work and individual workstations for separate, personal work. The educator cannot easily teach large groups. The setting of the classroom compels individual work, the self-motivation prescribed by the Montessori method.

    The spatial lay-out of the school building in Ypres consists of a dual (and dualistic) class configuration. Not only do the classrooms have the dimensions and shape of classrooms, but every ancillary and external space is also

33
Kenneth Frampton, 'The Status of Man and the Status of his Objects', (2002), in: Frampton, op. cit. (noot 17), p.26.

34
Zo stelt Wim Cuyvers in een projecttekst: 'Tijdens het werken aan scholen heb ik kunnen vaststellen hoe ze kinderen bezig houden met het aan en uit doen van jassen, mutsen, hoe ze kinderen buiten laten verkleumen terwijl zijzelf koffie drinken, hoe ze niet luisteren naar de kinderen omdat de roddels nog niet verteld zijn.' Cuyvers, op. cit. (noot 26), p.43. Herman Hertzberger zegt met andere bewoordingen ongeveer hetzelfde over de Montessorischool: 'Als er hier een probleem is, ligt dat niet bij de kinderen, maar bij de leerkrachten, hun innerlijke gevoel van zekerheid, hun zelfbeheersing.' Herman Hertzberger, 'Montessori en Ruimte', *Montessori Mededelingen VII*, 2, december 1983, p.48-49.

35
The following quotation shows that Hertzberger still applies this technique today: 'Ein Klaszimmer muss 60 m² gross sein, und die Lehrer haben dafür gekämft, dass sie 60 m² bekommen. Wir wissen aber, dass nicht der gesamte Unterricht in den Klassenzimmer stattfindet. Was wirklich gebraucht wird, steht fest: Tafel, Tische etc. Die Kinder brauchen aber auch Orte, wo sie selfständig oder in Gruppen arbeiten können. Die sind in Raumprogram nicht vorgesehen. Deshalb versuchen wir die 60 auf 57 m² einzudamphen und die Manager davon zu überzeugen, dass der dadurch entstehende Spielraum notwenig ist.' Herman Hertzberger, 'Spielraum ist sozialer Raum', *werk, bauen + wohnen 93/60*, no.1/2, 2006.

36
Montessori, *De Methode*, op. cit. (note 23), 44-55 and 119-124.

groep zich in de klas van de klasgroep kan afzonderen. Er is niet langer één grote ruimte, maar een reeks kleinere ruimtes. Een derde ruimte en vierde ruimte bevinden zich strikt genomen buiten de klas; maar omdat er geen echt scherpe grenzen zijn, maakt de rand van de klas evenveel deel uit van het klaslokaal. Het betreft een klein portaal met een nis die een garderobe bevat en een klein terras in de schooltuin dat vanuit de klas bereikbaar is. De klas bestaat dus uit een relatief grote ruimte (35 m² + 5 m²), een voorkamer (12 m²) en een garderobe op de gang (4 m² + 4 m²). Samen eveneens 60 m².[35] De klas is niet langer één lokaal, maar een aaneengeregen ruimte: een sequens van plekken die elkaar opvolgen, overlappen, en zelf in andere plekken (zoals de hal en de schooltuin) overgaan. Herman Hertzberger breekt de klas open, zoals Gerrit Rietveld eertijds de burgerwoning openbrak of een zware geassembleerde stoel tot lichte ruimtelijke structuur transformeerde.

Deze fragmentatie is voor Hertzberger niet enkel een avant-gardistisch vormexperiment, maar de directe vertaling van de montessoripedagogiek. In plaats dat een leerkracht vooraan zijn kennis declameert en hij actief de leiding neemt in het opvoedingsproces, en de kinderen luisteren, noteren en datgene oppikken wat ze van het betoog begrijpen, zouden kinderen volgens Montessori perfect in staat zijn zelf de verantwoordelijkheid van het leerproces in handen te nemen. De taak van de opvoeders – niet langer onderwijzers, maar begeleiders – is de kinderen hierin bij te staan, de kinderen in hun keuzes te richten. De onderwijzer observeert en heeft dus een passieve rol, terwijl het kind leert en de actieve rol van de vroegere onderwijzer opneemt. Montessori keerde een 'traditioneel' pedagogisch dispositief om en was zo een van de wegbereiders van de reformpedagogiek.[36]

De ruimte van klaslokaal moet dit gewijzigde machtsdispositief ondervangen. In plaats dat de klasruimte zich naar het krijtbord richt en haar recht-





proportioned like a classroom. The classrooms are systematically divided into enclosed inner classrooms and covered open-air outer classrooms. Every room in the school has exactly the same dimensions – 6 x 10 m, which has been considered the optimal classroom size since the nineteenth century.[37] Cuyvers clearly differentiates the inside and the outside. There is no cloakroom, no vestibule, no corridor between the class and the outside space. This means that the class group coming together, daily activities such as taking off coats, as well as disciplinary tasks such as calling for silence before lessons begin – all activities that would normally take place outside the classroom – now take place within the rectangular space of the classroom.

Cuyvers's inner classrooms are organised as a spatial centre. The classroom is not a space that transitions into other spaces, but an autonomous entity: a room one enters and leaves through a single door. A skylight in the roof allows sunlight to enter the room directly. The four walls can be used for teaching purposes. The architect in fact calls the inner classroom a cross between the archetypal classroom (the civic chamber entirely geared to instruction) and the archetypal museum space (the civic chamber entirely geared to exhibit artworks). The inner classroom very clearly demarcates the territory of the class. In that sense, the shape of the classroom reinforces the authoritarian role of the teacher.

Perhaps more important than the inner classroom, however, is the hidden presence of the outer classroom and the division between the two rooms. The outer classrooms are situated outside, in the open air, and are strictly separated from the inner classrooms. During recesses they serve as covered playgrounds. They are large covered alcoves that either look out onto the landscape or onto the workshops. They also serve as a 'hall' when children are 'sent out into the hall' as punishment. In rainy weather they are the shelters

35
Volgend citaat bewijst dat Hertzberger deze techniek ook vandaag nog toegepast 'Ein Klaszimmer muss 60 m² gross sein, und die Lehrer haben dafür gekämpft, dass sie 60 m² bekommen. Wir wissen aber, dass nicht der gesamte Unterricht in den Klassenzimmer stattfindet. Was wirklich gebraucht wird, steht fest: Tafel, Tische etc. Die Kinder brauchen aber auch Orte, wo sie selbständig oder in Gruppen arbeiten können. Die sind im Raumprogramm nicht vorgesehen. Deshalb versuchen wir die 60 auf 57 m² einzudampfen und die Manager davon zu überzeugen, dass der dadurch entstehende Spielraum notwendig ist.' Herman Hertzberger, 'Spielraum ist sozialer Raum', werk, bauen + wohnen 93/60, nr.1/2, 2006.
36
Montessori, op. cit. (noot 23), p.44-55 en p.119-124.

37
See Tijl Vanmeirhaeghe, 'Het schoolapparaat, een kleine geschiedenis van het Belgische schooltraktaat' in: Bart Verschaffel and Maarten Van Den Driessche (eds.) School als ontwerpopgave. Schoolarchitectuur in Vlaanderen 1995-2005 (Ghent, 2006), 62-95.

hoekige vorm ervoor zorgt dat de leerkracht op een optimale manier toezicht kan houden, heeft de klas nu een meer amorfe structuur, waar het toezicht minder belangrijk zou zijn. De *ruimtelijke differentiatie* geeft aanleiding tot een *functionele differentiatie*: binnen de minimale oppervlakte is er een rustige en een vrije zone, een ruimte voor begeleid werk en individuele werkplekken voor afgezonderde, persoonlijke arbeid. De onderwijzer kan dan ook niet gemakkelijk aan grote groepen lesgeven. De setting van de klas verplicht tot individueel werk, tot zelfwerkzaamheid die door de montessoripedagogiek wordt voorgeschreven.

De ruimtelijke lay-out van het schoolgebouw te Ieper bestaat uit een dubbele (en dubbelzinnige) klasconfiguratie. Niet alleen de klaslokalen hebben de maat en de vorm van een klaslokaal, ook alle neven- en buitenruimtes werden als klassen gedimensioneerd. De klaslokalen zijn systematisch ontdubbeld in afgesloten binnenklassen en overdekte openluchtbuitenklassen. Alle ruimtes van de school hebben exact dezelfde maat (6 x 10 m) wat sinds de negentiende eeuw als een optimale klasmaat wordt beschouwd.[37] Wim Cuyvers maakt een scherp onderscheid tussen binnen en buiten. Er is geen garderobe, geen sas, geen corridor tussen de klas en de buitenruimte. Dit betekent dat het verzamelen van de klasgroep, dagelijkse handelingen zoals jassen uittrekken, en disciplinerende zaken zoals de stilte instellen vooraleer de lessen starten – alle activiteiten die doorgaans buiten de klas worden gehouden – binnen de rechthoek van de klas zullen plaatsvinden.

Cuyvers' binnenklassen organiseren zich als een ruimtelijk centrum. De Klaskamer is geen ruimte die in andere ruimtes overgaat, maar een autonome entiteit: een vertrek dat men via één deur binnengaat en weer verlaat.[38] Een koepel in het dak zorgt dat er rechtstreeks zonlicht binnenvalt. De vier wanden kunnen voor didactische doeleinden worden gebruikt. De architect





for the playground, which is not covered. Yet no standard use of the place is prescribed. The outer classrooms belong to no one and can be appropriated for very divergent – even inappropriate – activities.[38] In the design, the 'inappropriate' space in the school is as important as the classroom space: the space in which school activity actually unfolds.

Hertzberger makes no distinction between the classroom space and the space of the school. In the assembly hall, in the hallway, Hertzberger provides individual workstations and bookshelves, so that the curiosity of the children can be stimulated at any time. Yet the school is not an empty space in which a number of workstations have been positioned. The different elements of the school are clearly articulated, and its architecture prescribes a specific use. Coats and sandwich boxes are left in the cloakroom. One can tinker in the antechamber of the classroom, by the sink (the 'dirty room').[39] The flowerbeds in the garden, the sandboxes in the playground, all the elements in the assembly hall – from the toilets to the extendable podium – have a purpose.

Cuyvers, however, designs the classroom as an autonomous entity. The room is a *class-room*,[40] a separate, inward-directed universe clearly distinct from the rest of the school. But there is scarcely any functional differentiation. There is no cloakroom. There are no sinks. The central light from above gives the classroom four blind walls and no directional preference. No specific class arrangement is presumed. Only the division between the classroom and the rest of the school is definite. When the child leaves the universe of the classroom, he is already partly outside the school.

37
Zie: Tijl Vanmeirhaeghe, 'Het schoolapparaat, een kleine geschiedenis van het Belgische schooltraktaat', in: Bart Verschaffel en Maarten Van Den Driessche (red.), *School als ontwerpopgave. Schoolarchitectuur in Vlaanderen 1995–2005* (Gent, 2006), p.62-95.

38
Ik gebruik het woord 'klaskamer' omdat deze term mij in het geval van Wim Cuyvers meer betekenisvol lijkt dan klaslokaal.

38
The outer classrooms have the topology of cruising places – the places along motorways where bisexual men meet – that Cuyvers mapped with his students and documented with photographer Marc de Blieck. See: Wim Cuyvers and Marc De Blieck, (book without title) (Brussels, 2002). See also http://www.b-site.be (consulted on 01-10-2006).

39
Hertzberger, 'Montessori en Ruimte', op. cit. (note 34) – In figure 4 the different zones in the classroom are indicated and labelled. Specific zones, sometimes situated less than a metre apart, are associated with specific actions: 'running back and forth', 'quiet', 'sitting and standing'.

40
Translator's note: The hyphenated word 'class-room' is used here to reflect the author's own neologism, *klas-kamer*, which he indicates in a footnote to the original text, seems to him 'more meaningful in Wim Cuyvers's case than *klaslokaal*' (the standard Dutch word for 'classroom').

noemt de binnenklas dan ook een kruising tussen de archetypische klas (de burgerkamer volledig op instructie gericht) en de archetypische museumzaal (de burgerkamer volledig ten dienste van de expositie van kunstwerken). De binnenklas markeert zeer duidelijk het territorium van de klas. In die zin zet de vorm van het klaslokaal de gezagsdragende rol van de leerkracht kracht bij.

Maar wellicht belangrijker dan de binnenklas is de verborgen aanwezigheid van de buitenklassen en het onderscheid dat tussen beide lokalen bestaat. De buitenklassen bevinden zich buiten, in de openlucht, en zijn strikt gescheiden van de binnenklas. Tijdens de speeltijd fungeren ze als overdekte speelplaats. Het zijn grote overdekte nissen die alternerend uitkijken over het landschap en de werkplaatsen. Ze functioneren eveneens als 'gang' wanneer gestrafte kinderen 'op de gang gezet worden'. Bij regenweer zijn ze het afdak van de niet-overdekte speelplaats. Maar er is geen standaardgebruik van de plek voorgeschreven. De buitenklassen behoren niemand toe en kunnen voor zeer verschillende – ook oneigenlijke – activiteiten toegeëigend worden.[39] In het ontwerp krijgt de 'oneigenlijke' ruimte in de school exact evenveel belang als de klasruimte: de ruimte waar het schoolgebeuren zich eigenlijk voltrekt.

Hertzberger maakt geen onderscheid tussen de klasruimte en de ruimte van de school. In de hal, op de gang voorziet Hertzberger individuele werkplekken en boekenrekken, zodat de nieuwsgierigheid van de kinderen op elk moment kan worden gewekt. Maar de school is evenmin een lege ruimte waar een aantal werkposten staan opgesteld. De verschillende elementen van de school zijn duidelijk gearticuleerd, en er wordt door de architectuur een bepaald gebruik voorgeschreven. In de garderobe worden jassen en boterhamdozen achtergelaten. In de voorkamer van de klas bij de lavabo





## School Architecture as Guide?

*One never pays off this debt to childhood. In order to resist, and, perhaps, in order not to be unjust, one must simply remember it. It is the task of writing, thought, literature, the arts, to dare bear witness to it.[41]* (Jean-François Lyotard)

In the first Serres quotation there was – in addition to the child and the mother – a reference to a third person, one not mentioned in the text fragments from the two architects: the guide that leads the children on their journey. 'Led by a guide, education pushes one toward the outside world.'[42] The character of the guide – *le tiers*, or third (person)[43] – is a crucial figure in Serres's work. He is the messenger (Hermes), but also the medium through which messages circulate. The third person takes over some of the parents' tasks. He cares for the children, has charge of them and therefore can exercise power (authority). But the guide is also the one who brings the children into contact with the outside world and counsels them. In contrast with the parents, this intermediary has no interest in holding on to the children.

As a rule, the child always learns *from someone* who transmits his knowledge. The master who shares his knowledge and skills with his disciples through transmission. The educator who teaches a teaching package. Even in the book appropriated for self-study, a particular form of knowledge is transmitted from one person (the writer) to another (the reader). Something analogous occurs in architectural design. We might say that a meaningful school building – like a clear idea, a powerful book or an inspired teacher – leads children on their journey toward the outside world. Perhaps this is what makes the school programme special. Not because the school building is expected to provide child-friendly architecture, much less because the programme makes


39
De buitenklassen hebben de topologie van achterkantplekken – de plekken langs de snelweg waar biseksuele mannen zich ontmoeten – die Cuyvers met zijn studenten in kaart en met de fotograaf Marc de Blieck in beeld heeft gebracht. Zie Wim Cuyvers en Marc De Blieck, op. cit. (noot 6); zie ook: http://www.b-site.be (geraadpleegd op 1 oktober 2006).

40
Hertzberger, op. cit. (noot 34). In figuur 4 worden de verschillende zones in het lokaal aangeduid en benoemd. Specifieke zones die soms op een kleine meter van elkaar liggen, worden met specifieke handelingen vereenzelvigd: 'heen en weer geloop', 'rust', 'zitten en opstaan'.

41
Jean-François Lyotard, 'Avant-propos: de l'humain', in: Idem, L'Inhumain: Causeries sur le temps (Paris, 1988), 15.

42
Serres, Le Tiers-Instruit, op. cit. (note 1), 28.

43
The 'third' takes on many guises in the book: it is at times the pedagogue, at times the journey itself, at another time the duration of learning, and in yet another instance the 'third' effectively takes on a spatial meaning. It becomes the horizon, the window, the threshold, the in-between space, and so forth … 'No, the game of pedagogy is not played with two players, traveller and destination, but with three. The third place intervenes, there, as the threshold of passage. And neither the pupil nor the initiator knows the location or the use of this door.' Serres, Le Tiers-Instruit, op. cit. (note 1), 29.

(de 'vieze ruimte'[40]) kan men knutselen. De bloemperkjes in de tuin, de zand-bakken op de speelplaats, alle elementen in de hal (van de toiletten tot het uitschuifbare podium) hebben een doel.

Cuyvers ontwerpt de klas eerder een als autonome entiteit. Het lokaal is een klaskamer, een apart, naar binnen gekeerd universum dat zich duidelijk onderscheidt van de rest van de school. Maar er is nauwelijks functionele differentiatie. Er is geen garderobe. Er zijn geen lavabo's. Door het centrale bovenlicht heeft de klas vier blinde muren en geen voorkeursrichting. Er wordt geen klasopstelling verondersteld. Enkel de scheiding tussen de klas en de rest van de school is resoluut. Wanneer het kind het universum van de klas verlaat, bevindt het zich al deels buiten de school.

## Schoolarchitectuur als gids

*De cette dette envers l'enfance, on s'acquitte pas. Il suffit de ne pas l'oublier pour résister et, peut-être, pour ne pas être injuste. C'est la tache de l'écriture, pensée, littérature, arts, de s'en aventurer à en porter témoignage.*[41]

In het eerste citaat van Serres was er – naast het kind en de moeder – sprake van een derde persoon, die in de tekstfragmenten van beide architecten onbesproken blijft. Het betreft de gids die de kinderen op hun tocht begeleidt. 'Sous la conduite d'un guide, l'education pousse vers l'extérieur.'[42] Het perso-nage van de gids ('le tiers'[43]) is een belangrijke figuur in het werk van Serres. Het is de boodschapper (Hermès), maar ook het medium waarlangs bood-schappen circuleren. De derde persoon neemt bepaalde taken van de ouders over. Hij draagt zorg, heeft zeggingschap en kan dus macht uitoefenen (auto-riteit). Maar de gids is ook degene die de kinderen met het buiten in contact





advanced technological demands of architecture. In school architecture, other issues are at stake.

The discussion of the two projects has demonstrated that a school build-ing is more than merely a facility. Each building is situated in a setting that transcends the context of the building, which is why the designers make a choice even before the implantation of the building. The building creates boundaries for an area and regulates the transition between exterior and inte-rior. It defines how the school orients and displays itself to the outside world, which is why the 'windows' of the school are so important.

Just as the building relates to its surroundings, it also relates to the activities that take place within it. The building creates a setting. The building articulates places (the front and the rear, the playground and the assembly hall), giving meaning to all manner of activities within the building.

Finally, the school is also an environment. The school organises itself as a mini-community. The building delineates positions and divides the school population. This is the place of the teacher. Here the place for play begins. This is the place of the student. The design assigns a place to smaller groups (classes) and indicates in which location and under which circumstances the whole school community gathers (assembly hall or schoolyard).

Every design takes a position about the way in which these very diver-gent things take place. Although the visions of the two designers discussed in this text clearly differ, they show kinship in the way they deal with the architecture. Their work shows that an elementary set of architectonic instru-ments – such as the implantation of the building in the site, the composition of the plan configuration, the use of simple architectural elements like walls, windows and door openings – can be deployed to express ideas that, strictly speaking, transcend the domain of architecture.

41
Jean-François Lyotard, 'Avant-propos: de l'humain', in: idem, *l'Inhumain. Causeries sur le temps* (Parijs, 1988), p.15.
42
Serres, op. cit. (noot 1), p.28.
43
De 'derde' krijgt in het boek verschillende gedaanten: het is nu eens de pedagoog, dan eens de reis zelf, een andere keer de leertijd en nog een andere keer krijgt *le tiers* effectief een ruimtelijke betekenis. Het wordt de horizon, het venster, de drempel, het tussen, enzovoort… 'Non, le jeu de la pédagogie ne se joue point à deux, voyageur et destination, mais à trois. La tierce place intervient, là, en tant que seuil du passage. Or cette porte, ni l'élève ni l'initiateur n'en savent la place ni l'usage.' Serres, op. cit. (noot 1), p.29.

brengt en hen begeleidt. In tegenstelling tot de ouders heeft de tussenpersoon er geen enkel belang bij om de kinderen bij zich te houden.

Doorgaans leert het kind altijd van iemand die zijn kennis overbrengt. De leermeester die via overdracht zijn kennis en vaardigheden met zijn discipelen deelt. De onderwijzer die een lespakket doceert. Maar ook in het boek, dat men zich door zelfstudie toe-eigent, wordt er een bepaalde vorm van kennis van de éne persoon (de auteur) op de andere (de lezer) overgedragen. In het architectuurontwerp gebeurt iets analoogs. We zouden kunnen stellen dat een betekenisvol schoolgebouw – net zoals een scherpe gedachte, een sterk boek of een begeesterde leerkracht – kinderen op hun tocht naar buiten begeleidt. Misschien is het schoolprogramma daarom bijzonder. Niet omdat van het schoolgebouw wordt verwacht dat het kindvriendelijke architectuur oplevert en evenmin omdat het programma hoogtechnologische eisen aan de architectuur stelt. In de schoolarchitectuur staan andere zaken op het spel.

Uit de bespreking van beide projecten wordt duidelijk dat een schoolgebouw meer is dan enkel een voorziening. Elk gebouw ligt steeds in een omgeving die de context van het gebouw overstijgt. Daarom maken de ontwerpers al van bij de inplanting van het gebouw een keuze. Het gebouw legt aan een gebied grenzen op en regelt de overgang tussen exterieur en interieur. Het bepaalt hoe de school zich naar buiten richt en aan het buiten toont.

Zoals het gebouw zich tot de omringende omgeving verhoudt, zo verhoudt het gebouw zich eveneens tot de handelingen die er plaatsvinden. Het gebouw maakt een setting. Het gebouw articuleert plekken (de voor- en de achterkant, de speelplaats en de hal) waardoor allerhande handelingen in de school betekenis krijgen.

Ten slotte is de school ook een milieu. De school organiseert zich als een minigemeenschap. Het gebouw legt posities vast en verdeelt de schoolbevol-



So the architecture of school buildings matters. Not because the building is some sort of shell adapted to a particular didactic system or societal ideal, but because, through the architecture, the intent of an author – both the designer and the client – enters into a dialogue with the next generation of children. It is solely in its transmissive quality that architecture, to my mind, becomes *pedagogical*.

Translation: *Pierre Bouvier*

king. Dit is de plaats van de leerkracht. Hier begint de speelplaats. Daar is de plaats van de leerling. Het ontwerp kent een plek toe aan kleinere groepen (klas), en duidt aan op welke plek en onder welke omstandigheden de volledige schoolgemeenschap verschijnt (hal of de koer).

In elk ontwerp wordt een stelling ingenomen omtrent de wijze waarop deze zeer verschillende zaken geschieden. Hoewel de visie van beide hier besproken ontwerpers duidelijk verschilt, is het in hun omgang met de architectuur dat beide ontwerpers verwant zijn. Uit hun praktijk wordt duidelijk dat een elementair architectonisch instrumentarium (zoals de inplanting van het gebouw op de site, de opbouw van de planfiguur, het inzetten van eenvoudige architecturale elementen zoals wanden, venster- en deuropeningen) kan worden aangewend om uitdrukking te geven aan ideeën die strikt genomen het domein van de architectuur overstijgen.

De architectuur van het schoolgebouw is dus van belang. Niet omdat het gebouw het gepaste omhulsel zou zijn voor een bepaald didactisch systeem of maatschappelijk ideaal, maar omdat een auteursinstantie (de ontwerper én opdrachtgever) via de architectuur in dialoog treedt met een volgende generatie kinderen. Het is enkel in haar overdrachtelijke karakter dat architectuur, naar mijn gevoel, *pedagogisch* wordt.

Spelende kinderen/playing children, Montessorischool, Delft

# PORTFOLIO: UNDER PRESSURE / METHODIEK EN STRATEGIE VERSUS SCHOLENBOUW: ENKELE BEDENKINGEN
— THIERRY LAGRANGE

 

# PORTFOLIO: UNDER PRESSURE / METHOD AND STRATEGY VERSUS SCHOOL CONSTRUCTION: A FEW CONSIDERATIONS
— THIERRY LAGRANGE

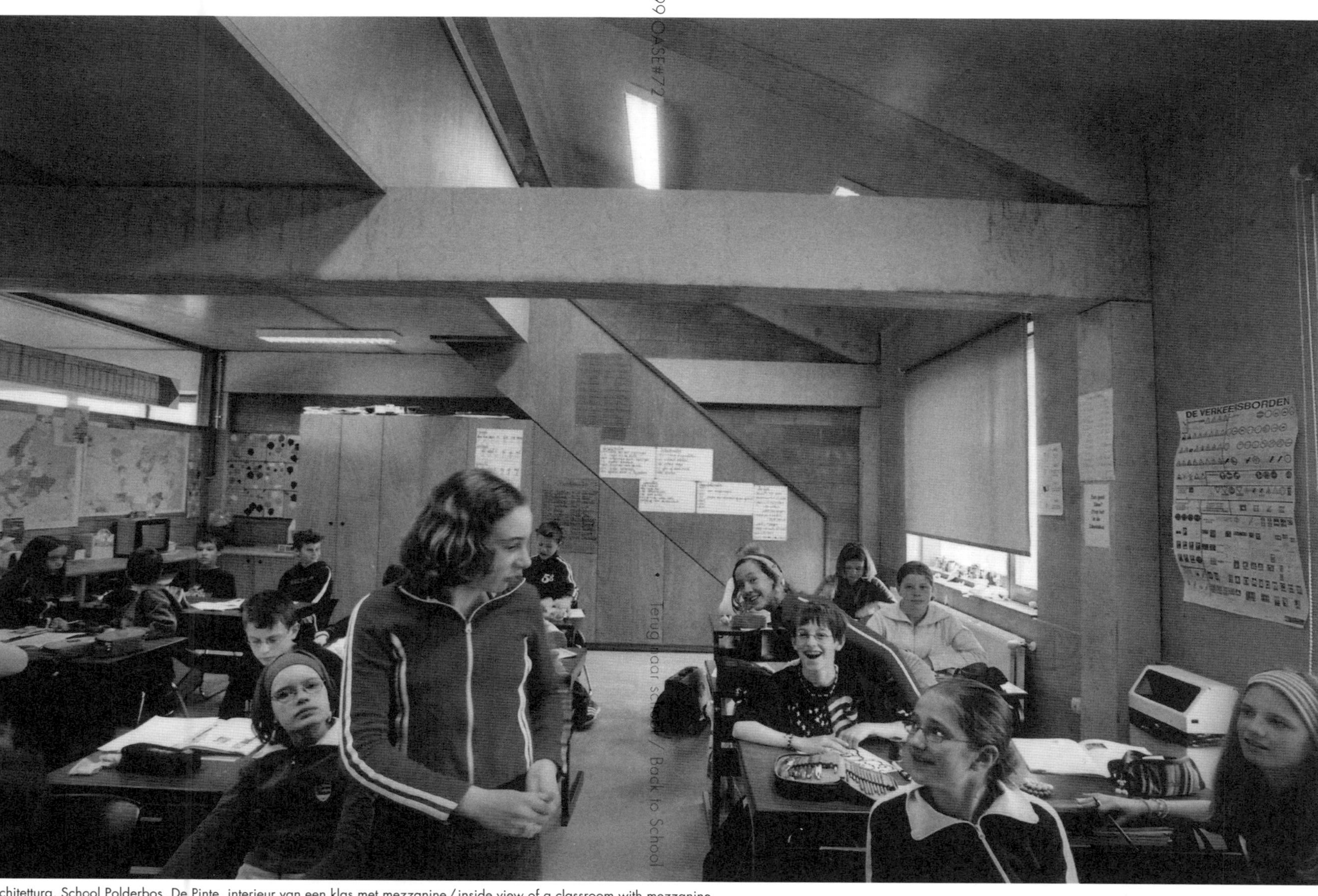


Terug naar school / Back to School

Architettura, School Polderbos, De Pinte, interieur van een klas met mezzanine / inside view of a classroom with mezzanine

Het ontwerp van een school blijkt in hoofdzaak een methodische denkoefening. Het object, de school met haar organisatie, functionaliteit en eigen logica, is een typisch methodisch gebouw. Net zoals we dit vaststellen bij een ziekenhuis, een psychiatrische instelling, een gevangenis of een slotklooster. Dit geldt om verschillende redenen minder voor pakweg een museum of een bibliotheek. Bij een school worden al gauw onder het mom van de pedagogie, de organisatie, het beheer van de veiligheid van een kritieke massa[1] kinderen verschillende *bouwstenen*[2] gedefinieerd waarlangs de ontwerper niet kan. Het spreekt voor zich dat de vergelijking relatief is. Ook in het museum ontwaren we bouwstenen. Er zijn onder meer tentoonstellingsruimtes, ticketbalies, boek- en souvenirhandeltjes, maar het geheel is ontegensprekelijk losser gedefinieerd. Bij een school, een ziekenhuis of een gevangenis is de constellatie stringenter. In heel wat gevallen wordt dit door de ontwerper gedoogd of wordt dit niet opgemerkt en gaat men onmiddellijk aan de slag met zijn bouwstenen. Feit is dat dit gegeven kan ervaren worden als een beknotting van zijn ontwerpvrijheid.

Een ervaring die dan leidt tot een positionering van de ontwerper in de situatie van methodologisch denker, interpretator en virtuoos puzzelaar in het beste geval en probleemoplosser en decorateur in het slechtste. Dit verklaart wellicht al gedeeltelijk de mediocriteit die men aantreft bij heel wat schoolprojecten.

Nochtans, is methodologisch ontwerpen fout, weinig inspirerend, a priori de oorzaak van mediocriteit? Om hierop een genuanceerd antwoord te geven, moeten we even ingaan op het voor de hand liggende ontwerpproces. Volgens Van Dale is de *methodologie* 'de leer van de te volgen methoden (bij onderzoek of onderwijs)' en wordt de *methode* in eerste instantie gedefinieerd als 'een vaste weldoordachte manier van handelen om een bepaald doel te bereiken'. Met andere woorden, het methodologisch ontwerpen impliceert het bestaan van rationele procedures, gefundeerd op het oorzaak-gevolgprincipe. In ons geval gaat dit om het beheren van programmatische, normatieve, modulaire, structurele, typologische principes en wetmatigheden. Een concreet voorbeeld om dit te illustreren. Een school heeft twaalf extra klassen





[1]
De massa is inderdaad kritiek want het gebouw staat ofwel op barsten, ofwel wordt het uitgebreid naar de geactualiseerde aantallen leerlingen. Hetgeen resulteert in een nieuwe enveloppe die nooit te ruim zal gedefinieerd worden.

[2]
Hier interpreteren we de bouwsteen als een fysiek gegeven. Dit sluit niet uit dat ook immateriële definities ertoe kunnen behoren.

Designing a school appears to be mainly an exercise in methodical thinking. The object – the school with its organisation, functionality and a logic of its own – is typically a methodical building, as we may also say of a hospital, a psychiatric clinic, a prison or an enclosed convent. For various reasons, this is less the case with for instance a museum or a library. As to a school, different *building-blocks*[1] are easily defined in view of the education, organisation and safety management of a critical mass[2] of kids, which an architect cannot possibly ignore. It goes without saying that the comparison is relative, for also in a museum one may discern building-blocks, like exhibition areas, ticket desks, book and souvenir shops. But on the whole, it is undeniably far more loosely defined. With a school, a hospital or a prison, the constellation is more stringent. In a good many cases the designer puts up with this, or is unaware of it and straight away sets to work with his building blocks. It is true that this can be perceived as a limitation of one's freedom in designing. A perception which subsequently places the architect in the position of at best a methodological thinker, interpreter or master jigsaw puzzler, and at worst a problem solver or an embellisher. This perhaps partly starts to explains the mediocrity found in quite a number of school projects.

However, is methodological designing then a mistake, rather uninspiring, always a source of mediocrity? For a balanced answer, we must first just look into the evident process of designing. According to the dictionary, *methodology* is 'the science or study of methods (to be used in research and education)', while *method* is initially defined as 'an orderly, fixed arrangement of doing something with a certain aim'. In other words: methodical/methodological designing implies the existence of rational procedures, based on the principle of cause and effect. In our case, this refers to the management of programmatic, normative, modular, structural and typological principles and patterns. To illustrate this with a concrete example: a school needs twelve extra classrooms, and these are the building-blocks of which the dimensions are more or less known – small blocks of a particular size, depending on the number of pupils. These blocks can

[1]
Here the building-blocks are interpreted as material data. However, this does not preclude immaterial definitions.

[2]
The mass is indeed critical, for either the building is about to burst its seams, or it is extended according to an updated number of pupils. The result of this is a new envelope which will never be defined too spaciously.

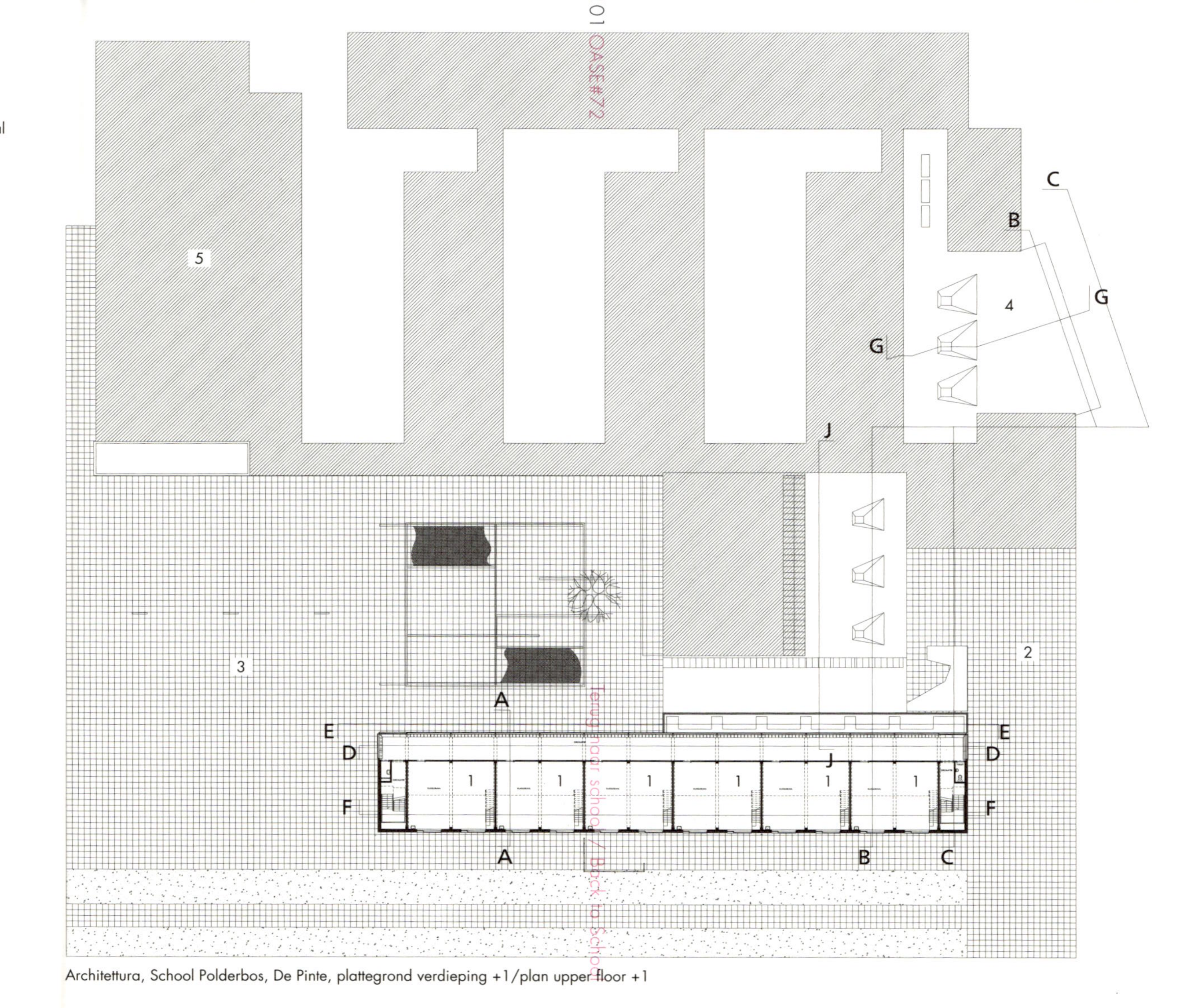



Architettura, School Polderbos, De Pinte, plattegrond verdieping +1/plan upper floor +1

nodig. Dit zijn bouwstenen waarvan de dimensies min of meer gekend zijn; blokjes met een bepaalde grootte afhankelijk van het aantal leerlingen. Deze blokjes kunnen worden geordend in een modulair en structureel grid. En deze geschakelde reeks past zich in de typologie van de 'gangklas'. Wat rest is zorgen dat de blokjes functioneren (licht, lucht, techniek). Uit een eenvoudige oorzaak-gevolgredenering ontstaat een rationeel en legitiem patroon dat kan leiden naar een architecturale oplossing. De puzzeldeeltjes geraken gedefinieerd, de puzzel lost zich quasi vanzelf op. Scholen ontwerpen lijkt dan ook een eenvoudig architecturaal vraagstuk. Zeker wanneer je dit vergelijkt met het ontwerp van een museum, waar de vrijheidsgraden veel groter in aantal zijn.

Helaas, methodologisch denken volgens het eenvoudige, simpele motief, zoals gesuggereerd in het voorbeeld leidt niet zomaar tot interessante architectuur. Net in dit denkpatroon schuilt het verraderlijke karakter van de ontwerpopdracht. Het eenvoudige denkmotief zoals beschreven lijkt te suggereren dat scholen bouwen *a piece of cake* is. Het genereert een logica die als evident en normaal wordt ervaren. Het is toch rationeel? Alles klopt toch? De puzzel past, al waren het bij wijlen verdacht grote stukken. Het gevolg is dat degene die onderlegd is in puzzelen, afhankelijk van de capaciteit, tot een oplossing komt voor een scholenvraagstuk die als legitiem kan beschouwd worden. Vanuit dit standpunt gezien is de kans groot dat een methodologisch ontwerp uitmondt in mediocriteit.

Het mechanisme dat een ontwerpproces devieert in een zeer evident en legitiem denkpatroon dat mogelijk uitmondt in halfslachtige resultaten is een typisch onderwerp voor verdere studie in ons ontwerpbureau. De belangrijkste reden is dat achter dergelijke mechanismen interessante en krachtige bedenkingen kunnen schuilen die een ontwerp wel interessant maken. Om dit soort aanpak binnen een ontwerpbureau als productief ontwerpinstrument te introduceren, is het nodig om een denkattitude te plaatsen tegenover het in dit geval methodologisch ontwerpen. We noemen het strategisch ontwerpen. Het is een aanpak die vele ladingen dekt en verder reikt dan deze context.

Baldassarre Peruzzi, Palazzo Massimo alle Colonne, Rome, straatgevel / street façade



be arranged in a modular and structural grid. And this interlinked series is inserted into the typology of classrooms along a corridor. Then the only thing that remains is to get these blocks to work (light, air, technical facilities). By way of a simple cause/effect-reasoning, a rational and legitimate pattern arises that may lead to an architectural solution. Once the parts of the puzzle are defined, it will more or less solve itself. Thus, designing schools appears to be a simple architectural problem. Certainly in comparison with designing a museum, in which there is a far greater degree of freedom. Unfortunately, methodological thinking – following the simple pattern suggested in the example – does not lead to interesting architecture just like that. That is precisely the line of thinking in which the design commission's tricky nature lurks. The described simple pattern of thought seems to suggest that building schools is a piece of cake. It generates a logic that is perceived as evident and normal. It's rational, isn't it? It's all correct, right? The puzzle fits, even though some of the pieces were doubtfully large. The result is that he or she who is expert at piecing together jigsaw puzzles arrives at a solution to the school problem which, depending on the capacity, may be regarded as legitimate. Seen from this angle, there is then a great chance that a methodological design will lead to mediocrity.

A design process' mechanism that diviates into a highly obvious and legitimate pattern of thought, possibly leading to half-baked results, is typically an object of further study within our design firm. The main reason is that there may be interesting and weighty considerations underlying such a mechanism, which could certainly make such a design worthwhile. In order to introduce this line of approach within a firm as a productive design tool, it is necessary to set an intellectual attitude against – in this case – methodological designing. Let's call it strategic designing. This approach covers a vast range, going beyond the context. In doing so, it is important, whenever possible, to trace qualitative premises within the methodological pattern of thought and to develop them further. The strategy consists of demystifying the essential and interesting features in order to avail oneself of them in a design concept that transcends

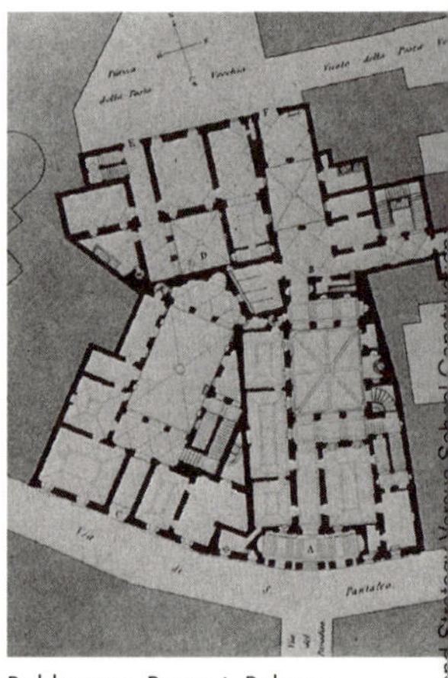

Baldassarre Peruzzi, Palazzo Massimo alle Colonne, Rome, plattegrond begane grond / ground floor plan

Hier komt het erop aan om mogelijks kwalitatieve premissen aanwezig in het methodologisch denkpatroon te traceren en verder te ontwikkelen. De strategie bestaat erin om doorheen de trivialiteit van het evidente de essentiële en interessante eigenschappen te demystificeren en in te zetten in een ontwerpconcept.

Case 1
*Palazzo Massimo alle Colonne* van Baldassarre Peruzzi aan de Corso Vittorio Emanuele II in Rome is een compact complex van twee palazzi, verstrengeld tot één bouwblok. Het plan ervan is doorwrocht. Iedere vierkante decimeter staat in het teken van zijn enscenering. De perspectieven, de aslijnen, de proporties zijn stuk voor stuk af te lezen uit het plan. Het geheel vormt een compacte puzzel die schijnt uit te dijen. Het lijkt alsof het een losgeslagen fragment is uit *Il Campo Marzio dell'Antica Roma* van G.B. Piranesi. Door de bocht in de *corso* krijgt het gehele plan een merkwaardige deuk, waardoor de druk wordt opgedreven. Peruzzi vertaalt dit in een ongemeen spannende façade. De kolommen kreunen onder het volume. Het volume wordt

krachtig vertaald in een gebogen vlak in stucwerk. Vandaag is de corso een heel drukke straat. Het gebouw staat er nog steeds als een blok met een statige, massieve, plompe boog.

Wat intrigeert in dit voorbeeld is de strategie die schuilgaat achter dit plan. Peruzzi worstelde ongetwijfeld met de codes van zijn tijd (de traktaten, antieke voorbeelden). Hij zat tevens op een scharniermoment waarop zuiver renaissancistisch bouwen volgens de uitgestippelde trajecten werd ingeruild voor een meer gemaniëreerde attitude. Dit in combinatie met een gedrongen perceel en een beladen programma maakten van de opdracht een heikele onderneming. Om nog maar te zwijgen van de bouwheren Pietro en Angelo Massimo, die elk ook wel hun besognes zullen gehad hebben. Toch slaagde Peruzzi erin om een bijzonder intelligent plan te ontwikkelen dat voldeed aan de legitieme verwachtingen (de architecturale codes, de uitstraling en het prestige, het programma, etc.). Maar bovenal maakte hij een constellatie die de legitimiteit ver oversteeg. Die een duizelingwekkend complex van verhoudingen, symmetrieën, perspectieven en aslijnen





the triviality of the evident.

Case 1
*Palazzo Massimo alle Colonne* by Baldasarre Peruzzi is a compact complex of two palazzi, interwoven within a single building block. It is situated on the Corso Vittorio Emanuele II in Rome. Its blueprint has been carefully considered, and every square inch is dedicated to its presentation. Its perspectives, its axes, its proportions, all can be gleaned from the plan. In its entirety, it forms a compact jigsaw puzzle that seems to expand. It looks like a knocked-off chunk from Il *Campo Marzio dell' Antica Roma* by G.B. Piranesi. Due to the bend in the corso, the whole plan is dented in a peculiar way, thus intensifying the pressure. Peruzzi translates this into a really thrilling façade. The columns creak under the volume, while the volume itself is powerfully translated into a convex stuccoed surface. Today the corso is a very busy road. The building still stands as a rock, with its stately, massive, plump curvature.

What makes this example so intriguing is the strategy behind its plan. Peruzzi no doubt struggled with the codes of his

day (the treatises, the classical examples). Moreover, he found himself at a pivotal point in time when, by way of outlined routes, pure Renaissance building was being replaced by a more mannerist approach. All of this, together with both the cramped lot and the excessive programme, makes the commission to a tricky enterprise. Not to mention the patrons Pietro and Angelo Massimo, who each must have had worries of his own. Still, Peruzzi succeeded in developing a highly intelligent plan, satisfying legitimate expectations (such as the architectural codes, the programme, the aura and prestige). But above all, he created a constellation which more than exceeds the legitimate. Which enables a heady mixture of proportions, symmetries, perspectives and axes within such a restricted context. Which seems to suggest what Piranesi was to refer to almost two centuries later. Which creates a façade, lucid in construction, yet still leaves a chink to usher in an enigmatic and poetic eloquence. In short, the whole thing would dazzle any lover of architecture, whether expert or layman. And all of this mainly with a stock-in-trade set of rules and examples. So, it might

binnen een dergelijke beperkte context mogelijk maakte. Die lijkt te suggereren waar Piranesi dik tweehonderd jaar later naar verwijst. Die een gevel creëerde helder van opbouw en toch een kier liet naar een enigmatische en poëtische zeggingskracht. Soit, een geheel dat de geest van een beetje architectuurminnend individu op drift laat slaan. En dit allemaal met voornamelijk een set regels en voorbeelden als bagage. Het had dus ook fout kunnen gaan. Het had behoorlijk mediocre kunnen zijn. Het werd het niet omwille van de attitude, met de gekende middelen de denkpatronen onder spanning brengen. Peruzzi was zonder meer een strategisch architect.

Dit voorbeeld illustreert een attitude die overlapt met de aanpak van ons ontwerpbureau. De spelregels aanwezig in de scholenbouw (typische programma's, reglementeringen, normeringen, typologieën, etc.) zijn gegevens waarmee moet worden gewerkt. Zonder deze is er geen scholenbouw. Net door ze als een tool aan te wenden op een handige en strategische manier worden ze een interessant deel van het corpus van een ontwerp. Dat dit gebeurt in een groter verhaal afhankelijk van de visie van een ontwerpbureau lijkt evident. Dat net de set spelregels een interessant deel wordt van het verhaal is veel minder duidelijk.

### Case 2
Deze strategische werking kan worden geïllustreerd aan de hand van een voorbeeld met betrekking tot het project Polderbos in De Pinte. Door het dak van het hoofdvolume te doen hellen, werd het mogelijk om een duplexniveau te introduceren. Hierdoor werd het werken in studiehoeken ingebed in de architectuur. De dakhelling genereert een grotere oppervlakte en een niveauverschil. Met als gevolg dat het pedagogische project van de directie in de architectuur werd verankerd. De introductie van duplexen had nefaste gevolgen voor de brandveiligheid. Alle niveaus, dus ook de duplexen, moesten worden geëvacueerd. Dit liet ons toe na te denken over buitenruimtes. De vluchtweg over het dak werd een langgerekte buitenruimte die als extensie op de duplexen functioneert. De strenge veiligheidsnormen betreffende balustrades en dergelijke leidden dan weer tot een bijzondere hoogte van de gordijngevel

Architettura, School Polderbos, De Pinte, buitenzicht/exterior view
Architettura, School Polderbos, De Pinte, zicht op de buitengalerij ter hoogte van de mezzanine/view of the external gallery at mezzanine level





very well have gone wrong; it might have become very mediocre. But due to his approach – bringing a tension to the patterns of thought by way of familiar means – it was not. Without a shadow of a doubt, Peruzzi was a strategic architect.

This example illustrates an attitude that tallies with our design firm's approach. The set of rules regarding school construction (such as typical programmes, regulations, standardizations, typologies) are the given facts one has to work with. Without them, no schools are built. By precisely using them skilfully and strategically as a tool, they become an interesting part of a design's body. That this happens within a wider context, depending upon the design firm's views, is self-evident. Yet the fact that precisely the set of rules becomes an interesting part of the overall framework is very much less obvious.

### Case 2
This strategic effect may be illustrated by an example in connection with the Polderbos project in De Pinte.

By slanting the roof of the main volume, it became possible to introduce a mezzanine. This enables one to absorb teaching in smaller groups into the architecture. The roof's angle sees to both a larger surface and a difference in level. The outcome of this was the embedding of the school board's educational project in the architecture. Still, the introduction of a duplex level had a baleful effect on fire safety. It had to be possible to evacuate all levels, including the duplex, so we had to think about the outside space. As the duplex level's extension, the escape route over the roof became an elongated exterior space. In turn, the strict safety standards as to banisters and such resulted in a particular height of the curtain wall, visually partitioning off the outside space from the immediate surroundings, with only the sky and some distant vistas still in view. The operation had to be financed out of the available budgets. This in turn enabled us to further refine the building's construction concept. And so the building, in fact a skin-enveloped structure, was rarefied. With careful attention to detail, the technical facilities were fitted onto the walls and the structure, becoming a statement on the interior skin. Essentially, this cost-cutting measure (no plasterwork, no painting) became a key to the architec-

Architettura, School Polderbos, De Pinte, doorsnede B / section B

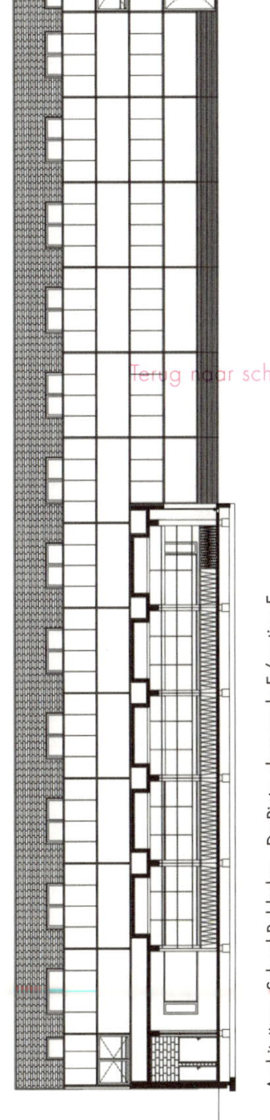

Architettura, School Polderbos, De Pinte, doorsnede E / section E

die de buitenruimte visueel afboordt van de directe context. Enkel lucht en verre fragmenten van het landschap zijn nog zichtbaar. De financiering van deze operatie moest gebeuren met de voorziene budgetten. Dit liet ons dan weer toe om het bouwconcept van het gebouw verder te verfijnen. Het gebouw, in essentie een structuur met een huid eromheen, werd verder uitgepuurd. Technieken werden in een gecontroleerde opbouw op de wanden en de structuur gemonteerd. Ze werden een schriftuur op de binnenhuid. Deze kostenbesparende maatregel (geen pleisterwerk, schilderwerk) leidde tot een essentiële sleutel in het architecturaal concept. De set spelregels van de scholenbouw werd een cruciaal vliegwiel in de opmaak van het ontwerp. Net door ze uit te dagen werden bepaalde beslissingen mogelijk. Maar deze aanpak overstijgt de methodische denkoefening. Het ontwerpbureau wordt een equipe die op strategische wijze bouwpartners moet overtuigen, architecturale ideeën moet toetsen aan de weerbaarheid en spankracht van reglementeringen en normeringen. Het is dit mechanisme dat moet in staat zijn om niet in de val te trappen en

daardoor meer dan legitieme architectuur te produceren.

Binnen de set aan spelregels is er sprake van een onderscheid tussen harde en zachte. Zo behoort de wettelijke norm die het budget vastlegt aan de hand van eenheidsprijzen en aantal leerlingen zonder enige twijfel tot de eerste soort. Typologie (gangklas), bouwelement (klas, refter) en schakeling zijn begrippen die toelaten op een veel lossere manier te interpreteren dan de eerste groep. Toch blijft de essentie van de aanpak voor beide dezelfde. Net door verschillende begrippen onder spanning te brengen, komen er mogelijkheden tot stand die inzetbaar zijn in een groter plan. Daarin overstijgt de ontwerpoefening het methodologisch denken en wordt het strategisch ontwerpen. Hierbij zullen harde regels weerbarstig zijn en zachte plooibaar. De luciditeit van een ontwerpbureau stelt hen in staat dit verschil te kunnen inschatten en de grenzen te kunnen aftasten. Een typologie laat zich deformeren en plooien, soms te veel, waardoor de essentie ervan kan verloren gaan. Een klaselement kan dermate worden gewijzigd dat het niet meer functioneert. Een norm blijft een





tural concept. The set of school-building rules turned out to be a decisive driving force in the design's make-up. Certain decisions were made possible precisely by challenging them. But this approach transcends the methodical thinking exercise. The design firm becomes a team which has to strategically convince the building partners, has to test out architectural ideas in view of the efficacy and flexibility of regulations and standardizations. It is this mechanism that must be able to avoid the pitfall of producing 'over-legitimate' architecture.

Within the set of rules, there is a distinction between strict and lenient ones. For instance, the legal standard that determines the budget by way of uniform prices and pupil numbers no doubt belongs in the first category. On the other hand, a typology (classrooms aligned along a corridor), a building element (classroom, refectory), an interconnection are concepts that permit a far looser interpretation than the first category does. Nevertheless, in both cases the essence of the approach remains the same. By bringing tension to the various notions, opportunities arise that are usable in a

greater plan. The design exercise hereby transcends methodological thinking and turns into strategic design. In doing so, the strict rules prove unmanageable and the lenient ones pliable. A design firm's lucidity enables it to assess this difference and to sound out the limitations. A typology can be adapted and arranged, sometimes too much so, thereby losing its essence. A classroom element can be altered to such an extent that it ceases to work. However, standards are standards, and should they not be met, a project may incur serious damage. Still, both kinds of rules contain matter that tries to claim the project beforehand. As a design firm, it is vital to know that this mechanism starts to work right at the outset and is inherent in the design process. Only then can it be a question of controlling and diviating.

Strategic designing is also methodical designing. Because of this, it is in danger of entering into the course of methodical thinking and being reduced to a frill in the architectural result. In that sense, the strategic design will mainly need to arise from a clear and unwavering approach.[3] Precisely this area of tension – method

3
One of the possible strategies is to remain silent, with subversion as a result.

norm, wordt hij niet gehaald dan kan
het project zware averij oplopen. Toch
beschikken beide soorten spelregels over
een inhoud die a priori het project wil
claimen. Essentieel voor een ontwerpbureau is te weten dat dit mechanisme van
bij het begin wordt opgestart en inherent
is aan het ontwerpproces. Alleen dan kan
er sprake zijn van sturen en deviëren.

Strategisch ontwerpen is ook methodisch
ontwerpen. Hierdoor riskeert het te
worden opgenomen in de stroom van het
methodisch denken en te worden herleid
tot een accessoire van het architecturaal
resultaat. Het strategisch ontwerp zal in
die zin dan ook vooral vanuit een duidelijke en eigengereide invalshoek moeten
tot stand komen.[3] Net deze spannings-
boog, methodiek versus strategie, laadt
een ontwerp verder op en introduceert
een nieuwe interessante gelaagdheid in
het verhaal.



versus strategy – gives a design a further
charge that stratifies the context in a new
and interesting way.

Translation: *Joost den Haan*

# PORTFOLIO: SCHOOLGEBOUWEN VOOR DE TOEKOMST
## — JEROEN GEURST



# PORTFOLIO: SCHOOL BUILDINGS FOR THE FUTURE
## — JEROEN GEURST

Geurst & Schulze, Prinsehagheschool, Den Haag/The Hague, 2005

Een jaar geleden kwam ik na lange tijd langs mijn oude lagere school, een echte katholieke dorpsschool voor jongens anno 1916. Vaak zijn gebouwen uit je kindertijd in je herinnering veel groter dan in werkelijkheid, maar dit gebouw was nog steeds indrukwekkend, zeker voor een dorp. Ik herinnerde me de grote klaslokalen met ingebouwde kasten. De ramen waren enorm. Door de hoogte van de lokalen was het ondanks de grote ramen toch mogelijk om de borstweringen zo hoog te maken dat je niet op straat kon kijken. Wat bezielde architecten om lokalen ruim 4 meter hoog te maken voor kinderen van 6 jaar? Kinderen die toen samen met bijna vijftig anderen in een klas zaten, een aantal dat je je nu niet meer kunt voorstellen. De entreehal was zo groot dat er later een extra lokaal in kon worden gebouwd. Het gebouw was overzichtelijk: vier lokalen beneden en vier lokalen boven. Het spannendste was de zolder, waar je pas in het laatste schooljaar op mocht om tussen de opgeslagen decors en kostuums spullen te zoeken voor een toneelstuk.

De weg naar school was een belevenis op zich en een route die ik viermaal daags moest afleggen. Ik kon me elk huis en elk tuinhek herinneren dat ik onderweg passeerde en natuurlijke de prachtige bomen langs de straten en op het schoolplein. In de herfst leverden de bomen met hun beukennoten en kastanjes het nodige speelplezier op. Ik kan me niet herinneren dat we ook maar één speeltoestel hadden op het speelplein.

Het indrukwekkende schoolgebouw van 90 jaar bleek nog intact, maar de bomen waren inmiddels verdwenen van de speelplaats. Ook de kozijnen bleken nog in goede staat te verkeren. De entreehal was nog steeds voorzien van de lambriseringen van tegelwerk waarlangs ik veertig jaar geleden dagelijks naar boven liep, over de kolossale natuurstenen trap. De overige delen van het gebouw bleken verbouwd te zijn tot seniorenappartementen, bewoond door veel oud-leerlingen van de school. Doordat het dorp is uitgebreid met buitenwijken zijn de scholen meeverhuisd. De meeste kinderen wonen nu niet meer in het centrum. De eerste slag kon in het begin van de jaren zeventig nog worden opgevangen door de jongens- en de meisjesschool van het dorp samen te voegen. Uiteindelijk heeft het gebouw zijn

Geurst & Schulze,
Prinsehagheschool, Den Haag/
The Hague, 2005





A year ago, I happened to pass my old primary school, a genuine Catholic village school for boys, built in 1916. It had been a long time since I last saw it, and often you remember buildings from childhood as being much larger than they are in reality. This one, however, remained impressive, certainly for a village. I thought of the large classrooms with their fitted cupboards: the windows were enormous. Yet because of the height of the rooms, it had been possible to make the parapets so high that you could not see the street in spite of those big windows. Whatever possessed architects to make classrooms over 4 m high for six year-old kids? For kids who at that time were in a form with almost 50 others, a number we nowadays find quite incredible. The entrance hall was so large that an extra classroom was later accommodated there. The building was well-surveyable: four classrooms downstairs and four up. The attic was the most exciting place, where only in your last year you were allowed to browse among the stored props and costumes for stuff for the school play. And the way to school had been an adventure in itself, a stretch that I had to cover four times a day. I still remember every home and every garden fence I passed on my way there, and of course also the beautiful trees along the roads and in the schoolyard. In autumn, the trees with their beechnuts and chestnuts provided lots of fun playing. And I don't recall our play area containing so much as a single item of playground equipment.

Now, after 90 years, the impressive school-building was still intact, only the trees had disappeared from the yard. Also the casings still seemed in good condition. Where 40 years ago I had ascended the colossal stone staircase, the entrance hall retained its tiling along the walls as wainscoting. Now the rest of the building had been turned into senior-citizens' flats, housing many of the school's former pupils. As the village grew, the schools had moved to the new outskirts, for most kids no longer live in the centre. At the beginning of the 1970s, the first changes were met by merging the boys' and the girls' school. However, finally the school outlived its purpose and acquired a new use. Will this also happen with today's school buildings, all of which have been designed to a detailed requirement

functie echter overleefd en een nieuwe bestemming gekregen. Zal dit ook gebeuren met de huidige schoolgebouwen, die allemaal precies op een gedetailleerd programma van eisen zijn ontworpen zonder overmaat in plattegrond en doorsnede?

De tijden zijn veranderd. De groepen zijn gehalveerd. Het klassikaal onderwijs is uitgebreid met individueel onderwijs waarvoor werkplekken buiten het lokaal zijn toegevoegd. Onderwijzers worden bijgestaan door onderwijsassistenten, die kleinere groepen begeleiden. Het klassieke klaslokaal lijkt steeds minder te voldoen. Er is behoefte aan ruimtes van verschillende afmetingen, die soms groter zijn dan een standaardlokaal van 50 m² om een grotere groep kinderen te onderwijzen, maar die vaak ook kleiner zijn om kleinere groepen te kunnen afzonderen. Het schoolbord verdwijnt en wordt vervangen door een scherm met een beamer.

De taak van scholen verbreedt zich. Door het combineren van scholen met kinderdagverblijven en buitenschoolse opvang is een kind niet 6 jaar lang 6 uur per dag in het gebouw, maar 12 jaar lang 9 uur per dag, afgestemd op de werktijden van de ouders, die zorgen voor het vervoer van hun kinderen. Teruggerekend moet ik in mijn jeugd ongeveer 7200 in het gebouw zijn geweest, terwijl nu kinderen tot 12 jaar soms wel meer dan 21.600 uur in hetzelfde gebouw zullen doorbrengen. Dat is drie keer zo lang. Tel daar bij op dat scholen ook 's avonds gebruikt worden door verenigingen en onderwijs voor volwassenen en het is duidelijk dat gebouwen aan een enorme slijtage onderhevig zijn. Verbazend is daarom hoe hedendaagse schoolgebouwen worden ontworpen. Na enkele weken zien ze er vaak al uitgewoond uit. Architecten lijken geen prioriteit te geven aan de duurzaamheid van hun geesteskinderen. Gevels worden soms uitgevoerd met veel effectbejag in goedkope materialen, interieurs zijn vaak helemaal niet afwerkt, omdat het budget is besteed aan architectonische vondsten.

Bovenstaande ervaringen vormden de basis voor het ontwerp van een reeks scholen. Bij deze ontwerpen is gezocht naar gebouwstructuren die duurzaam en flexibel zijn. Juist door de steeds veranderende onderwijssystemen, de variërende groepsgroottes en de veranderingen van

                     

programme, without any surplus as to their plans and dimensions?

Times have changed, groups have been halved, class teaching has been augmented by individual teaching for which space is created outside the classrooms. Teachers are seconded by educational assistants in charge of smaller groups. The traditional classroom seems more and more unsatisfactory. There is a need for spaces that vary in size, sometimes bigger than the regular 50 m² classrooms when teaching larger groups, yet often also smaller in order to set apart a smaller gathering. The blackboard is disappearing and being replaced by a screen and a beamer.

The task of the school is expanding. By combining schools with day care centres and extracurricular care, a child no longer spends six hours a day in the building during six years, but nine hours a day during 12 years, keyed to the working hours of the parents who see to their kids' transport. In retrospect, I must have spent almost 7200 hours in this building in my childhood, while nowadays children up to the age of 12 sometimes even sojourn in the same building over 21,600 hours, three times as long. Add to this that schools are also used in the evenings for clubs and adult education, and it will be clear that buildings are subject to an enormous amount of wear. That is why it is so astonishing to see how contemporary school buildings are designed. After a couple of weeks, they often already look rundown. An architect seems to give no priority to his brainchild's durability. Façades – while straining after effect – are sometimes carried out in cheap materials and interiors are often not finished at all, as the budget has been spent on architecturally 'happy' finds.

Above observations have formed the basis in designing a series of school buildings. As regards these designs, we have aimed for edifice structures both durable and flexible. Precisely due to the constantly changing educational systems, the different group sizes and the changes in use, there is a need for buildings that have a certain neutrality and size surplus with a view to flexibility. Essential in this respect is the choice of the supporting structure, which may be regarded as a building's hardware. By selecting an intelligent supporting structure, buildings be-

Geurst & Schulze,
Prinsehagheschool, Den Haag/
The Hague, 2005

functie, is er behoefte aan gebouwen met een zekere neutraliteit en overmaat die flexibiliteit mogelijk maken. Essentieel is hiervoor de keuze van de draagstructuur, die te beschouwen is als de hardware van een gebouw. Door te kiezen voor een intelligente draagstructuur worden gebouwen aanpasbaar aan het gebruik. Dit kan door een kolommenstructuur. Dit is echter vaak te kostbaar. Een andere methode is het dragend uitvoeren van de gevels en gangwanden in plaats van de dragende lokaalwanden, die meestal worden toegepast. De traditionele draagstructuur wordt als het ware een kwartslag gedraaid. Zo wordt het mogelijk wanden tussen de lokalen niet dragend en zelfs flexibel, bijvoorbeeld met vouwwanden, uit te voeren. De dragende gevel stelt wel meer randvoorwaarden aan de architectonische verschijningsvorm, die door de constructieve gevelpenanten een solide karakter krijgt en een voorname expressie geeft aan een belangrijk maatschappelijk instituut. Door de rationele bouwstructuur blijft er ondanks de krappe budgetten geld over voor overmaat in het gebouw, een mooie baksteen gevel en een duurzame binnenafwerking.

Deze ontwerpstrategie is toegepast bij het ontwerp van vier scholen in Den Haag. De eerste school, de Prinsehagheschool, is te beschouwen als een prototype waarvan de andere scholen zijn afgeleid. Het schoolgebouw is een compact, rechthoekig volume van drie bouwlagen. Het is in plattegrond opgebouwd uit drie zones van 7,20 m: twee lokaalzones langs de gevels en een middenzone met trappen en toiletten. De lokalen zijn ook 7,20 m breed en dus vierkant. De dragende gevel is verdeeld in stramienen van 3,60 m met per stramien een penant van 90 cm en een raam van 2,70 m breed. De borstweringen zijn tot een minimum beperkt om de leerlingen voldoende zicht op de buitenwereld te geven. De lokalen van 50 m$^2$ kunnen in twee ruimtes van 25 m$^2$ worden opgedeeld. Doordat tussen de lokalen geen dragende wanden zijn opgenomen, kunnen lokalen ook gekoppeld worden tot ruimtes van 100 m$^2$ middels een te openen vouwwand. In de middenzone loopt een royale trap vanaf de hoofdentree als een waterval door naar de bovenste verdieping, waardoor dit het belangrijkste ruimtelijk element van de school is, waar iedereen elkaar tegen-

Geurst & Schulze,
Prinsehagheschool, Den Haag/
The Hague, 2005





come adaptable as to their use. This may be done by way of a column construction, which, however, is often too expensive. Another method is to make the façades and corridor walls supporting, instead of the usual supporting classroom walls. In doing so, one so to speak turns the traditional supporting system 90 degrees, thereby facilitating non-supporting walls between the classrooms and even flexible ones like for instance folding partitions. This indeed means that as to the supporting façade's architectural appearance there are more prerequisites. Though it certainly acquires a solid appearance due to the constructive façade piers, giving this important social institution a dignified character. Due to the rational structure, there is enough money left, in spite of tight budgets, for surplus space in the building, a nice brick frontage and a durable finishing inside.

This design strategy has been used in designing four schools in The Hague. The first one, the Prinsehagheschool, can be regarded as the prototype from which the others derive. This school's edifice is a compact, rectangular, three-layered volume. Its blueprint shows three areas

that are 7.2 m in length: two classroom areas along the façades, and a central area with stairways and toilets. The classrooms are also 7.2 m wide and therefore squares. The supporting façade is divided into patterns of 3.6 m, each of which contains a 90 cm pier and a window 2.7 m wide. The parapets are of minimum height, so that pupils have a good view of the world outside. The 50 m$^2$ classrooms can be split up into two 25 m$^2$ spaces. Because there are no supporting walls between classrooms, they can also be interconnected to form a space of 100 m$^2$ by sliding back a folding partition. In the central area, an ample staircase comes cascading like a waterfall from the top floor down to the main entrance, forming the school's chief spatial element, where everyone meets. At the beginning of the central area, there is the main entrance with next to it the play room. Together, they can form the school's auditorium. Over the entrance, on the second floor, is the gym, while on the first floor there is a multifunctional space. Originally the idea was to fit the school with a pitched roof in order to create the desired surplus size. When this proved unfeasible, the

Geurst & Schulze,
Prinsehagheschool, Den Haag/
The Hague, 2005

komt. Aan het begin van de middenzone
ligt de hoofdentree met het speellokaal
ernaast. Samen zijn ze te gebruiken als
aula van de school. Boven de ingang ligt
de gymzaal op de tweede verdieping en
een multifunctionele ruimte op de eerste
verdieping. Oorspronkelijk was het idee
om op de school een kap te maken om in
de gewenste overmaat te voorzien. Toen
dit niet realiseerbaar bleek, is de gymzaal naar de bovenste laag verplaatst en
is binnen het budget een extra ruimte van
250 m² gerealiseerd.

Bij de drie volgende scholen is
hetzelfde principe gekozen voor de
bouwstructuur met dragende gevels en
gangwanden. Al naar gelang de eisen
van de school is de maatvoering aangepast. Zo zijn bijvoorbeeld bij een school
voor moeilijk opvoedbare kinderen de
lokaalgroottes geen 50 maar 32 m² en is
het gebouw daarom geleed in zones van
5,40 m met ruimtes van respectievelijk
16, 32 en 48 m². In de gevel is hetzelfde
stramien gebruikt als bij de Prinsehagheschool. Het type school verlangde echter
minder contact tussen de leerlingen en
de buitenwereld. De borstweringen zijn
daarom iets verhoogd en de te openen
ramen zijn teruggebracht tot een ventila-
tieraam met een rooster, om te voorkomen
dat er spullen door de leerlingen naar
buiten worden gegooid.

De gekozen ontwerpstrategie is tot
dusver succesvol gebleken, omdat het een
grote flexibiliteit geeft in het ontwerpproces, mits deze ruimtes passen in het gekozen maatsysteem. De stramienmaat in de
gevel van 3,60 m maakt het gebouw voor
ander toekomstige gebruik geschikt. In
3,60 m past een kantoorruimte voor twee
personen (3,60 x 5,40) of drie personen
(3,60 x 7,20) en in 2 x 3,60 = 7,20 m
een woning met een woon- en slaapka-
mer naast elkaar. Bij een van de scholen
zijn woningen in hetzelfde bouwblok
opgenomen met een gelijke stramienmaat
in plattegrond en gevelprincipe. Hierdoor
is deze school voor moeilijk opvoedbare
kinderen haast onzichtbaar opgenomen
in het bouwblokkenpatroon van de buurt.

Ondanks de strenge en precieze
maatvoering kan in de gevels worden
gevarieerd in detaillering van de kozijnen, in baksteenkeuze en in verschillende
combinaties van baksteen en beton,
waardoor de gevels sterk van karakter
verschillen. Ook worden er aan de





gym was moved up to the top layer, thus
realizing an extra space of 250 m² within
the budget.

For the following three schools, the
same principle was chosen of a structure in which both façades and corridor
walls are supporting. The measurements
were adapted according to the school's
requirements. For instance, in a school for
problem children, the size of the classrooms becomes 32 m² instead of 50, thus
segmenting the building into areas of 5.4
m with spaces of respectively 16, 32 and
48 m². The façade has the same pattern
as in the *Prinsehagheschool*. However, this
school type requires less contact between
pupils and the outside world. So the
parapets are a bit higher and the opening
windows are limited to a single ventilation
window with a grate in order to prevent
pupils from throwing stuff out of it.

Up to now, the chosen design strategy
has appeared successful, as it makes the
designing process very flexible, provided
that the spaces comply with the chosen
measurement system. The measurements
of the façade's pattern of 3.6 m make the
building suitable for a different future use.
Within 3.6 m one may fit an office space
for either two (3.6 x 5.4 m) or three
people (3.6 x 7.2 m), and an apartment
within 2 x 3.6 = 7.2 m, with a living
room and a bed room next to it. In one
of the schools, dwellings have been introduced into the same building block with
similar pattern measurements in the floor
plan and the façade's principle. In this
way, the school for problem children is
incorporated almost unnoticeably into the
neighbourhood's building-block pattern.

In spite of the strict and precise
measurements, one is still able to vary
the façades as regards the details of casings, the choice of bricks and the various
combinations of bricks and concrete, so
that the fronts are all very different in
character. Also, elements are added to
the buildings – which are in fact not basically designed as educational edifices
– in aid of a more specific use. Around
the entrance of the Prinsehagheschool,
we find scale elements in the 12-m-high
frontage, like a bench for parents and a
canopy, all of which are connected with
a child's perception of the environment.
Inside, the cascading flight of stairs provides a spatial link with the floor above,
so that the school feels like a unity and

gebouwen, die in wezen niet specifiek als onderwijsgebouwen zijn ontworpen, elementen toegevoegd die handreikingen bieden voor een meer specifiek gebruik. Aan de 12 m hoge voorgevel van de Prinsehagheschool zijn rond de ingang schaalelementen toegevoegd, zoals een zitbank voor ouders en een luifel, die aansluiten bij de belevingswereld van een kind. In het interieur legt de watervaltrap een ruimtelijke relatie met de verdieping, waardoor de school als geheel voelbaar is en functioneert. Een trap die zich net als de monumentale trap van de katholieke dorpsschool in het geheugen van de kinderen zal nestelen. Voor het overige zijn in het interieur zo min mogelijk visuele prikkels toegevoegd. De doorgaande lambriseringen en borstweringen, het ontbreken van open trappen en hekwerken en het niet toepassen van systeemplafonds geven aan het interieur een rustige en voorname sfeer. Tegen dit decor speelt zich dagelijks het in alle opzichten kleurrijke schoolleven af.

Terwijl de hardware van het gebouw vroeg in het ontwerpproces wordt vastgelegd, maakt de software van de materialisatie en detaillering bij elk gebouw een eigen ontwikkeling door afhankelijk van lokale architectonische kenmerken, heersende voorkeuren binnen het bureau en specifieke wensen van de opdrachtgever en gebruiker. De tijd zal leren of ook deze gebouwen de tand des tijds zullen doorstaan. De bijzondere aandacht voor de draagstructuur, de maatvoering, het hoge niveau van afwerking zowel binnen als buiten en de overmaat binnen het gebouw vormen een les die al negentig jaar geleden werd gegeven en die nog steeds waarde heeft voor de toekomst. De extreme aandacht voor de dynamische programmatische ontwikkelingen van scholen leidt helaas te vaak tot een gebouwd programma van eisen in plaats van tot een duurzaam gebouw waarop een volgende generatie nog trots kan zijn of waarin na herbestemming bijvoorbeeld gewoond kan worden.





can function like one. These are stairs which, just like the monumental staircase in the Catholic village school, will settle snugly into the children's memories. For the rest, as few visual stimuli as possible have been added to the interior. The on-going tiling along walls and parapets, the absence of open stairways and railings, and the fact that no system ceilings are used see to a peaceful and dignified interior atmosphere. Against this backdrop, a daily school life takes place that is colourful in every respect.

While the building's hardware is established early on in the design process, the software of the materialization and detailing undergoes its own specific development in each of the edifices, depending on local architectural features, the firm's preferences at that particular moment, and certain wishes from the side of the principal and the users. We will have to wait and see whether these buildings will be able to resist the ravages of time. The special attention given to the supporting structure, the measurements, the high standard of their finishing both inside and out, and their surplus interior space is a lesson learnt as long as 90 years ago, and one that still holds true for the future. Unfortunately, the extreme attention for the dynamic, programmatic developments in schools all too often results in built organisational diagrams instead of durable buildings that a next generation may still be proud of, or perhaps even choose to live in once it has come to serve a new purpose.

Translation: *Joost den Haan*

1 centrale hal
2 conciërge
3 speellokaal
4 klaslokalen
5 naschoolse opvang
6 remedial teaching

1 central hall
2 janitor
3 playroom
4 classrooms
5 daycare facility
6 remedial teaching

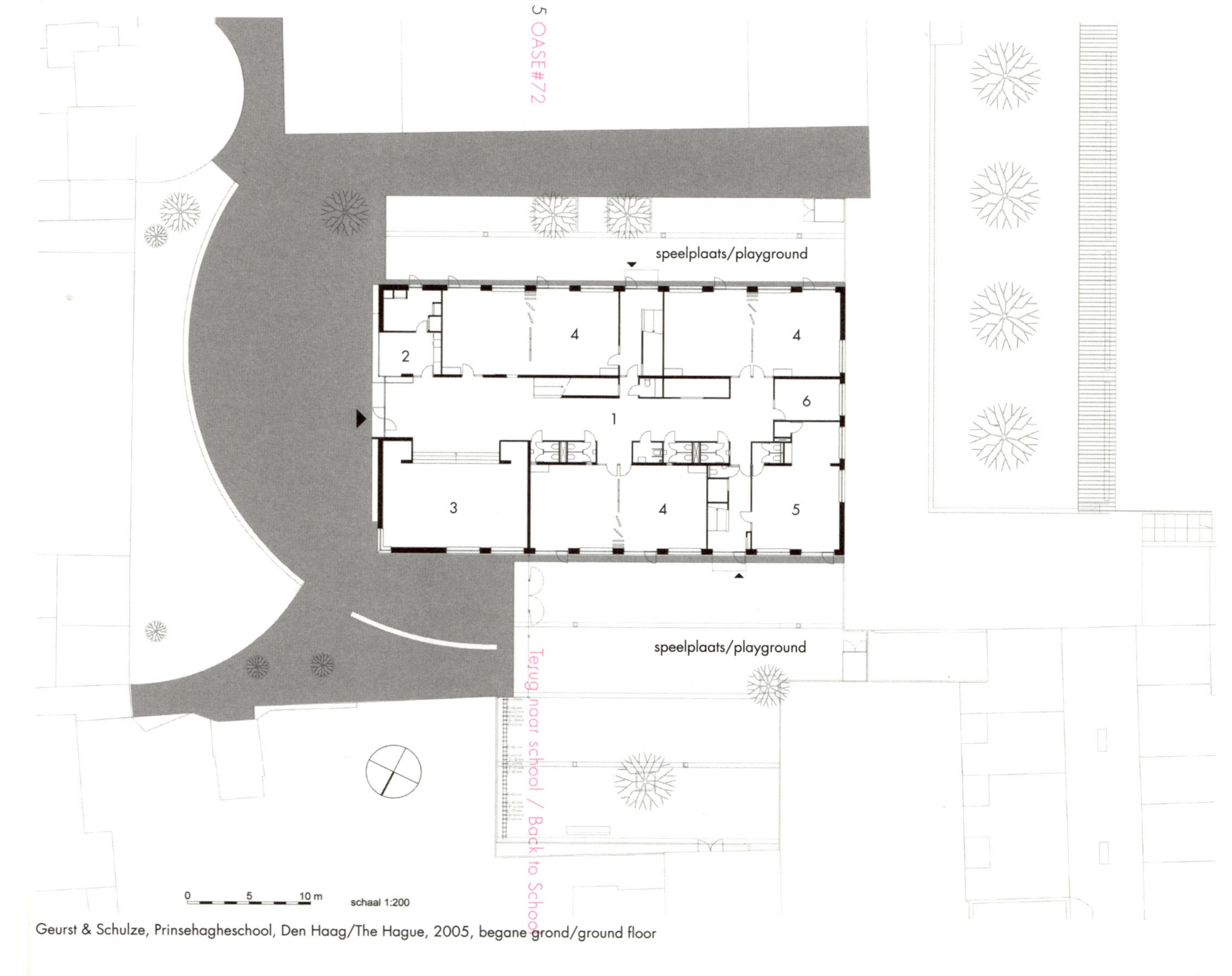





Terug naar school / Back to School

Geurst & Schulze, Prinsehagheschool, Den Haag/The Hague, 2005, begane grond/ground floor

# PORTFOLIO: DE KLARE BRON
## — GERARD MACCREANOR





# PORTFOLIO:
# DE KLARE BRON
## — GERARD MACCREANOR

Terug naar school / Back to School

Maccreanor Lavington Architects, schoolgebouw/primary school, Heverlee (B), 2005-2007

Basisschool De Klare Bron is gevestigd in de tuin van een historische villa aan de rand van het Belgische dorp Heverlee. De villa en omringende tuinen liggen hoger dan het land rondom en bieden een schitterend uitzicht over het monumentale, zestiende-eeuwse park van kasteel Arenberg, het kasteel waar ooit Karel I woonde en dat nu eigendom is van de universiteit van Leuven. De huidige school bestaat uit een aantal kleine paviljoens die, verspreid over de tuin van de villa, elk een klaslokaal bevatten. De paviljoens zijn mettertijd in verval geraakt en zijn aan vervanging toe. Middels een door Maccreanor Lavington gewonnen *Open Oproep* werd een ontwerp voor de nieuwe school verkregen.

De school is een zogenaamde methodeschool van het Gemeenschapsonderwijs, een van de drie erkende Vlaamse onderwijssystemen. De onderliggende onderwijsfilosofie gaat uit van neutraal, niet-religieus onderwijs in een pluralistische omgeving en is samengevat in het motto: leven om te leren en leren om te leven. De aanpak is gericht op de integrale ontwikkeling van individuele talenten en gebaseerd op het inzicht dat naast cognitieve vaardigheden, ook sociale en emotionele betrokkenheid moeten worden gestimuleerd. Het doel is te komen tot een gevarieerd en persoonsgericht curriculum met een nadruk op creativiteit.

Met het oog op deze doelen zijn de klassen gestructureerd als 'leefgroepen', samengesteld uit kinderen van twee verschillende leeftijdsgroepen die elkaar leren helpen en zo een besef van verantwoordelijkheid opdoen. Het onderwijs is projectgericht, waarbij het initiatief vaak van de kinderen zelf uitgaat. De school wordt verder bewust klein gehouden, zodat iedereen elkaar kent en een huiselijke gemeenschapsomgeving wordt gestimuleerd.

De principes van het Gemeenschapsonderwijs zijn niet expliciet opgesteld om hedendaagse problemen als het verlies aan gemeenschapszin het hoofd te bieden, maar hebben tegen de achtergrond van recente maatschappelijke veranderingen een actuele en dringende betekenis gekregen. Tegenwoordig wordt erkend dat scholen een in toenemende mate belangrijke rol spelen in de bevordering van gemeenschapszin. Vooral in kleinere gemeenschappen zijn ontmoetingsplaat-

Maccreanor Lavington Architects, schoolgebouw/primary school Heverlee (B), locatie/site plan





Primary school 'De Klare Bron' is situated at the edge of the Belgian village Heverlee in the garden of a historical villa. The villa and its grounds are raised above the surrounding land and offer a splendid view over the monumental sixteenth-century Arenberg park and castle, once lived in by Charles I, now owned by the University of Leuven. The present school consists of a number of small pavilions scattered throughout the villa's garden, each housing a classroom. These classrooms have decayed over time and are now need to be replaced. The design for a new school is the result of Maccreanor Lavington's answer to the open call for designs.

The school is a so-called 'method school', run by the department of 'Gemeenschapsonderwijs' (Community Education), one of the three official Flemish school networks. The underlying educational philosophy is based on the idea of neutral, nonreligious education in a pluralistic setting and can be summarized by the motto: 'live to learn and learn to live'. The approach focuses on the integral development of individual talents and recognises that, besides cognitive skills, social and emotional involvement needs to be stimulated. The aim is to achieve a varied and personal curriculum, with an emphasis on creativity.

To stimulate those goals, classrooms are organised in 'life groups', meaning that children of two different age groups are put together, learning how to help each other and develop a sense of responsibility – the education is project-based and often directed by the children themselves. In addition, the school is consciously kept small so that everybody knows each other and a homely communal environment is stimulated.

Although the principles of the 'Gemeenschapsonderwijs' weren't explicitly set up to deal with the issues of community loss, given contemporary social changes, the philosophy addresses an urgent agenda. It is currently recognized that schools play an increasingly important role in fostering a sense of community. Especially in smaller communities, meeting places in the public realm are rapidly disappearing: churches, libraries, post offices, banks, doctor's surgeries, dentists and chemists are moving from localised premises to larger more efficient conglomerations of providers outside the

De Klare Bron, Heverlee (B), bestaande, tijdelijke gebouwen/ existing, temporary buildings

sen in de openbare sfeer snel aan het verdwijnen: kerken, bibliotheken, post- en bankkantoren, artsenpraktijken, tandartsen en apothekers verhuizen veelal uit hun vertrouwde gebouwen naar grotere, efficiëntere dienstencentra buiten de dorpsomgeving en verliezen daarmee hun sociale betekenis. Vele vestigingen van degelijke instellingen, traditioneel centraal in dorpsstraten gelegen, behoorden al tot de verleden tijd voordat nog het internet de laatste resten ervan onder het tapijt veegde. In deze gecommercialiseerde openbare sfeer behoren schoolgebouwen tot de laatste bastions van sociale interactie binnen de gemeenschap.

Meer en meer begint men zich te realiseren dat scholen belangrijk zijn voor het functioneren van de plaatselijke gemeenschap. In bepaalde Europese landen heeft dit bewustzijn er bijvoorbeeld in geresulteerd dat scholen extra financiën krijgen om de openbare functies van hun gebouwen te verruimen en nieuwe functies op te nemen. Dit vertaalt zich vaak in extra ruimte, waardoor het gebouw ook kan gaan fungeren als gemeenschapscentrum, openbare bibliotheek, marktplaats en avondschool.

In deze context zouden nieuwe schoolgebouwen niet alleen met het oog op het onderwijs voor kinderen ontworpen moeten worden, maar zich ook op de meer algemene rol moeten richten die deze gebouwen vandaag de dag moeten spelen. Ook in lagere scholen waar uitsluitend onderwijs aan kinderen plaatsvindt, spelen sociale aspecten een belangrijke rol, zowel voor de ouders als voor de leerlingen en hun leerkrachten. Ouders van kinderen op de basisschool hebben van nature de behoefte bij de school betrokken te worden, en hun kinderen te kunnen halen en brengen in een uitnodigende, gastvrije omgeving.

Hoe kan architectuur tegemoetkomen aan dit verlangen naar betrokkenheid bij de gemeenschap? Hoe kunnen deze behoeften in relatie tot de programmatische ambities van de school worden vertaald in een interne indeling en een externe vormgeving?

Het karakter, de sfeer en de indeling van de bestaande school was onze inspiratiebron voor het nieuwe gebouw. De oude school was weliswaar niet veel meer dan een verzameling klaslokalen in houten gebouwtjes, toch was deze

De Klare Bron, Heverlee (B), bestaande, tijdelijke gebouwen/ existing, temporary buildings





village environment. All those uses have undergone a continuous scrutiny in the name of efficiency and the local high street branch was relegated to memory long before the Internet swept the last few remaining examples under the carpet. In this commercialised and contracting public realm, school buildings are one of the last bastions of social interaction within the community.

The understanding that schools foster the local community is growing. In some European Countries for instance this concern has resulted in schools receiving extra funding to extend the public programme of their buildings, introducing new uses. Often this translates into extra space that allows the building to have a double use, for instance as a community centre, local library, marketplace and evening school.

In this respect, schools should not be designed exclusively for children but should serve a larger purpose. Even in primary schools used only for children's education, public interaction plays a significant role that is important to the parents as well as to the children and their teachers. For parents of children attending primary school there is a natural desire to be involved; to bring and collect their children in an inviting environment and enjoy a warm feeling of community.

How can architecture answer this desire for involvement in the community? How can the brief and the ambitions be translated into an interior layout and an external design?

Our inspiration for the new building was the character, atmosphere and layout of the existing school. Although the old school was not much more than a collection of timber sheds, each a classroom, the layout worked and was ideally suited to the teaching methods of the school. Each life group had its own home, a clearly identified pavilion with its own entrance hall, its own area for coats and shoes, toilets, kitchen, computer corner and project room. The classrooms were in direct contact with the outside at ground level, giving each an outdoor extension where the class can learn about ecology, horticulture, biology and the weather. The overlarge classrooms invited different arrangements and offered the possibility to create different atmospheres. The space between the pavilions – seemingly

De Klare Bron, Heverlee (B), bestaand directiegebouw (voormalige villa)/existing administration building (former villa)

indeling functioneel en beantwoordde aan het ideaal aan de leermethode van de school. Elke leefgroep had een eigen huis, een duidelijk herkenbaar paviljoen met een eigen entree, garderobe, toiletten, keuken, computerhoek en projectruimte. De klaslokalen waren allemaal op de begane grond gelegen, in direct contact met de omgeving, zodat de lessen gemakkelijk naar buiten konden worden verlegd als het ging over het milieu, tuinieren, biologie of het weer. De ruim bemeten klaslokalen konden op allerlei manieren worden ingedeeld, zodat er verschillende sferen gecreëerd konden worden. De schijnbaar ongeordende en toevallig ontstane ruimte tussen de paviljoens was ingevuld met tuintjes en speelplekken die een rijke omgeving voor verkenning en spel boden. Deze ordening beviel de leerkrachten en kinderen zo goed dat ze meer dan 48 jaar ongewijzigd is gebleven.

Het was niet mogelijk een nieuw schoolgebouw te ontwerpen op basis van de typologie van paviljoens. Niet alleen was het budgettair onhaalbaar, zo'n radicale afwijking van de norm was ook in strijd met de programmatische en bouwkundige voorschriften van de betrokken overheidsinstellingen. Toch moest in het nieuwe ontwerp gezocht worden naar mogelijkheden om elementen als de onafhankelijke huizen voor herkenbare leefgroepen en het gebruik van de buitenruimte als creatieve voortzetting van het interieur van het klaslokaal te behouden.

Een ander waardevol aspect was de historische villa die de visuele entree van de school vormt. De villa is hiermee het publieke gezicht van de school en onderstreept die functie met haar architectonische formaliteit en ligging ten opzichte van de ingang en de informele klaspaviljoenen. Het nieuwe ontwerp respecteert de betekenis van de oude villa en versterkt deze waar mogelijk, door het nieuwe gebouw op te vatten als een informele vleugel die met de formele villa contrasteert.

De nieuwe school krijgt twee ingangen: een ingang in de oude villa die toegang geeft tot de kantoorruimten van de schooladministratie en een tweede, informeel ogende ingang in de nieuwe vleugel voor het dagelijkse verkeer in en uit de klassen. Beide ingangen staan in verbinding met het schoolplein, dat als

Maccreanor Lavington Architects, schoolgebouw/primary school Heverlee (B), 2005-2007

   

disorganized and random – had been appropriated and used for small gardens and play spaces, providing a rich environment for exploration and play. The setup was so much liked by the teachers and children that it remained unchanged for more than 48 years.

It was not possible to design a new school based on a typology of pavilions. Not only was the budget insufficient, but the requirements that where laid down by the respective government departments regarding programme and building regulations did not allow for such a radical departure from the norm. However, the sense of independence expressed by identifiable life group homes along with the use of external space as a creative classroom extension were elements that were to be reiterated in the new design.

Another aspect to be valued is the historical villa as the visual entrance to the school. The villa is the public face of the school; its architectural formality and setting in relation to the entrance and to the informal classroom pavilions reinforce this intention. In the new design this notion is preserved and where possible reinforced, with the new building as an informal wing, contrasting with the formal villa.

The new school will have two entrances, a public entrance at the villa, leading to the school administration offices, and a second entrance for the daily coming and going rituals of the school in the new wing. Both these entrances relate to the hard surface of the school square, which acts as the first layer of the entry sequence.

The informal entrance in the new wing is the one used most, it is the transition space between outside and inside, that in-between space where you can shelter if you are early and it's raining. It is the place in which to get acquainted, to chat, to exchange appointments, to organise events and to discuss problems. It's a levelling space that invites informal conversation.

Inside the building, the hallway acts as an extension of the outdoor spaces and becomes the busiest space in the building. It is the space where parents should feel relaxed about delivering their children to the classrooms; it is the space where children are collected after school by their parents or the after-school care. It is where kids gather excitedly when they

Maccreanor Lavington Architects, schoolgebouw/primary school Heverlee (B), 2005-2007, maquette/model: kast en daklicht in speelgang/ cupboard and rooflight in 'play-way'

eerste 'laag' van de ingangssequentie
dient.

De informele ingang van de nieuwe
vleugel wordt het meest gebruikt en vormt
het overgangsgebied tussen buiten en binnen. Deze tussenruimte is de plek waar je
kunt schuilen als je te vroeg bent en het
regent, de plek om elkaar te leren kennen, te kletsen en afspraakjes te maken,
activiteiten te organiseren en problemen
te bespreken. Een ontvangstruimte die ont-
spant en uitnodigt tot informeel gesprek.

Eenmaal binnen in het gebouw kan de
gang opgevat worden als een verlengstuk
van de buitenruimtes en wordt het de
drukste binnenruimte in het gebouw. Het
is de plek waar ouders hun kind met een
gerust hart bij de klas kunnen achterlaten
en de plek waar de kinderen 's middags
worden opgehaald door hun ouders of
naschoolse opvang. Ook verzamelen de
kinderen zich in de gang als ze opge-
wonden op schoolreisje gaan en de bus
nog niet is gearriveerd. En groep 3 die
zo dadelijk gym heeft, wacht hier tot de
vorige klas de gymzaal heeft verlaten. De
gang is bij uitstek de ruimte die de logis-
tiek van de school organiseert en wordt
daarmee een ruimtelijk sleutelelement in

de opzet van de school. De bewust over-
gedimensioneerde 5 m brede gang heet
nadrukkelijk 'speelgang' en nodigt met
zijn royale breedte uit om als verlengstuk
van het klaslokaal gebruikt te worden.
De leerkracht kan zo bijvoorbeeld de
klas verdelen in kleinere groepen die in
verschillende ruimten aan uiteenlopende
dingen kunnen werken. De speelgang
geeft niet alleen toegang tot de klaslokalen, maar ook tot een kleine buitenplaats
en een grote multifunctionele aula (in het
Vlaams de 'polyvalente' zaal genoemd).
Met zijn flexibele gebruik en uitzonder-
lijke afmetingen vormt de speelweg een
tot de verbeelding sprekende interpretatie
van de traditionele schoolgang.

Een interessant element om bij stil te
staan is de overgang tussen gang en
klaslokaal. De ideeën over het karakter
van deze overgang zijn in de loop der
geschiedenis veranderd. Waren de klaslokalen vroeger geheel afgezonderd van
de gang, sinds de jaren zestig is er in
opeenvolgende moderne trends geëxpe-
rimenteerd met open verbindingen in allerlei varianten. Uitgaande van het model
van duidelijk herkenbare leefgroepen
wordt in ons ontwerp de overgang als

   

are going on a school trip and the bus
has not yet arrived. It is the space where
Group 3, who is going to the gym, waits
while the previous class vacates. The
hallway is pre-eminently the space that
organizes the school logistics, making it a
key element in the plan. The over-dimen-
sioned, 5-m-wide space, purposely called
a 'playway', encourages its use as an
extension of classroom activities, allowing
the teacher to break up the class into
smaller groups that can work on separate
tasks in different spaces. Not only does
the playway connect the classrooms, it
also gives access to a small courtyard
and a large multifunctional auditorium. Its
flexible use and extraordinary dimensions make the playway an imaginative
interpretation of the traditional hallway.

The threshold between hallway and
classroom is interesting to consider.
Historically, ideas about the nature of this
threshold have changed. Once classrooms where entirely closed off from the
hall, while modern trends after the 1960s
experimented with different versions of
open connections. In order to have clearly
identifiable life groups, in our proposal
the threshold is marked and recognizable

yet easy to cross. A striking wall of cabi-
nets, lit by skylights and accessible from
both sides, forms a functional connecting
element that can be more or less open, as
desired.

A final point of interest in the design is
a number of deliberately chosen architectural elements that draw on memory.
School is usually the first place outside
the home that the child stays in and, like
home, the primary school often holds
intense memories of place and space.
Being aware of this effect the design
purposely plays with the idea that objects
and spaces can be memory triggers. The
striking villa; the views to the Arenberg
park; the prominently placed trees in the
court and the classroom garden – these
all form framed images that will be carried into adulthood and reflected upon.

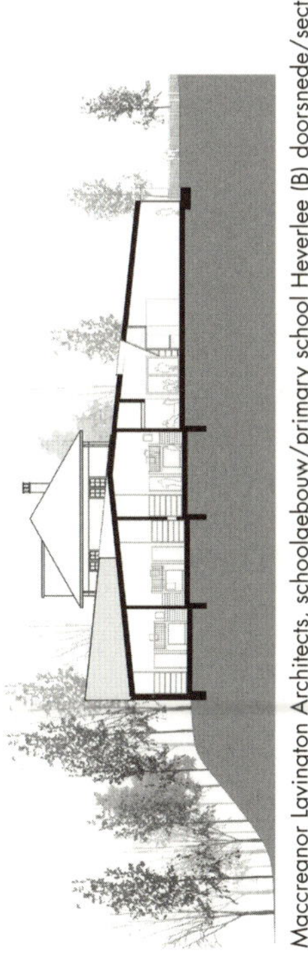

Maccreanor Lavington Architects, schoolgebouw/primary school Heverlee (B) doorsnede/section

strikt gedefinieerd, maar toch gemakkelijk
te passeren element voorgesteld. Een
markante, door lichtschachten aangelichte
kastenwand, die van twee kanten ontsloten kan worden, vormt een functioneel
verbindingselement dat naar wens meer
of minder geopend kan worden.

Een laatste aandachtspunt in het
ontwerp zijn enkele bewust gekozen
architectonische elementen die de herinnering aanspreken. De school is gewoonlijk de eerste plek buitenshuis waar het
kind verblijft. Veel kinderen bewaren aan
hun school dan ook, evenals aan het
ouderlijk huis, intense herinneringen van
plek en ruimte. Met dit effect in gedachten speelt het ontwerp bewust in op de
herinneringen die objecten en ruimtes
kunnen losmaken. De markante villa, de
uitzichten over het park van Arenberg,
de prominente geplaatste bomen op het
schoolplein, in de binnenhof en in de
klassentuin vormen omkaderde beelden
die een kind tot in de volwassenheid
meeneemt en contempleert.

Vertaling: *Rob Kuitenbrouwer,
Bookmakers*

Maccreanor Lavington Architects, schoolgebouw/primary school Heverlee (B)
entree en oude villa/entrance and old villa

Portfolio: De Klare Bron

Terug naar school / Back to School

Maccreanor Lavington Architects, schoolgebouw/primary school Heverlee (B), plattegrond/plan

0 2 10m

# PORTFOLIO: ANAMNESE VAN EEN SCHOOL —GUY CHÂTEL, KRIS COREMANS & ELISABETH MERCELIS (SSA/XX)





# PORTFOLIO: ANAMNESIS OF A SCHOOL —GUY CHÂTEL, KRIS COREMANS & ELISABETH MERCELIS (SSA/XX)

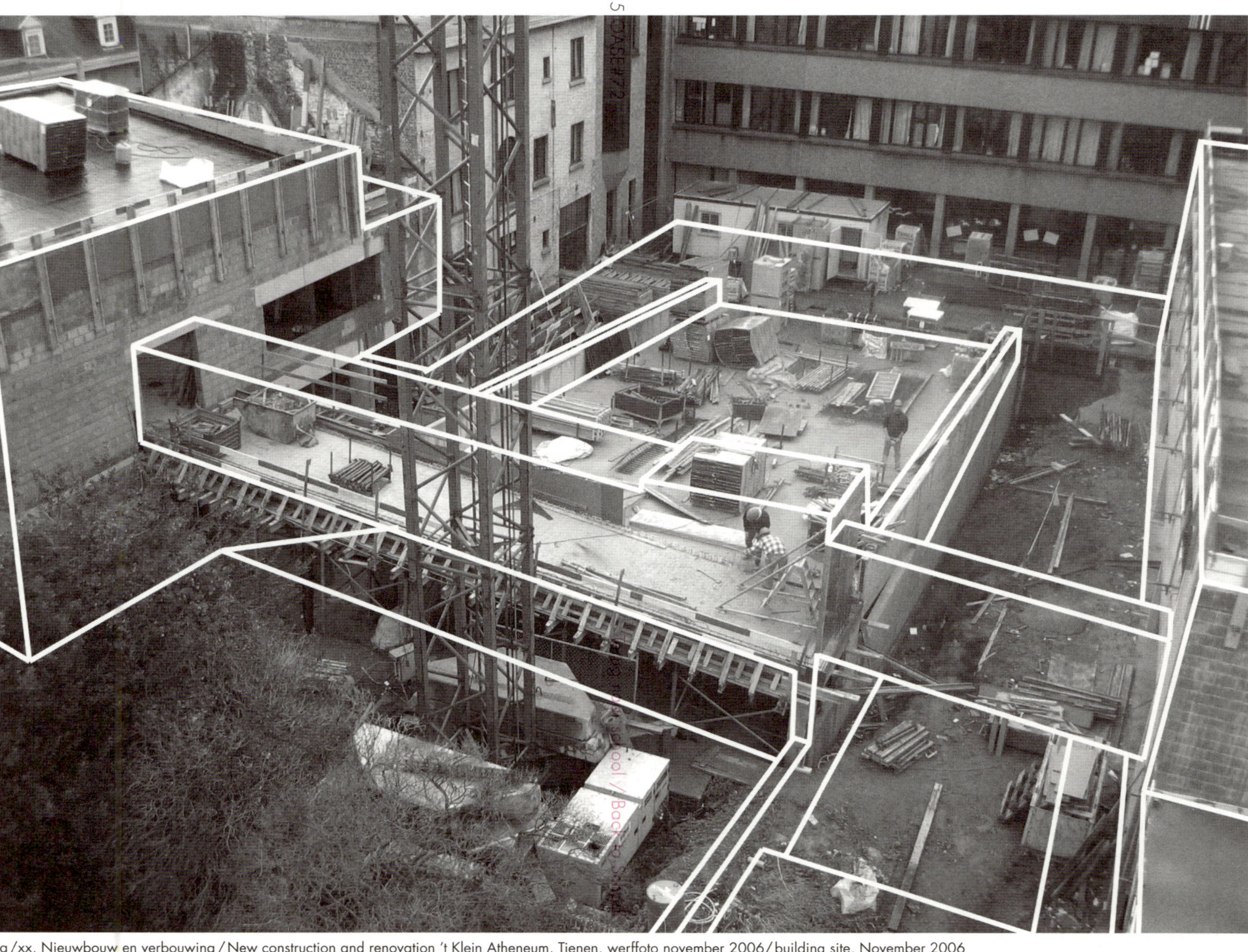


Ssa/xx, Nieuwbouw en verbouwing / New construction and renovation 't Klein Atheneum, Tienen, werffoto november 2006/building site, November 2006

Zoals vele scholen heeft 't Klein Atheneum in Tienen een gecompliceerde bouwgeschiedenis. De binnenstedelijke locatie ervan bracht met zich mee dat de ontwikkeling van het schoolgebouw werd bepaald door de mogelijkheden die zich aandienden. De basisschool ontstond rond 1930 en was ondergebracht in een grote burgerwoning, waaraan vooreerst een bijkomend kleuterblok werd gebouwd. Met de tijd groeide de school uit tot een weinig overzichtelijk agglomeraat van disparate gebouwen. Eind jaren zeventig werd die problematische situatie aangescherpt door een onvolledig doorgevoerde grootschalige uitbreiding. De basisschool ontbeert een duidelijk circulatiesysteem en is ontoegankelijk voor hulpdiensten. Het enige ordeningsprincipe dat zich blijvend heeft laten gelden, is de oriëntatie op een gesloten straatfront. Aan de Oude Vestenstraat beslaat het instituut een gevellengte van ongeveer 75 meter. Nochtans ontleent de school weinig zichtbaarheid aan deze aanzienlijke façade. Ze ligt verscholen achter een ris puien van divers formaat en allooi.

De basisschool had nooit ruimtegebrek; haar probleem was van een andere aard. De belofte van een bouwoperatie in de jaren zeventig had de school op het verkeerde been gezet. De veronderstelde tijdelijkheid van de omstandigheden gaf weinig aanleiding om aandacht en zorg aan het beheer van het patrimonium te besteden. Delen van de school werden uitgeleefd en vervolgens verlaten of gebruikt als bergplaats voor afgedankt materiaal. Uiteindelijk zouden verkrotting en bouwval de toestand onhoudbaar maken. De bakermat van de school, het statige herenhuis aan de westzijde, was in onbruik geraakt. De koetspoort die lange tijd de voornaamste toegang tot het schooldomein was, werd omwille van veiligheid gesloten. Sinds enkele jaren betraden alle gebruikers (kleuters, scholieren, leerkrachten, personeel en leveranciers) de school via de entree uit de jaren zeventig. Daarmee werd de gehele circulatiestroom van de school gestremd. De opdracht van de in 2002 uitgeschreven ontwerpwedstrijd voor 't Klein Atheneum betrof niet de realisatie van een nieuw of een bijkomend programma, maar de sanering van het zieke schoollichaam. De projectdefinitie, vastgelegd en goedgekeurd door de raad van bestuur van de





Like many schools, *'t Klein Atheneum* in Tienen has a complicated building history. Its city centre location meant its development had to adapt to the possibilities that presented themselves. The primary school was established around 1930, and was housed in a large private house to which a kindergarten extension was added. Over time it grew into a labyrinthine agglomeration of disparate buildings. An expansion, not fully carried out, aggravated the problem in the late 1970s. The primary school lacks a clear circulation system and is inaccessible to emergency services. The only ordering principle that has remained constant is its grouping along a closed street front. The institution stretches along a 75-m façade on the Oude Vestenstraat. Yet the school derives little visibility from this considerable façade. It remains concealed behind a string of building fronts of varying size and quality.

The primary school never had to suffer from a lack of space. Its complaint was of a different sort. The unfulfilled promises of the building operation of the 1970s muddied the waters. The situation seemed temporary and did not occasion much attention and care to the maintenance of its patrimony. Parts of the school were exploited to their limits and then abandoned or used as storage for obsolete equipment. Eventually decay and ruin made the situation untenable. The school's point of origin, the stately townhouse on the west side, was no longer in use. The carriage entrance that had long been the main entrance into the school domain was closed off for security reasons.

For several years, all users – kindergarteners, pupils, teachers, staff and delivery people – would enter the school through the entrance of the 1970s building, creating a traffic bottleneck for the entire school.

The brief of the 2002 design competition for *'t Klein Atheneum* was not to realise a new or supplementary programme, but to cure the ailing body of the school. The project definition, laid out and approved by the governing board of the school district, described in detail which parts were to be demolished, what positions, dimensions and functions the new sections were to have, which superfluous elements of the school complex were to be divested and sold off. Only the office

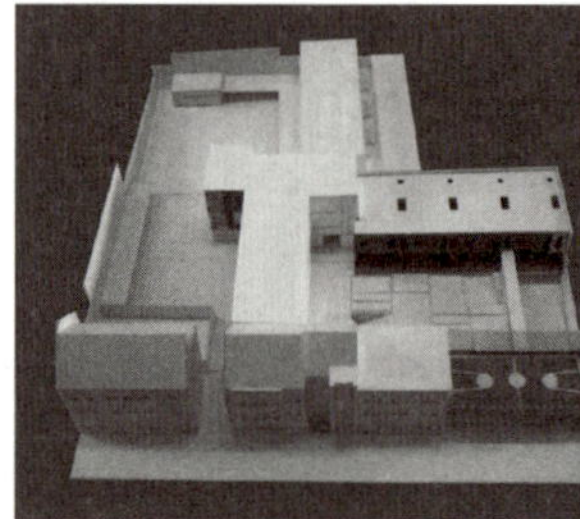

Ssa/xx, Nieuwbouw en verbouwing/New construction and renovation 't Klein Atheneum, Tienen, maquette van het wedstrijdontwerp/model of the competition design

schoolgemeenschap, beschreef in detail welke delen moesten afgebroken worden, welke positie, omvang en functietoewijzing de nieuwe delen zouden krijgen en welke overtollige elementen van het schoolcomplex zouden worden afgestoten en verkocht. Alleen de dienst van de Vlaams Bouwmeester, die onderwijl bij dit hachelijke dossier was betrokken, beklemtoonde de noodzaak om het complex in zijn geheel te beschouwen en om een 'strategische invulling' aan de opdracht te geven.

We begrepen dit als een aansporing om de inzet van het ontwerp te verleggen. Een loutere architecturale 'oplossing' zou weliswaar een vernieuwing van de infrastructuur bewerkstelligen, maar de dispersie waaronder ze te lijden had daarom niet opheffen. We zouden onze aandacht richten op de ruimtelijke structuur van de school; eerst samenhang nastreven en daarbij een veilige toegang verzekeren, de interne circulatie uitklaren, evacuatie en noodhulp faciliteren, het gebruik van de buitenruimte optimaliseren en de school als een publieke instelling en als een entiteit herkenbaar maken. Een dergelijke ambitie vereiste een nauwgezette evaluatie van alle componenten van het complex en een uitspraak over de wijze waarop ze konden worden ingezet in de organisatie en het beeld van de school. De volledige site moest in het vraagstuk worden betrokken. Een analyse van wat er overbleef als alle afgedankte delen werden weggedacht, stelde ons in staat om de noordelijke oksel van de vleugel uit de jaren zeventig aan te wijzen als het potentiële convergentiepunt van de school. De centrale positie ervan op het terrein, op het snijpunt van de richtingen die de oude perceelstructuur heeft opgelegd, liet ons toe om de structurele samenhang van daaruit te construeren.

De 'knoop' is het aanhechtingspunt van de gebouwen die na de opruiming overblijven. Hij is verbonden met een bestaande trapkoker en uitgerust met sanitair. Een beperkte verbouwing kan de knoop in verbinding stellen met de twee binnenplaatsen en de turnzaalvleugel.[1] Hij kan zo uitgewerkt worden tot de voornaamste verkeerswisselaar van het complex. De toegang tot de schoolgebouwen wordt losgekoppeld van de toegang tot het domein. Het ontwerp herorganiseert het complex rond de twee binnenplaat-



of the Flemish Government Architect, which in the meantime had become involved in this dicey project, emphasised the need to consider the complex as a whole and provide a 'strategic interpretation' of the commission.

We saw this as an incentive to expand the scope of the project. A purely architectural 'solution' might well bring about a renewal of the infrastructure, but it would not resolve the dispersion it was suffering from. We would focus our attention on the school's spatial structure – first strive for coherence and thereby ensure a secure access, clear up the internal circulation, facilitate evacuation routes and accessibility for emergency services, optimise the use of the outside space and make the school identifiable as a public institution and as an entity. Such ambitions required a painstaking evaluation of all the components of the complex and a decision on the way they might be used for the organisation and image of the school. The entire site had to be included in the challenge. An analysis of what was left over once all the obsolete sections were removed from the equation enabled us to identify the north corner of the wing built in the 1970s as the potential point of convergence for the school. Its central position on the site, at the intersection of the lines imposed by the structure of the original parcels, allowed us to use it as a starting point from which to construct a structural coherence.

This 'node' is the connection point of the buildings that remain after the clearout. It is linked to an existing stairwell and equipped with toilet facilities. A modest renovation can link it to the two courtyards and the gymnasium wing.[1] It can be developed into the complex's principal traffic exchange, separating access to the school buildings from access to the grounds. The design reorganises the complex around the two courtyards, conceptualising them as the forecourts of the school. Their direct connection to the street assures a smooth and secure access. Kindergarteners, pupils and staff can use separate, designated entrances, relocating congestion from around the school gate to the centre of the school grounds. The traffic flow converges at the circulation node before splitting up toward the various buildings.

From the node, a new classroom wing



[1] Laatstgenoemde verbinding werd omwille van budgettaire redenen voorlopig geschrapt.

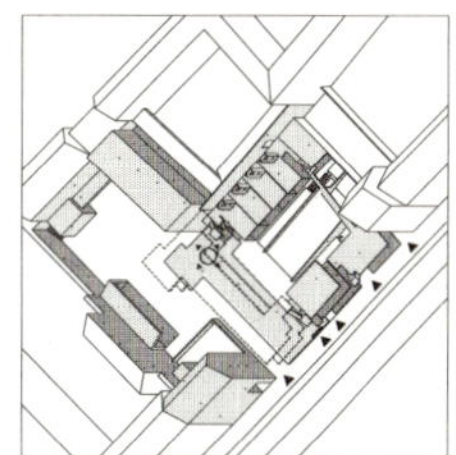


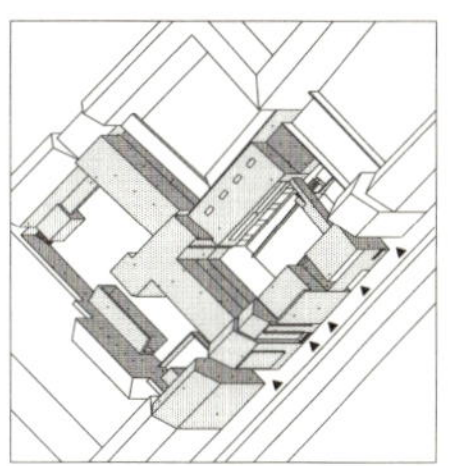


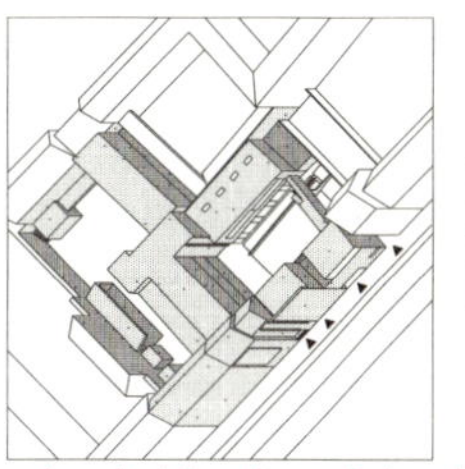


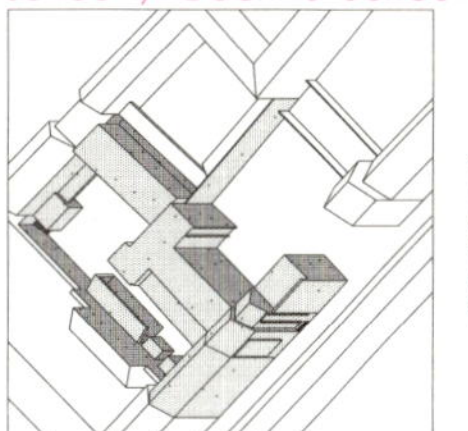


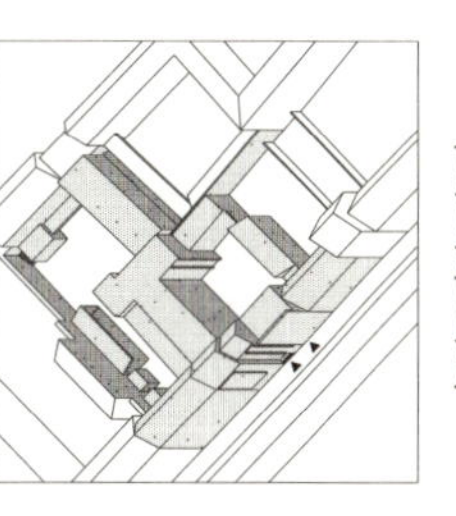


Ssa/xx, Nieuwbouw en verbouwing / New construction and renovation 't Klein Atheneum, Tienen, schema's bouwontwikkeling: bestaande toestand: afbraak fase 1; bouw fase 1; fase 2; organisatie / building development schemes: existing situation; demolition phase 1, building phase 1; phase 2; organisation

[1] For budgetary reasons, this link has been provisionally eliminated.

sen. Ze worden opgevat als de voorplei-
nen van de school. Hun rechtstreekse
verbinding met de straat verzekert een
vlotte en veilige toegang. Kleuters, scholieren en personeel kunnen gebruikmaken
van onderscheiden poorten. De congestie
rond de schoolpoort wordt aldus verlegd
naar het centrum van het schoolterrein.
De toestroom convergeert op de circu-
latieknoop alvorens in de gebouwen te
worden herverdeeld.

Vertrekkend van de knoop wordt een
nieuwe klassenvleugel opgetrokken. Deze
maakt gebruik van de mogelijkheid tot
doorsteek langs de bestaande trappen-
koker en strekt zich in oost-westrichting
uit over de ganse lengte van de hoge
keermuur die het domein begrenst. De
begane grond wordt ingenomen door
kleuterklassen. De verdieping, die in
verbinding staat met de koer van het
aanliggende Atheneum, voorziet in een
klassenbeuk, die naargelang de noden
door de kleuterafdeling, de basisschool of
de middenschool kan worden gebruikt.

In het wedstrijdontwerp hebben we op
de bestaande gebouwen een strategie
van functieverschuiving en -verdringing
toegepast. De transactie werd doorge-
voerd tot het heterogene programma kon
worden vervangen door een onver-
mengde reeks klassen. Zo kon de gehele
nieuwbouwoperatie op deze ene en uni-
taire vleugel worden geconcentreerd. In
de overstap naar het definitieve ontwerp
werd het programma uitgebreid maar de
inplanting van de nieuwe klassenvleugel
op de scheidingslijn van basis- en middenschool blijft de grondslag leggen van
de herstructurering. Het ontwerp streeft
naar een uitklaring van de gebouwen-
configuratie. Vanaf het ankerpunt van de
knoop wordt een kruisfiguur op het terrein
uitgezet. De uitgestrekte armen ervan begrenzen en oriënteren de binnenplaatsen.

Om de zonderlinge kwestie van het
plaatsoverschot op te lossen, voorzag de
projectdefinitie in de verkoop van twee
bouwvallige rijhuizen aan de oostkant
van het domein.[2] In plaats daarvan
stelden we voor om het herenhuis aan de
westkant vrij te geven. Aan dit gebouw
is immers een problematiek van conser-
vering verbonden die moeilijk te rijmen is
met de actuele eisen van een school.[3] De
sloop van een toegevoegde, afgescheur-
de travee herstelt de neoclassicistische gevel in zijn oorspronkelijke proporties. De

2
De huizen zijn eigendom van de
school, maar werden er nooit
door betrokken.
3
Het pand behoort tot de oorspronkelijke bebouwing van de straat
en zijn gevel heeft een specifieke
historische waarde. De aanpas-
sing ervan aan de hedendaagse
veiligheids- en functioneringseisen
voor scholen zou echter een
zware verbouwing vereisen.
Bovendien is het gebouw moeilijk
te betrekken op de organisatori-
sche structuur die we voorstaan.







is to be built, taking advantage of the
opportunity to cut through alongside the
existing stairwell and stretching in an
east-west direction along the entire length
of the high retaining wall that bounds the
school grounds. The ground floor will be
occupied by kindergarten classrooms. The
upper storey, which is connected to the
courtyard of the adjacent Atheneum, consists of a nave of classrooms that can be
used, as needed, by the kindergarten, the
primary school or the secondary school.

In the competition design, we applied
a strategy of shifting and pushing out
functions, continuing this transaction until
the heterogeneous programme could be
replaced by a uniform series of classrooms. This made it possible to concentrate the entire operation of new construction within this single, unitary wing. In
the transition to the definitive design the
programme was expanded, but the implantation of the new classroom wing on
the dividing line between the primary and
secondary schools remains the foundation
of the restructuring. The design strives to
clarify the building configuration. Starting
at the anchoring point of the node, a
cross formation is laid out on the site, its
outstretched arms demarcating and orient-
ing the courtyards.

To resolve the separate issue of surplus
space, the project definition called for sell-
ing two dilapidated terraced houses on
the east side of the grounds.[2] Instead, we
proposed releasing the town house on the
west side. This building, after all, entails
conservation issues that are difficult to rec-
oncile with the current requirements of a
school.[3] Tearing down an added, ragged
bay would restore the original proportions of the neo-classical façade, as well
as create a breach in the row of façades.
This will become the entrance for the pupils and cyclists. The aim of servicing the
buildings from the courtyards is reinforced
by an open access to the street.

In the competition, we concentrated
the entire replacement programme on the
construction of the new classroom wing.
We proposed using the gap that would
be created by tearing down the two
terraced houses to build a large porch
topped by an open-air sports court. The
expansion of the programme now allows
us to construct a new building there as
well.[4] This front building will serve as a
gateway for the kindergarteners and their

2
The houses are the property of
the school but were never used as
school facilities.
3
The building is part of the original
construction of the street and its
façade has a specific historical
value. Adapting to the present-
day security and functional
requirements of a school, however, would require significant
renovation. In addition, the
building is difficult to incorporate
in the organisational structure we
propose.
4
The ground floor accommodates
the medical facilities of the CLB
(the school's counselling and
healthcare service); the upper
storey will house a new multi-func-
tion room (the existing room will
become a refectory and kitchen).

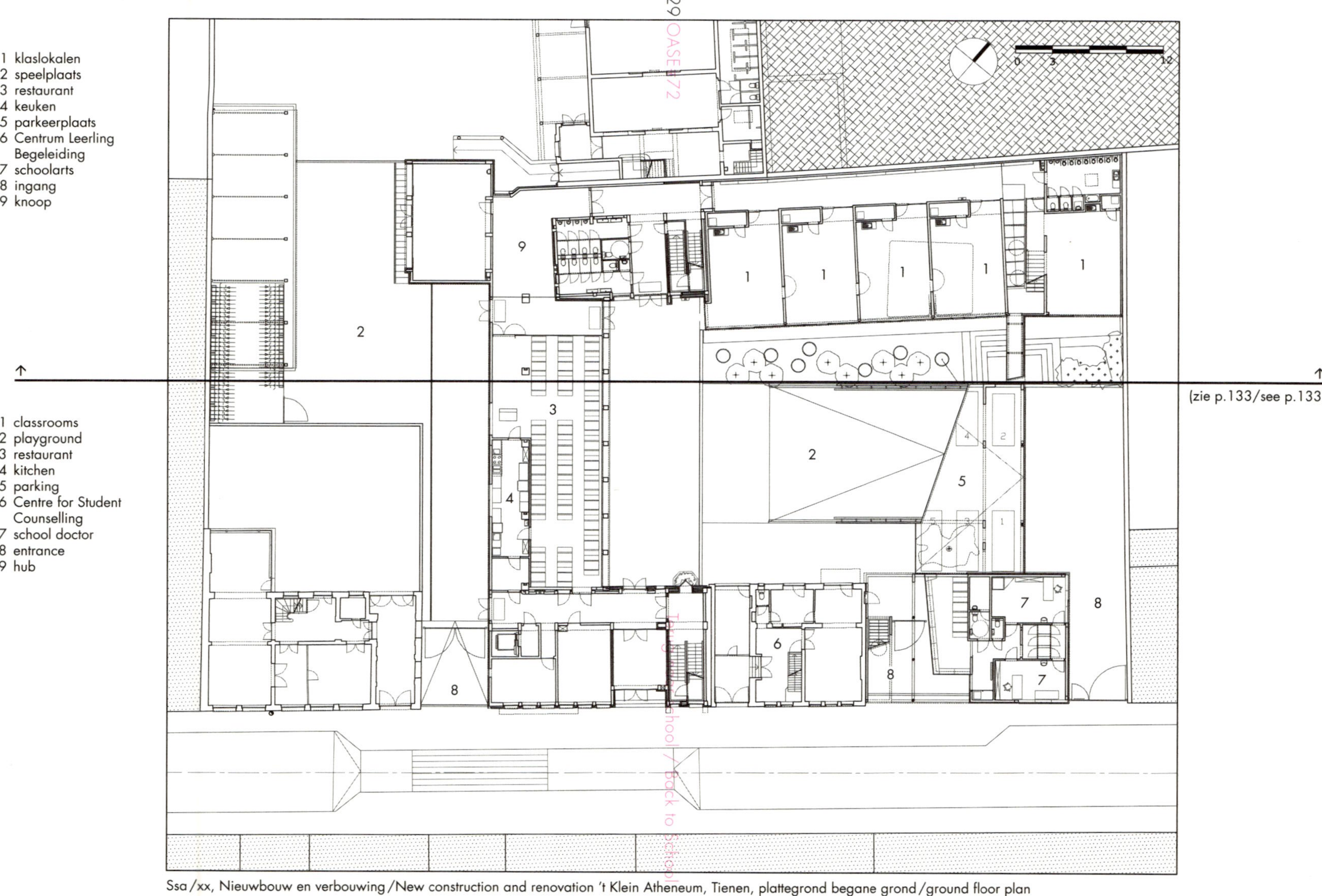


(zie p.133/see p.133)

Ssa/xx, Nieuwbouw en verbouwing/New construction and renovation 't Klein Atheneum, Tienen, plattegrond begane grond/ground floor plan

actie slaat een bres in de rij. Dit wordt de
toegang voor de scholieren en de fietsers.
Het opzet om de gebouwen vanaf de binnenplaatsen te bedienen, wordt versterkt
door een open verbinding met de straat.

In wedstrijd hadden we het volledige
vervangingsprogramma op de bouw van
de nieuwe klassenvleugel ingezet. We
stelden voor om de gaping die in de rij
zou ontstaan door de sloop van de twee
rijhuizen te bezetten met een grote luifel
met daarboven een sportveld in open
lucht. De programma-uitbreiding laat ons
nu toe om ook daar een nieuw gebouw
op te richten.[4] Dit frontgebouw vormt een
portaal voor de kleuters en hun ouders.
Het maakt ook plaats voor een inrit naar
de parking.

De nieuwe parkeerruimte wordt in hel-
ling gelegd. Ze ontsluit de garagekelder
– een merkwaardige restant van de bouwoperatie uit de jaren zeventig – die tot
nog toe onbereikbaar was. De dakplaat
wordt uitgewerkt als een bijzonder onderdeel van de speelkoer; een oplopend vlak
dat een groot deel van de oostelijke bin-
nenplaats bezet. Bovenaan sluit het aan
op een luchtbrug die een dwarse verbinding over het schooldomein maakt. Deze

corridor is het sluitstuk van een parcours
dat van de knoop tot helemaal vooraan
naar het frontgebouw voert en de niveauverschillen van de school overbrugt. Met
het verloop van trapsgewijs geschakelde
vloerplaten, een gang in hellingsseg-
menten, de oplopende corridor, schuine
en verspringende vlakken, kloven en
doorzichten, verdiepingshoge lichtkokers,
vervaagt de traditionele stapeling van de
bouwlagen. De referentiewaarde van het
maaiveld wordt opgegeven. De oostelijke
buitenruimte krijgt niet de definitie van
een plein; ze wordt geconfigureerd als
een landschap van bouwsels.

In ons werk zoeken we dit soort
verschuivingen op. Een project opereert
op een omstandigheid. Het hertekent een
situatie. Daarin sporen we verbanden
op, bewerkstelligen we overeenkomsten.
Architectuur moet immers worden 'geïn-
stalleerd'. Het ontwerp is een samenstel-
ling. Het wordt vooreerst als een structuur
beraamd. Die structuur wordt opgetrokken op een conceptueel rooster en stelt de
voorwaarden in waarbinnen stoffelijkheid
en vorm gezamenlijk kunnen geschieden. Ze slaat daarmee een brug tussen
ideeën en feiten. Ze bakent het veld af







parents, as well as providing space for an
access drive into the car park.

The new parking facility is to be built
on an incline, providing access to the
underground garage – a remarkable
leftover from the 1970s building operation – which has been inaccessible up
to this point. The roof surface will be
developed as a unique component of the
playground: a sloping surface occupying
a large section of the east courtyard. At
the top it connects to a sky bridge that
crosses the school domain on a transverse
axis. This corridor is the final element in
a route running from the node to the front
building and bridges the school's different
elevations. The sequence of stepped floor
slabs, a hallway in sloping segments, the
inclined corridor, slanted and staggered
surfaces, gaps and through-views, floor-
to-ceiling light shafts blurs the traditional
stratification of the storeys, dispensing
with the street level as a reference. The
outside space on the east side is not
defined as a plaza – it is configured as a
landscape of structures.

We seek out this kind of shifts in our
work. A project operates on a given
circumstance. It redraws a situation.

Within this we look for clues, engineer
harmonies. Architecture, after all, must be
'installed'. The design is a composite. It
is initially constructed as a structure. This
structure is expanded into a conceptual
grid and sets the conditions by which
substance and form are able to coex-
ist, thereby creating a bridge between
ideas and facts. It demarcates the field
within which meanings develop. In this
way, architecture imposes a perspective.
It arranges things along a horizon and
identifies their vanishing point in order to
define a point of view. The design adjusts
the circumstance. It operates as a shift
in the situation and remains visible as a
distortion. Congruence and distortion are
the operators of a design strategy we aim
to employ in the production of meaning.

This implies that one can accept existing structures without undermining the
claims of the architecture; that we can be
confident that the outline of the design
emerges from the surrounding static. In
the design for 't Klein Atheneum the available infrastructure is incorporated in the
superstructure of the design. The caesura
on the west side of the row of façades
is repeated on the east side, enabling

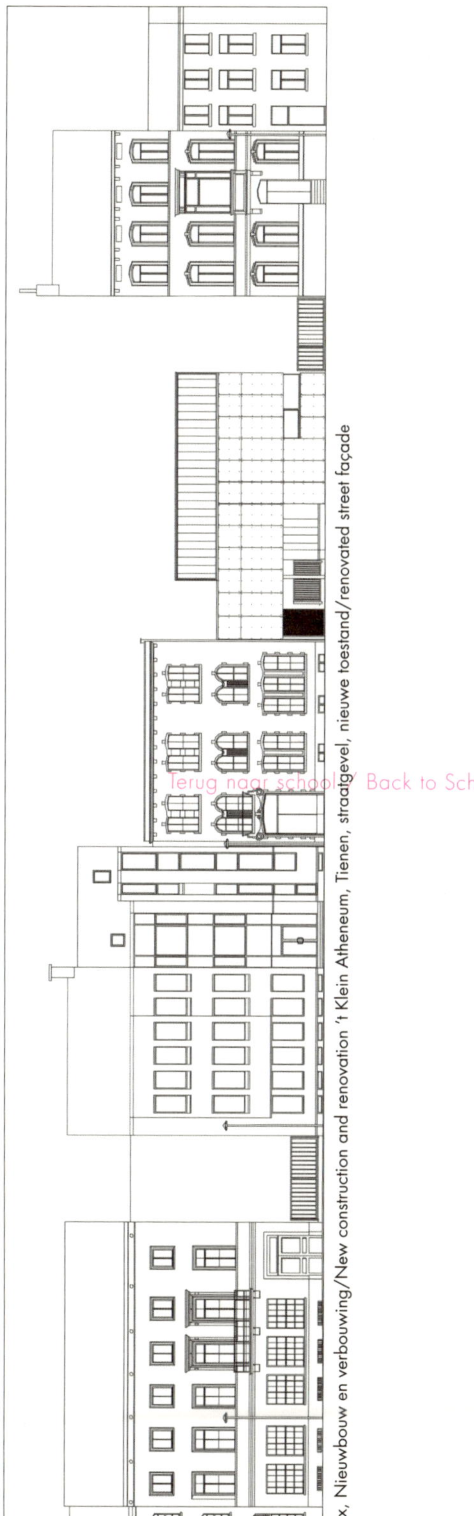

Ssa/xx, Nieuwbouw en verbouwing/New construction and renovation 't Klein Atheneum, Tienen, straatgevel, bestaande toestand/existing street façade

Ssa/xx, Nieuwbouw en verbouwing/New construction and renovation 't Klein Atheneum, Tienen, straatgevel, nieuwe toestand/renovated street façade

waarop betekenissen worden ontvouwd.
Aldus legt de architectuur een perspectief
op. Ze schikt de dingen op een einder
en wijst een verdwijnpunt aan om een
gezichtspunt te bepalen. Het ontwerp
verstelt een omstandigheid. Het dient zich
aan als een verschuiving op de situatie
en blijft zichtbaar als een vertekening.
Congruentie en distorsie zijn de operato-
ren van een ontwerpstrategie die we op
de productie van betekenis willen richten.

Dit impliceert dat het bestaande kan
worden aanvaard zonder de aanspraak
van de architectuur terug te dringen;
dat we er kunnen op vertrouwen dat het
postuur van het ontwerp zich aftekent
op de omgevende visuele ruis. In het
ontwerp voor 't Klein Atheneum wordt de
beschikbare infrastructuur opgenomen
in de superstructuur van het ontwerp.
De cesuur aan de westkant van de
gevelrij wordt aan de oostkant herhaald.
Daarmee brengen we samenhang in het
disparate geheel dat door de gevels van
de schoolgebouwen wordt gevormd.
Het front wordt gemodelleerd in een vrij-
staande figuur. Het openbreken van de rij
laat ons ook toe om het publieke karakter
van de school tot uitdrukking te brengen.

Er ontstaan dieptezichten in het binnengebied. De typische inwendige structuur
van een bouwblok waar omvangrijke
publieksgerichte entiteiten naast elkaar
opgesteld staan, wordt leesbaar gemaakt
vanaf de straat. Op de uiteinden van de
achterste gevelfronten en aan de randen
van de vrijgekomen gemene muren wordt
de naam van het instituut in de leienbe-
kleding aangebracht. De typografische
bewerking ijkt de figuur die het gebouwencomplex over het domein uitzet.





us to bring coherence to the disparate
conglomeration formed by the façades of
the school building. The front is modelled
into a free-standing figure. Breaching
the row enables us to express the public
character of the school, creating depth
perspectives into the interior space. The
typical internal structure of a building
block in which sizable publicly oriented
entities are positioned alongside one another becomes legible from the street. The
name of the institution will be engraved in
the slate cladding at the extremities of the
rearmost façades and along the edges of
the common walls that have been freed
up. This typographic operation is a stamp
for the figure of the building complex
spread across this domain.

Translation: *Pierre Bouvier*

Grafische bewerking gevels/
graphic treatment of the façade

Ssa/xx, Nieuwbouw en verbouwing / New construction and renovation 't Klein Atheneum, Tienen, doorsnede / section

# ARCHITECTUUR EN DE 'CHOREOGRAPHY OF SCHOOLING' —JOHAN LAGAE





# ARCHITECTURE AND THE 'CHOREOGRAPHY OF SCHOOLING' —JOHAN LAGAE

In Bujumbura, Burundi, werd tussen 1952 en 1961 het *Collège du Saint-Esprit* opgetrokken naar een ontwerp van de Belgische architect Roger Bastin. Het indrukwekkende complex ligt op een afgetopte heuvel en domineert als een akropolis deze stad aan het Tanganyikameer. Als een baken van moderniteit straalt het college in het Afrikaanse *Pays des milles collines*.

In de toenmalige koloniale en missionaire propaganda werd de 'moderne, lichte en luchtige' architectuur ingezet om het innovatieve onderwijsexperiment te verbeelden: het *Collège du Saint-Esprit* vormde de eerste 'interraciale' instelling voor secundair onderwijs waar de elite van het toenmalige Belgisch-Afrika werd opgeleid en waar blanke en zwarte leerlingen zij aan zij werden onderricht. De jezuïeten die de instelling leidden, introduceerden er een schoolcurriculum dat kon wedijveren met de beste opleidingen in het moederland maar, zo luidt het in de film *Espoirs d'Afrique* (1961) van jezuïet Jacques Gabin, ook het beste van twee humanistische tradities combineerde, de westerse en de Afrikaanse.

The *Collège du Saint-Esprit*, designed by Belgian architect Roger Bastin, was built between 1952 and 1961 in Bujumbura, Burundi. This impressive complex is situated atop a truncated hill and dominates this city on Lake Tanganyika like an acropolis. The college shines like a beacon of modernity in this African 'Land of a Thousand Hills'.

According to the colonial and missionary propaganda of the time, the 'modern, light and airy' architecture was meant to reflect an innovative educational experiment: the *Collège du Saint-Esprit* was the first 'interracial' institution where the elite of then-Belgian Africa was educated and where white and black students were taught side by side. The Jesuits in charge of the institution introduced a school curriculum that could compete with the best programmes in the mother country but also, according to the film *Espoirs d'Afrique* ('African Hopes', 1961) by Jesuit Jacques Gabin, combined the best of two humanist traditions – Western and African.

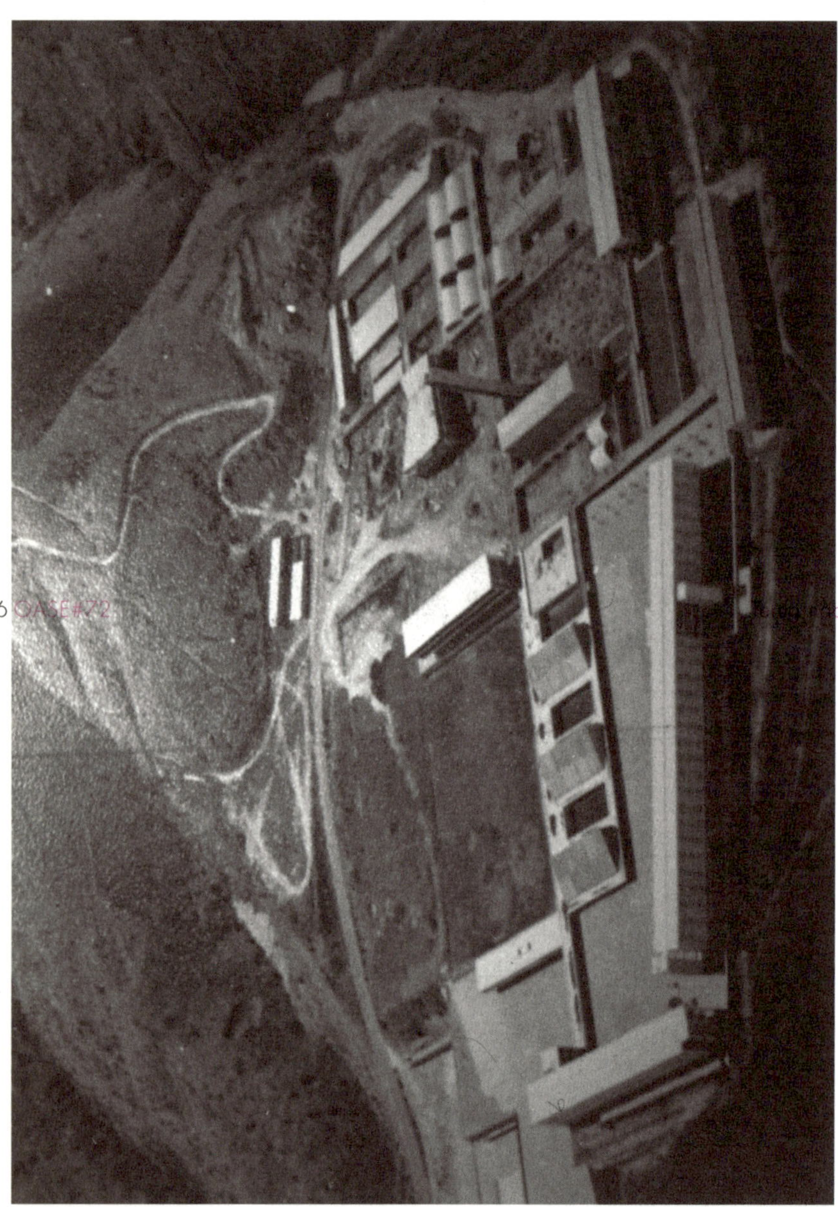

Het *Collège du Saint-Esprit*, zo stelt de officiële geschiedschrijving over het complex, is een open ruimte, zonder begrenzing of afgesloten horizonten. De specifieke locatie, een langs één weg ontsloten en door steile hellingen omsloten heuvelplateau, op vijf kilometer afstand van het stadscentrum, zorgde evenwel voor een sterk isolement, voor een afgezonderde wereld waar leerlingen konden worden beschermd tegen de Afrikaanse stad die met haar vele bars en filmzalen zonder censuur door jezuïeten begin jaren zestig nog wordt voorgesteld als een oord van verlokking en verderf. Al naargelang de sympathie voor de instelling, zo zou ooit een van de schoolhoofden beweren, kon men het *Collège du Saint-Esprit* beschouwen als een serene omgeving voor studie, een klooster waardig, dan wel als een versterkte burcht of 'Alcazar'. Ondanks zijn 'open' verschijning is het *Collège du Saint-Esprit* in dat opzicht niet eens zo verschillend van de imposante, jezuïetencolleges in het moederland, met hun doorgaans gestrenge, gesloten architectonische verschijning.

The *Collège du Saint-Esprit*, says the official history of the complex, is an open space, with neither boundaries nor closed-off horizons. The specific location, a plateau accessible by a single road and surrounded by steep hills, 5 km from the city centre, nevertheless created significant isolation, a secluded world in which students could be sheltered from the African city, which, with its many bars and uncensored cinemas, was still considered by Jesuits in the early 1960s to be a den of temptation and perdition. Depending on one's sympathy toward the institution, as one of its head teachers once said, one could view the *Collège du Saint-Esprit* as a serene environment for study, worthy of a cloister, or as a fortified citadel or 'alcazar'. In this regard, the *Collège du Saint-Esprit*, despite its 'open' aspect, is not so very different from the imposing Jesuit colleges in the mother country, with their usual severe, enclosed architectonic aspect.

In de uiteengelegde configuratie
van het complex, die inspeelt op
de klimatologische condities in
de tropen, worden de diverse
functionele onderdelen van het
complex (de klasgebouwen,
de internaatvleugels, het weten-
schapsblok, het dispensarium, de
sportaccommodaties, de studie-
zalen, de centraal gelegen kapel,
de residentie van de paters, het
dienstenblok met refters, keukens,
wasserijen en stockageruimtes)
met elkaar verbonden via een
netwerk van overdekte galerijen.
Het complex is bewust ontworpen
vanuit het standpunt van de bewe-
gende beschouwer. Het biedt
telkens wisselende perspectieven
op de kleurrijke architectuur en
het imponerende heuvelland-
schap. Tegelijk faciliteren de vele
doorzichten, de niveauverschillen,
de in bouwvolumes uitgespaarde
terrassen en de zonneweringen
die dit tropisch modernistisch
complex typeren, ook discrete
vormen van overzicht en controle
die het disciplinerende schoolregime vereisen. De panoptische blik is in het *Collège du
Saint-Esprit* nooit veraf. 'Kort na
zonsopgang', schrijft Albert Russo
in een passage over het college
in zijn roman *Eclipse sur le lac
Tanganyika* (1994), 'zou men
er de leerlingen in de weer zien
onder toeziend oog van paters,
onberispelijk gekleed in hun witte
soutanes.'

Within the sprawling configuration of the complex, suited to the
climatic conditions in the tropics,
its various functional elements
(the classroom buildings, the
dormitory wings, the science
block, the dispensary, the sports
accommodations, the study halls,
the centrally situated chapel, the
Fathers' residence, the service
block with refectories, kitchens,
laundries and storage facilities)
are linked by a network of
covered galleries. The complex
is deliberately designed from
the point of view of the moving
spectator. At every turn it offers
changing vistas onto the colourful
architecture and the impressive
landscape of hills. Simultaneously,
the numerous through-views, the
variations in levels, the terraces
cut into building volumes and the
sun-screening devices that typify
this tropical modernist complex
also facilitate discrete forms of
oversight and control required by
the disciplining school regime.
In the *Collège du Saint-Esprit*,
the panoptic gaze is never far
off. 'Shortly after sunrise,' writes
Albert Russo in a passage about
the college in his novel *Eclipse
sur le lac Tanganyika* (Eclipse on
Lake Tanganyika, 1994), 'the
students could be seen going
about under the watchful eye of
the Fathers, immaculately dressed
in their white cassocks.'

Historica Betty Eggermont heeft ooit het ideaal van gelijktijdige, rituele bewegingen van leerlingen dat het schoolregime typeert, benoemd als de 'choreography of schooling': het in de rij gaan staan wanneer de schoolbel rinkelt, zwijgend het schoolinterieur betreden, het innemen van vaste plaatsen in de klas, het opsteken van de hand alvorens te antwoorden... De 'filmische' architectuur van het *Collège du Saint-Esprit* zet deze choreografie op soms markante wijze in scène: de overdekte galerijen kadreren de beweging van rijen leerlingen, de opengewerkte trappenkokers snijden zichten uit het omringende landschap maar leggen tegelijk het bestijgen van de trap vast als in een reeks snapshots, de panoramische terrassen bieden plaats voor gymnastieklessen die met hun strakke, quasi paramilitaire regie het principe 'mens sana in corpore sano' huldigen. De riante trappenpartijen, die de speelvelden afboorden en bij publieke turndemonstraties als tribunes dienstdoen, bieden echter ook ruimte voor spel dat leerlingen toelaat om, al is het voor even, het keurslijf van de choreografie te doorbreken en zich de ruimte van de school toe te eigenen. Want een school is nooit absoluut genormeerd of gedisciplineerd. Ze is ook steeds, zoals Eggermont aangeeft, een 'site for struggle'.



Terug naar school / Back to School

Historian Betty Eggermont once dubbed the ideal of the simultaneous, ritual movements of students that typifies the school regime the 'choreography of schooling': standing in rows when the school bell rings, entering the school interior in silence, taking their assigned seats in the classroom, raising their hands before answering... The 'cinematic' architecture of the *Collège du Saint-Esprit* at times stages this choreography in a very striking way: the covered galleries frame the movement of rows of students, the open stairwells slice vistas out of the surrounding landscape but simultaneously record climbing the stairs as a series of snapshots, the panoramic terraces provide space for gymnastics lessons that, with their tight, quasi-military precision, celebrate the principle of *mens sana in corpore sano*. The ample banks of steps that line the playing fields and serve as stands during public gymnastics demonstrations, however, also provide room for play, allowing the students to break free, if only for a moment, of the restrictions of the choreography and appropriate the space of the school. For a school is never absolutely standardised or disciplined. It also remains, as Eggermont notes, a 'site for struggle'.

Noot:
Deze tekst is gebaseerd op een
studie van het *Collège du Saint-
Esprit*, uitgevoerd in het kader
van een doctoraatsonderzoek.
Zie J. Lagae, '*Kongo zoals het
is*'. *Drie architectuurverhalen
uit de Belgische kolonisatie-
geschiedenis (1920–1960)*,
doctoraal proefschrift, Universiteit
Gent, 2002. Voor een officiële
geschiedenis van het college,
zie Maurice Pilette, 'Le Collège Interracial du Saint-Esprit à
Usumbura', in: A. Deneef (red.),
*Les Jésuites au Congo. Cent ans
d'épopée*, A.E.S.M., Brussel
1995, p.130-138. De notie
'Choreography of Schooling' is
ontleend aan Betty Eggermont,
'The Choreography of Schooling
as a Site for Struggle. Belgian
Primary Schools 1880–1940',
*History of Education*, nr.2, 2001,
p.129-140.

Note:
This text is based on a study
of the *Collège du Saint-Esprit*
conducted as part of doctoral
research. See Johan Lagae, '*Kongo zoals het is': Three architecture stories from Belgian colonial
history (1920-1960)*, doctoral
thesis (University of Ghent,
2002). For an official history of
the college, see Maurice Pilette,
'Le Collège Interracial du
Saint-Esprit à Usumbura',
in Alain Deneef (ed.), *Les Jésuites
au Congo: Cent ans d'épopée*
(Brussels, 1995), 130-138.
The notion of the 'Choreography
of Schooling' is borrowed from
Betty Eggermont, 'The Choreography of Schooling as a Site for
Struggle: Belgian Primary Schools
1880-1940', *History of Education*, no.2 (2001), 129-140.

Translation: *Pierre Bouvier*

Maarten Van Den Driessche studeerde in 2001 af als ir.-architect. Momenteel is hij als onderzoeksassistent verbonden aan de Vakgroep Architectuur en Stedenbouw, Universiteit Gent. Hij bereidt er een doctoraat voor over de typologie van het schoolgebouw. Samen met Bart Verschaffel publiceerde hij *Charles Vandenhove. Gemeentehuis Ontmoetingscentrum Ridderkerk* (2005) en *De school als ontwerpopgave. Recente schoolarchitectuur in Vlaanderen 1995–2005* (2006)

Jeroen Geurst is architect in Den Haag. Hij richtte in 1986 samen met Rens Schulze het bureau Geurst & Schulze op. Hij publiceerde o.a. *J.A. Brinkman and L.C. van der Vlugt: Van Nelle Factory Rotterdam, The Netherlands. 1925–31* (1994). Geurst is docent aan de Academie van Bouwkunst in Amsterdam. Het ontwerp voor de Prinsehaegheschool is genomineerd voor de Scholenbouwprijs 2006.

Herman Hertzberger is architect in Amsterdam. Zijn bureau heeft sinds 1958 tientallen scholen verwezenlijkt en herhaaldelijk nieuwe onderwijsconcepten geïntroduceerd en gefaciliteerd. Zijn schoolontwerpen zijn veelvuldig onderscheiden. Hertzberger publiceerde frequent over architectuur en schreef verschillende boeken zoals *Lessons for Students in Architecture* (1991, in het Nederlands verschenen als *Ruimte maken, ruimte laten* [1996]).

Wilma Kempinga is kunsthistorica en als projectleider onderwijs verbonden aan WiMBY. Zij is coauteur van de publicatie *SchoolParasites. Nieuwe noodlokalen voor naoorlogs Nederland* (2004). Ze is werkzaam op het gebied van beeldende kunst, architectuur en kunstbeleid. Eerder werkte zij bij het Stimuleringsfonds voor Architectuur en als interim-manager bij het Rotterdams Fonds voor de Film.

Theo Kupers is architect in Rotterdam. Hij richtte in 1996 het bureau N2 architekten op. Daarvoor was hij werkzaam bij Mecanoo Architecten Delft. Hij was als gastdocent verbonden aan Academie van Beeldende Kunsten Rotterdam (1996–97) en TU Delft (1996–99). Zijn ontwerp voor De Braambosschool in Hoofddorp (i.s.m. Mecanoo Architecten) won in 2004 de Scholenbouwprijs in de categorie Primair Onderwijs.

Johan Lagae is ir.-architect en verbonden aan de Vakgroep Architectuur en Stedenbouw van de Universiteit Gent, waar hij in 2002 promoveerde op een proefschrift over Belgische koloniale architectuur. Zijn recente onderzoek richt zich op het erfgoedvraagstuk in voormalige kolonies en op de Afrikaanse stadsgeschiedenis.

Thierry Lagrange (Architettura) studeerde af als ingenieurarchitect aan de Universiteit Gent. Hij liep tussen 1993 en 1996 stage bij Achiel Hutsebaut en was vanaf 1998 redacteur van het beeldentijdschrift *IMAGES/images*, en het literaire tijdschrift *tekst/TEKST*. Samen met Patrick Steels richtte hij het bureau Architettura op. Momenteel is hij werkzaam als atelierverantwoordelijke in de Hogeschool Sint-Lucas Brussel.

Gerard Maccreanor studeerde in 1987 met First Class Honours af aan de universiteit van Bath (UK). Hij werkte o.a. bij Peter Eisenman en Norman Foster alvorens in 1991 samen met Richard Lavington het bureau Maccreanor Lavington Architects op te richtten. In 1992 wonnen zij Europan 2. Het bureau is gevestigd in Londen en Rotterdam en werkt voornamelijk aan enkele grote woningbouw- en herstructureringsprojecten. Gerard Maccreanor gaf les aan o.a. The Barlett School of Architecture in Londen, de School of Architecture in Stockholm en de Technische Universiteit Delft.

Jan Masschelein is gewoon hoogleraar aan de Faculteit Psychologie en pedagogische wetenschappen. Onderzoekseenheid Pedagogische Wetenschappen aan de Katholieke Universiteit Leuven. Zijn onderzoek richt zich voornamelijk op de theorie van onderwijs, politieke filosofie, kritische theorie, studies over bestuurlijkheid in het onderwijs en sociale filosofie. Momenteel concentreert zijn onderzoek zich op de publieke sfeer als objectief én grens van onderwijsbeleid.

Onix is een Gronings architectenbureau, in 1994 opgericht door Haiko Meijer en Alex van de Beld. Berit Ann Roos is zes jaar werkzaam als architect bij Onix. Sinds de zomer van 2005 heeft Onix ook een vestiging in Helsingborg, Zweden. De afgelopen tien jaar heeft Onix diverse scholen gerealiseerd, hun ontwerp voor de Vensterschool in het Oosterpark in Groningen won in 2000 de Scholenbouwprijs. In 2005 bracht Onix het boek *Wachten op betekenis* uit.



---

Maarten Van Den Driessche qualified as an engineer-architect in 2001. He is currently a research assistant with the Architecture and Urban Planning Department at Ghent University, where he is preparing a doctorate on the typology of the school building. With Bart Verschaffel he has published *Charles Vandenhove. Gemeentehuis Ontmoetingscentrum Ridderkerk* (2005) and *De school als ontwerpopgave. Recente schoolarchitectuur in Vlaanderen 1995–2005* (2006)

Jeroen Geurst is an architect in The Hague. In 1986 he founded the agency Geurst & Schulze with Rens Schulze. His publications include *J.A. Brinkman and L.C. van der Vlugt: Van Nelle Factory Rotterdam, The Netherlands. 1925–31* (1994). Geurst teaches at the Academy of Architecture and Urban Design in Amsterdam. The design for the Prinsehaeghe School has been nominated for the 2006 School Building Prize.

Herman Hertzberger is an architect in Amsterdam. Since 1958, his firm has realised dozens of schools and repeatedly introduced and facilitated new educational concepts. His school designs have won multiple awards. Hertzberger has frequently written on architecture, including such books as *Lessons for Students in Architecture* (1991).

Wilma Kempinga is an art historian and the education project manager for WiMBY. She is the co-author of the publication *SchoolParasites: Provisional Classrooms for Primary Schools* (2004). She works in visual art, architecture and art policy. She previously worked with the Netherlands Architecture Fund and as interim manager with the Rotterdam Film Fund.

Theo Kupers is an architect in Rotterdam. In 1996 he founded the agency N2 architekten. Prior to this he worked with Mecanoo Architecten in Delft. He has taught at the Academy of Visual Arts in Rotterdam (1996–1997) and the Delft University of Technology (1996–1999). His design for the De Braambos School in Hoofddorp (in association with Mecanoo Architecten) won the School Building Prize in 2004 in the Primary School category.

Johan Lagae is and engineer-architect with the Faculty of Architecture and Urban Planning at Ghent University, where he obtained a doctorate with his dissertation on Belgian colonial architecture. His recent research has focused on the question of heritage in former colonies and on African urban history.

Thierry Lagrange (Architettura) qualified as an engineer-architect at Ghent University. He was an intern with Achiel Hutsebaut from 1993 to 1996 and from 1998 was the editor of the pictorial journal *IMAGES/images* and the literary journal *tekst/TEKST*. He founded the agency Architettura with Patrick Steels. He is currently working as studio manager at the Sint-Lucas School in Brussels.

Gerard Maccreanor graduated from the University of Bath (UK) in 1987 with First Class Honours. He worked with Peter Eisenman and Norman Foster, among others, before founding the agency Maccreanor Lavington Architects in 1991 with Richard Lavington. In 1992 they won Europan 2. The agency has offices in London and Rotterdam and works primarily on several large-scale housing and restructuring projects. Gerard Maccreanor has taught at such institutions as the Barlett School of Architecture in London, the School of Architecture in Stockholm and Delft University of Technology.

Jan Masschelein is Professor of Philosophy of Education at the Catholic University of Leuven. His research focuses primarily on educational theory, political philosophy, critical theory, studies on education management and social philosophy, currently concentrating on the public sphere both as an objective and limit of education policy.

Onix is a Groningen architecture firm founded in 1994 by Haiko Meijer and Alex van de Beld. Berit Ann Roos has been working as an architect with Onix for six years. Since the summer of 2005, Onix also has an office in Helsingborg, Sweden. Over the past 10 years, Onix has realised various schools, and their design for the Venster School in Groningen's Oosterpark won the School Building Prize in 2000. In 2005 Onix published the book *Awaiting dignitication*.

Bas van der Pol is in 2006 afgestudeerd aan de Technische Universiteit Delft. Momenteel is hij werkzaam als architect bij Huiswerk Architecten te Maastricht. Eerder werkte hij bij de Architekten Cie. in Amsterdam.

ssa/xx - stedenbouw, architectuur, landschapsontwerp wordt geleid door prof. ir. arch Guy Châtel en ir. arch/ landschapsontwerper Kris Coremans. Hun werk werd genomineerd voor de triënnale Architectuurprijs Prix Georges de Hens 2004 (Académie Royale de Belgique) en voor de biënnale European Union Prize for Contemporary Architecture – Mies van der Rohe Award 2007. Beiden publiceren in talrijke tijdschriften. Guy Châtel & Kris Coremans zijn tevens verbonden aan de Vakgroep Architectuur en Stedenbouw van de UGent. Ir. arch. Elisabeth Mercelis is freelance medewerker bij ssa/xx.

Maarten Simons is als buitengewoon gastdocent en doctor-assistent verbonden aan het Centrum voor onderwijsbeleid en –vernieuwing aan de Katholieke Universiteit Leuven. Zijn onderzoeksgebieden zijn onderwijsbeleid met een bijzondere aandacht voor bestuursmechanismen in het onderwijs, autonomie en hoger onderwijs en performativiteit in het onderwijs.

Mechthild Stuhlmacher is architecte in Rotterdam. Zij richtte in 2001 met Rien Korteknie het architectenbureau Korteknie Stuhlmacher Architecten op. Ze maakt sinds 1995 deel uit van de redactie van *OASE* en is sinds 1997 als docent verbonden aan de Technische Universiteit Delft.

Tijl Vanmeirhaeghe is in 1999 afgestudeerd als ir.-architect aan de Universiteit Gent. In 1999 was hij laureaat van de Meesterproef van de Vlaams Bouwmeester. Tussen 1999 en 2001 liep hij stage bij de architectenbureaus Wim Cuyvers en ssa/xx. Sinds 2001 werkt hij als praktijkassistent aan de Vakgroep Architectuur en Stedenbouw van de UGent en is hij werkzaam als zelfstandig architect, vanaf 2003 in een vast samenwerkingsverband met Carl Bourgeois. Samen richtten ze begin 2006 het architectenbureau Barak op.

Ton Venhoeven is architect in Amsterdam. Sinds 1995 werkt hij als zelfstandig architect en in 1998 richtte hij zijn eigen bureau VenhoevenCS op. Projecten van VenhoevenCS zijn onder andere de Jan Schaeferbrug in Amsterdam, het laboratorium voor de Voedsel- en Warenautoriteit in Zwijndrecht, een Brede School in Leidsche Rijn en Sportplaza Mercator in Amsterdam. Het ontwerp van de Brede School 't Zand is genomineerd voor de Scholenbouwprijs 2006. Sinds 2003 is Ton Venhoeven professor aan de Universiteit van Eindhoven.

Jan Verheyden, Geert Leemans (SMaR) Geert Leemans is socioloog. Hij werkte deeltijds als lesgever sociologie en is momenteel werkzaam als adjunct van de directeur bij AGIOn, het Agentschap voor Infrastructuur in het Onderwijs van de Vlaamse overheid. Jan Verheyden is architect-stedenbouwkundige. Sinds 1994 werkte hij samen met Luc Deleu. In 1989 richtte hij het ontwerpbureau monARCH op. Hij is stichter-voorzitter van SUPERNOVaRCHITECTS en stichter-voorzitter van SMaR (Studiebureau voor Maatschappelijke Ruimte)/OSS (Office for the Study of Social Space). SMaR heeft zich de promotie, planning en het ontwerp van gebouwen die ten dienste staan van de gemeenschap tot doel gesteld.





Bas van der Pol graduated from Delft University of Technology in 2006. He is currently working as an architect with Huiswerk Architecten in Maastricht, having previously worked with the Architekten Cie. in Amsterdam.

ssa/xx - stedenbouw, architectuur, landschapsontwerp is under the direction of engineer-architect and architecture professor Guy Châtel and engineer-architect/landscape designer Kris Coremans. Their work was nominated for the Belgian Royal Academy's triennial Georges de Hens Architecture Prize 2004 and for the biennial European Union Prize for Contemporary Architecture – Mies van der Rohe Award 2007. Both publish articles in numerous periodicals. Guy Châtel and Kris Coremans are also affiliated with the Architecture and Urban Planning Department at Ghent University. Engineer-architect Elisabeth Mercelis is a freelance associate with ssa/xx.

Maarten Simons is lecturer and post-doctoral researcher at the Centre for Educational Policy and Innovation at the Catholic University of Leuven. His research interests are educational policy and education policy with special attention for governmentality and schooling, autonomy and higher education and performance in education.

Mechthild Stuhlmacher is an architect in Rotterdam. In 2001 she founded the architecture firm Korteknie Stuhlmacher Architecten with Rien Korteknie. She has been a member of the editorial board of *OASE* since 1995 and has been teaching at Delft University of Technology since 1997.

Tijl Vanmeirhaeghe qualified as an engineer-architect at Ghent University in 1999. That same year he won the Flemish Government Architect's Master's Examination. From 1999 to 2001 he was an intern at the architecture firms of Wim Cuyvers and ssa/xx. Since 2001 he has been a practice assistant with the Architecture and Urban Planning Department at Ghent University and an independent architect, since 2003 in association with Carl Bourgeois. Together they founded the architecture firm Barak in early 2006.

Ton Venhoeven is an architect in Amsterdam. He has been working as an independent architect since 1995 and founded his own agency, VenhoevenCS, in 1998. VenhoevenCS's projects include the Jan Schaefer Bridge in Amsterdam, the Food and Consumer Product Safety Authority Laboratory in Zwijndrecht, an under-one-roof school ('brede school') in Leidsche Rijn and the Sportplaza Mercator in Amsterdam. The Design for the Brede School 't Zand was nominated for the School Building Prize in 2006. Since 2003 Ton Venhoeven has been a professor at Eindhoven University of Technology.

Jan Verheyden, Geert Leemans (SMaR) Geert Leemans is a sociologist. he worked part-time as a sociology lecturer and currently works as the deputy to the director of AGIOn, the Flemish government's agency for educational infrastructure. Jan Verheyden is an architect and urban designer, working with Luc Deleu since 1994. In 1989 he founded the design firm monARCH. He is founder-president of SUPERNOVaRCHITECTS and founder-president of SMaR (Studiebureau voor Maatschappelijke Ruimte)/OSS (Office for the Study of Social Space). SMaR sees the promotion, planning and design of buildings at the service of the community as its core business.

Onafhankelijk architectuurtijdschrift, uitgegeven door NAi Uitgevers in opdracht van de stichting OASE

NAi Uitgevers
Tel +31 (0)10 2010133
Fax +31 (0)10 2010130
info@naipublishers.nl
www.naipublishers.nl
www.oase.archined.nl

ISSN 0169 – 6238
ISBN 978-90-5662-583-2

Redactie OASE
p/a D'Laine Camp
Prins Frederik Hendrikstraat 107
3051 ER Rotterdam

Redactie
Tom Avermaete, Pnina Avidar, Joachim Declerck, Filip Geerts, Christoph Grafe, Klaske Havik, Anne Holtrop, Joks Janssen, Johan Lagae, David Mulder, Lara Schrijver, Mechthild Stuhlmacher

Kernredactie
Johan Lagae, Mechthild Stuhlmacher, Bas van der Pol

Gastredacteur
Maarten Van Den Driessche

Redactiesecretaris
D'Laine Camp

Wetenschappelijk redacteur
Véronique Patteeuw

Bestuursleden
Pnina Avidar, Ton Idsinga, Henk Hanekamp, Jaap van Rijs, Dirk Sijmons, Mechthild Stuhlmacher, Nathalie de Vries, Enno Zuidema

Geassocieerde universiteiten
Technische Universiteit Delft
Technische Universiteit Eindhoven
Katholieke Universiteit Leuven
Universiteit van Gent

Wetenschappelijk comité
Umberto Barbieri
Christine Boyer
Maristella Casciato
Bernard Colenbrander
Adrian Forty
Philip Goad
André Loeckx
Michael Müller
Bart Verschaffel

Beoordeelde teksten
Maarten Van Den Driessche, 'De tocht van de kinderen…'

Fotografie
13 – Bibliotheek Vakgroep Architectuur en Stedenbouw, Universiteit Gent
15 – Uit: L'Architecture d'Aujourd'hui, no.344, 2003, p.102 boven: © John Maltby/RIBA Library Photographs Collection, onder: David Grandorge
17 – Uit: Alison & Peter Smithson, The Charged Void: Architecture, New York, 2001, p.45
19 – Uit: Alison & Peter Smithson,

The Charged Void: Architecture, New York, 2001, p.164
25-27; 30-32 – Jeroen Musch
33 – Atelier Coolsingel
34 – Onix Architecten
35 – NL Architects
37 – Jan Verheyden
53-54 – Scagliola/Brakkee
55-58 – Rob de Jong (SAPh), Peter de Kan
59-63 – Luuk Kramer
66, 71 – Kees Rutten
67 – Herman Hertzberger
68-69 – Herman van Doorn
97 – © Johan Van der Keuken, Studio Herman Hertzberger
99 – © Thierry Lagrange, Architettura
102 – Boven: uit: Paolo Portoghesi, Rome of the Renaissance, Phaidon Press, London, 1970, ill.122, onder: www.storiaeconservazione. unirc.it (Facoltà di Architettura Università Degli Studi "Mediterranea", Calabria)
104 – © Thierry Lagrange, Architettura
109, 112 onder – Christian Richters
110, 111, 112 boven – Taro Yoshikawa
117-122 – © Maccreanor Lavington Architects
125 – © ssa/xx
135-137 – © Archieven familie Roger Bastin, Namen
138 – Paul Almasy © AKG-Images, Berlin, uit: Zondagsvriend, 21, 1957, p.25
139 – Uit: Grands Lacs, n.187, 1956, p.40.

Vormgeving
Karel Martens & Guillaume Mojon, Werkplaats Typografie, Arnhem

Tekstredactie
Els Brinkman, D'Laine Camp

Druk
Die Keure, Brugge

Projectleiding
Barbera van Kooij, NAi Uitgevers

Uitgever
Eelco van Welie, NAi Uitgevers

Abonnementenadministratie
Abonnementenland
Postbus 20
1910 AA Uitgeest
Tel +31 (0)251 313939
Fax +31 (0)251 310405
aboservice@aboland.nl
www.aboland.nl

Abonnementen
OASE verschijnt drie keer per jaar. Recht op reductie hebben: studenten aan universiteiten en academies van bouwkunst, houders van CJP. Abonnementen worden stilzwijgend verlengd. Opzeggingen (uitsluitend schriftelijk) dienen 4 weken voor afloop van de abonnementsperiode in het bezit te zijn van de administratie. Prijswijzigingen voorbehouden.

 

OASE/Independent Journal for Architecture, published by NAi Publishers by order of the OASE Foundation

NAi Publishers
Tel +31 (0)10 2010133
Fax +31 (0)10 2010130
info@naipublishers.nl
www.naipublishers.nl
www.oase.archined.nl

ISSN 0169 – 6238
ISBN 978-90-5662-583-2

Redactie OASE
p/a D'Laine Camp
Prins Frederik Hendrikstraat 107
3051 ER Rotterdam

Editors
Tom Avermaete, Pnina Avidar, Joachim Declerck, Filip Geerts, Christoph Grafe, Klaske Havik, Anne Holtrop, Joks Janssen, Johan Lagae, David Mulder, Lara Schrijver, Mechthild Stuhlmacher

Editors of this issue
Johan Lagae, Mechthild Stuhlmacher, Bas van der Pol

Guest editor
Maarten Van Den Driessche

Managing editor
D'Laine Camp

Academic editor
Véronique Patteeuw

Members of the Board
Pnina Avidar, Ton Idsinga, Henk Hanekamp, Jaap van Rijs, Dirk Sijmons, Mechthild Stuhlmacher, Nathalie de Vries, Enno Zuidema

Associated Universities
Technische Universiteit Delft
Technische Universiteit Eindhoven
Katholieke Universiteit Leuven
Universiteit van Gent

Academic Board
Umberto Barbieri
Christine Boyer
Maristella Casciato
Bernard Colenbrander
Adrian Forty
Philip Goad
André Loeckx
Michael Müller
Bart Verschaffel

Refereed articles
Maarten Van Den Driessche, 'The Journey of Children…'

Photocredits
13 – Library of the Faculty of Architecture and Urbanism, Ghent University
15 – From: L'Architecture d'Aujourd'hui, no.344, 2003, p.102, top: © John Maltby/RIBA Library Photographs Collection, bottom: David Grandorge
17 – From: Alison & Peter Smithson, The Charged Void: Architecture, New York, 2001, p.45
19 – From: Alison & Peter Smithson,

The Charged Void: Architecture, New York, 2001, p.164
25-27; 30-32 – Jeroen Musch
33 – Atelier Coolsingel
34 – Onix Architecten
35 – NL Architects
37 – Jan Verheyden
53-54 – Scagliola/Brakkee
55-58 – Rob de Jong (SAPh), Peter de Kan
59-63 – Luuk Kramer
66, 71 – Kees Rutten
67 – Herman Hertzberger
68-69 – Herman van Doorn
97 – © Johan Van der Keuken, Studio Herman Hertzberger
99 – © Thierry Lagrange, Architettura
102 – Top: from: Paolo Portoghesi, Rome of the Renaissance, Phaidon Press, London, 1970, ill.122, bottom: www.storiaeconservazione. unirc.it (Facoltà di Architettura Università Degli Studi "Mediterranea", Calabria)
104 – © Thierry Lagrange, Architettura
109, 112 bottom – Christian Richters
110, 111, 112 top – Taro Yoshikawa
117-122 – © Maccreanor Lavington Architects
125 – © ssa/xx
135-137 – © Roger Bastin Family Archives, Namen
138 – Paul Almasy © AKG-Images, Berlin, from: Zondagsvriend, 21, 1957, p.25
139 – from: Grands Lacs, n. 187, 1956, p.40.

Design
Karel Martens & Guillaume Mojon, Werkplaats Typografie, Arnhem

Copy editing
Els Brinkman, D'Laine Camp

Printing
Die Keure, Bruges

Production
Barbera van Kooij, NAi Publishers

Publisher
Eelco van Welie, NAi Publishers

Subscriptions and administration
Abonnementenland
Postbus 20
1910 AA Uitgeest
Tel +31 (0)251 313939
Fax +31 (0)251 310405
aboservice@aboland.nl
www.aboland.nl

Subscriptions
OASE is published three times a year. For subscriptions please contact the administration. You can fill in the card included in this issue or subscribe by email, info@naipublishers.nl. Subscriptions are renewed automatically. If you wish to cancel, please inform the administration in writing 4 weeks before the end of the subscription period. Prices are subject to change.

Abonnementen in Nederland en België
particulieren euro 55
instellingen euro 80
studenten euro 40

Abonnementen Europa
particulieren euro 65
instellingen euro 85
studenten euro 50

Abonnementen buiten Europa
particulieren, instellingen, studenten euro 95



NAi Uitgevers is een internationaal georiënteerde uitgever, gespecialiseerd in het ontwikkelen, produceren en distribueren van boeken over architectuur, beeldende kunst en verwante disciplines.
www.naipublishers.nl

Deze publicatie is mede tot stand gekomen met financiële steun van:
Stimuleringsfonds voor Architectuur, Rotterdam



Terug naar school / Back to School

Subscriptions in Europe
individuals euro 65
organisations euro 85
students euro 50

Subscriptions outside Europe
individuals, organisations, students euro 95



NAi Publishers is an internationally orientated publisher specialized in developing, producing and distributing books on architecture, visual arts and related disciplines.
www.naipublishers,nl
info@naipublishers.nl

It was not possible to find all the copyright holders of the illustrations used. Interested parties are requested to contact NAi Publishers, Mauritsweg 23, 3012 JR Rotterdam, The Netherlands.

Available in North, South and Central America through D.A.P./Distributed Art Publishers Inc, 155 Sixth Avenue 2nd Floor, New York, NY 10013-1507, Tel 212 6271999, Fax 212 6279484.

Available in the United Kingdom and Ireland through Art Data, 12 Bell Industrial Estate, 50 Cunnington Street, London W4 5HB, Tel 208 7471061, Fax 208 7422319.

This publication was made possible by the financial support of:
Stimuleringsfonds voor Architectuur, Rotterdam

Terug naar school / Back to School